AF473939

Inge Morath

La vita.
La fotografia.

Her Life.
Her Photography.

La vita.
La fotografia.
Her Life.
Her Photography.

SUAZES

FOTOHOF

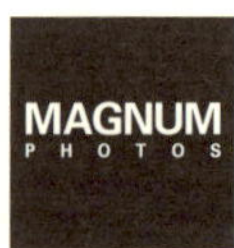

Inge Morath

La vita.
Her Life.

8 **La vita. La fotografia.** Her Life. Her Photography
MARCO MINUZ

14 **Biografia di una fotografa** A Photographer's Biography
KURT KAINDL

48 **Incontro con la Magnum** Meeting Magnum
INGE MORATH

58 **Venezia** Venice
INGE MORATH

67 **Biografia** Biography

La fotografia.
Her Photography.

74 **Venezia** Venice

84 **Spagna** Spain

96 **Iran**

104 **Stati Uniti d'America** United States of America

116 **Francia** France

122 **Romania**

128 **Austria**

134 **Regno Unito / Irlanda** United Kingdom / Ireland

140 **Russia**

148 **Cina** China

154 **Ritratti** Portraits

184 **Didascalie** Captions

Inge Morath
Autoritratto
Self-portrait
Israele, Israel
1958

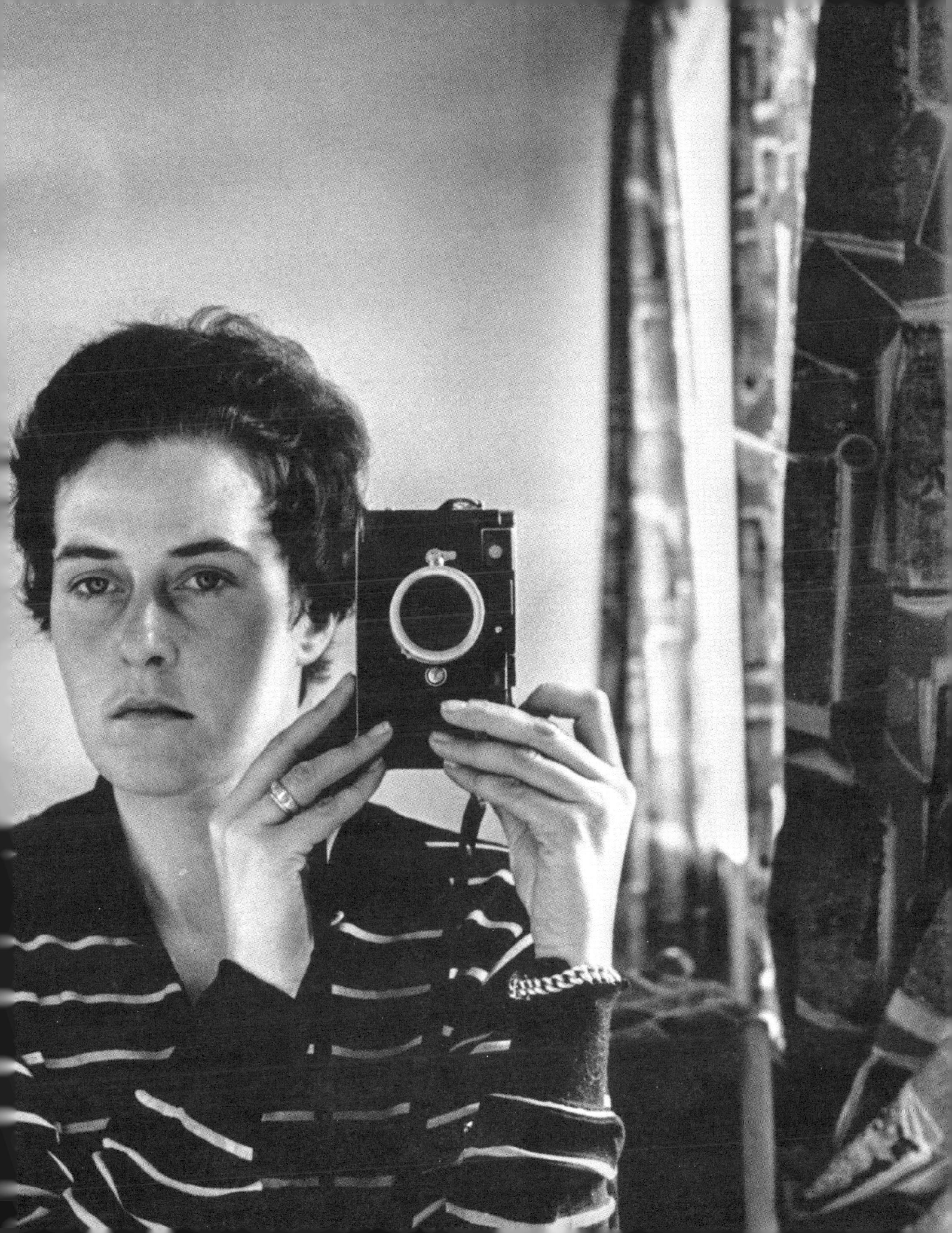

La vita.
La fotografia.
Her Life.
Her Photography.

Marco Minuz

Inaugurare un percorso di approfondimento su un autore rappresenta soprattutto una responsabilità, e solo secondariamente una soddisfazione.
Inge Morath è una figura che merita di essere affrontata in maniera organica, dando completezza al suo lavoro e alla sua avvincente vicenda umana.
Nel percorrere, per la prima volta in Italia, il lavoro di questa fotografa è stata posta l'attenzione a queste due dimensioni fortemente connesse fra loro.
Le fotografie di Inge Morath, prima di ogni cosa, sono la testimonianza di un rapporto, di una passione, di una necessità consolidatasi, progressivamente, con la macchina fotografica.
Un rapporto graduale, sviluppato negli anni della maturità attraverso esperienze, incontri e coincidenze, nonché parte integrante della vita di una donna che è riuscita, con coraggio e determinazione, ad affermarsi in una disciplina all'epoca fondamentalmente maschile.
Un lavoro, il suo, sempre baciato dalla riconoscenza verso questa scoperta che le permise di esprimersi in maniera personale, come lei stessa evidenzia: "Nel mio cuore voglio restare una dilettante, nel senso di essere innamorata di quello che sto facendo, sempre stupita delle infinite possibilità di vedere e usare la macchina fotografica come strumento di registrazione".
L'approdo alla fotografia avviene progressivamente attraverso la scrittura: è questa professione che la introduce a questo mondo e successivamente all'agenzia fotografica Magnum Photos con cui inizierà a collaborare come ricercatrice, assistente e traduttrice. Una formazione che influenzerà

Embarking on an in-depth exploration of an artist's life and career is a great responsibility, the satisfaction being secondary.
Inge Morath is a personality who should be considered from all angles, in order to provide a complete picture both of her work and her extraordinary life.
In examining her career for the first time in Italy, we have focused on these two, closely linked aspects of her story.
First and foremost, Inge Morath's images are the testimony of a passion, a necessity and a relationship that were progressively expressed through the camera.
A relationship that began when she was older, developed gradually through experiences, encounters and happenstance, and was an integral part of the life of this woman who, with courage and determination, succeeded in establishing a reputation in a field that was male-dominated at the time.
Morath's work always conveys her gratitude towards the camera that enabled her to express herself personally, as she herself emphasized: "In my heart I like to remain an amateur, in the sense of being in love with what I'm doing, forever astonished again at the endless possibilities of seeing and using the camera as a recording tool."
She got into photography through writing: the profession that was her passport to this world and, subsequently, Magnum Photos, where she began as a researcher, assistant and translator. This formation was to influence her photography, in which there is always

la sua fotografia; nelle sue immagini infatti c'è sempre la presenza di un contenuto informativo calibrato, sempre utile a favorirne una comprensione univoca ed evitare fraintendimenti.
L'esperienza diretta del nazionalsocialismo tedesco e del dramma del secondo conflitto mondiale la spingono, nel momento in cui decide di dedicarsi alla fotografia, a ripudiare la dimensione della violenza. Le sue fotografie non rappresentano infatti mai macerie, tragedie, risvolti violenti della nostra società, ma sono fotografie dedicate alla quotidianità, basate su una complicità costruttiva verso il prossimo. Fotografie di prossimità, sempre caratterizzate da un'eleganza e da un rispetto verso il prossimo. La macchina fotografica diventa, per lei, uno strumento utile per scovare nuove risposte: "La chiusura dell'otturatore è un momento di gioia, paragonabile alla felicità del bambino che in equilibrio in punta di piedi, improvvisamente e con un piccolo grido di gioia, tende una mano verso un oggetto desiderato".
Nelle fotografie di Inge Morath emerge sempre una componente di vicinanza, non solamente fisica, ma soprattutto emotiva. Il suo è un lavoro diretto, privo di zone d'incertezza o di mistero. Il suo lavoro è, come il buon giornalismo, schietto, privo di compassione e ambiguità.
Le sue immagini hanno sempre la capacità di non semplificare mai ciò che è complesso, e mai complicare quello che è semplice; sono fortemente descrittive e al contempo fanno trasparire una rara capacità di analisi del contesto con il quale si confrontava. Un approccio sistematico che la spingeva, prima di ogni lavoro, a studiare e approfondire le culture con cui si sarebbe rapportata, per arrivare così a conoscere sette lingue.
Ma in definitiva, in piena condivisione con uno dei dogmi dell'agenzia Magnum, la vera priorità per Inge Morath è sempre stato l'essere umano. Come Mario Dondero

a restrained documentary element that serves to make the meaning of the image perfectly clear and avoid misinterpretations.
When she finally decided to become a full-time photographer, her first-hand experience of National Socialism in Germany and the tragedy of World War II led her to eschew the depiction of violence. Indeed, her images never represent destruction, tragedy or the violent aspects of society, but are depictions of everyday life, based on a constructive understanding with her fellow human beings. They suggest a proximity to the subject and are always characterized by refinement and respect for others. For her, the camera was a tool for finding new answers: "Pressing the shutter has remained a moment of joyful recognition, comparable to the delight of a child balancing on tiptoe and suddenly, with a small cry of delight, stretching out a hand toward a desired object."
In Inge Morath's photographs there is always an element of closeness, not only physical but above all emotional. Her work possesses an immediacy; there are no "grey areas" or mystery. Like all good journalism, it is candid, devoid of pity and ambiguity. Her images never simplify what is complex and never complicate what is simple; they are powerfully descriptive while at the same time revealing a rare capacity for analyzing the context she was exploring. This systematic approach led her, prior to each project, to study and broaden her knowledge of the cultures she intended to investigate, to the extent that she mastered seven languages.
In the final analysis, however, Inge Morath's true priority was the human being, in keeping with one of the Magnum agency's founding principles. The Italian photographer Mario Dondero believed that photographs were the glue of human relationships and situations: "I'm not interested in people because I want to

scriveva, le foto interessano come collante delle relazioni umane e delle situazioni: "Non è che a me le persone interessino per fotografarle, mi interessano perché esistono". Vale anche per Inge Morath, e le sue fotografie ne sono testimonianze evidenti di un amore per la gente.
Un approccio influenzato anche dalla sua formazione giovanile, caratterizzata da un ambiente intellettuale fervido dove s'intersecavano professioni, abilità e curiosità; inoltre è importante ricordare la sua esperienza giornalistica negli anni del secondo dopoguerra, della lezione di Simon Guttmann, uno dei padri del fotogiornalismo che lei conosce a Londra, di Magnum Photos e di Henri Cartier-Bresson.
Una combinazione di elementi che la portano a un approccio alla fotografia diretto, senza clamore, rispettoso dell'altro e provvisto di una spiccata sensibilità.
Molto deve alla vicinanza con Henri Cartier-Bresson, ma a differenza del maestro francese, il suo "momento fotografico" non è frutto di una caccia, di un inseguimento in disperato affanno, bensì è un momento dove la sua conoscenza si combina con una sua personale sensibilità e tutto diventa epifania. Utilizzando le parole di John Berger: "Gli occhi non si devono occupare soltanto di percepire le apparenze, ma anche di raggiungere un qualche tipo di comprensione".
Non ci sono racconti né di vinti né di vincitori nella sua fotografia, ma solo di persone ritratte con dignità, sobrietà e grazia, e soprattutto di una verità non manipolata.
Questo volume, realizzato grazie allo straordinario aiuto di Fotohof e della Fondazione Inge Morath, non ambisce a essere una monografia, ma un serio lavoro che renda appieno la dimensione del lavoro di Inge Morath.
Un orizzonte per incoraggiare nuovi approfondimenti e per diffondere la conoscenza di questa straordinaria donna.

photograph them, I'm interested in them because they exist." The same can be said of Inge Morath, whose images clearly show her love for humanity.
Her approach was also shaped by the fervid intellectual milieu, characterized by the intermingling of professions, talents and interests, which formed her as a young woman. Not to mention her journalistic experience in the post-war years, the influence of Simon Guttmann – one of the fathers of photojournalism whom she met in London – Magnum Photos and Henri Cartier-Bresson.
A combination of elements that led her to adopt a direct approach to photography, which avoided sensationalism, showed respect for the other, and was distinguished by a marked sensibility.
She owed a great deal to her close relationship with Henri Cartier-Bresson but her "photographic moment", unlike that of the French master, was not the outcome of desperate pursuit, but rather a moment in which the combination of knowledge and personal sensibility, triggered an epiphany. In the words of John Berger: "Eyes should not only be concerned with perceiving appearances, but also reaching some kind of understanding."
Her photography depicts neither winners nor losers, but simply portrays people with dignity, restraint, grace and, above all, unmanipulated truth.
This volume, made possible by the invaluable assistance of Fotohof and the Inge Morath Foundation, does not claim to be a monograph, but a serious study that conveys the unique character of Inge Morath's photography.
A vision that will inspire further studies and encourage a greater familiarity with the life and work of this remarkable woman.

***"La fotografia è
un fenomeno strano.
Ti fidi del tuo occhio,
ma non puoi evitare
di mettere a nudo
la tua anima"***

Inge Morath

*"Photography
is a strange
phenomenon.
You trust your eye
and cannot help
but bare your soul"*

Inge Morath

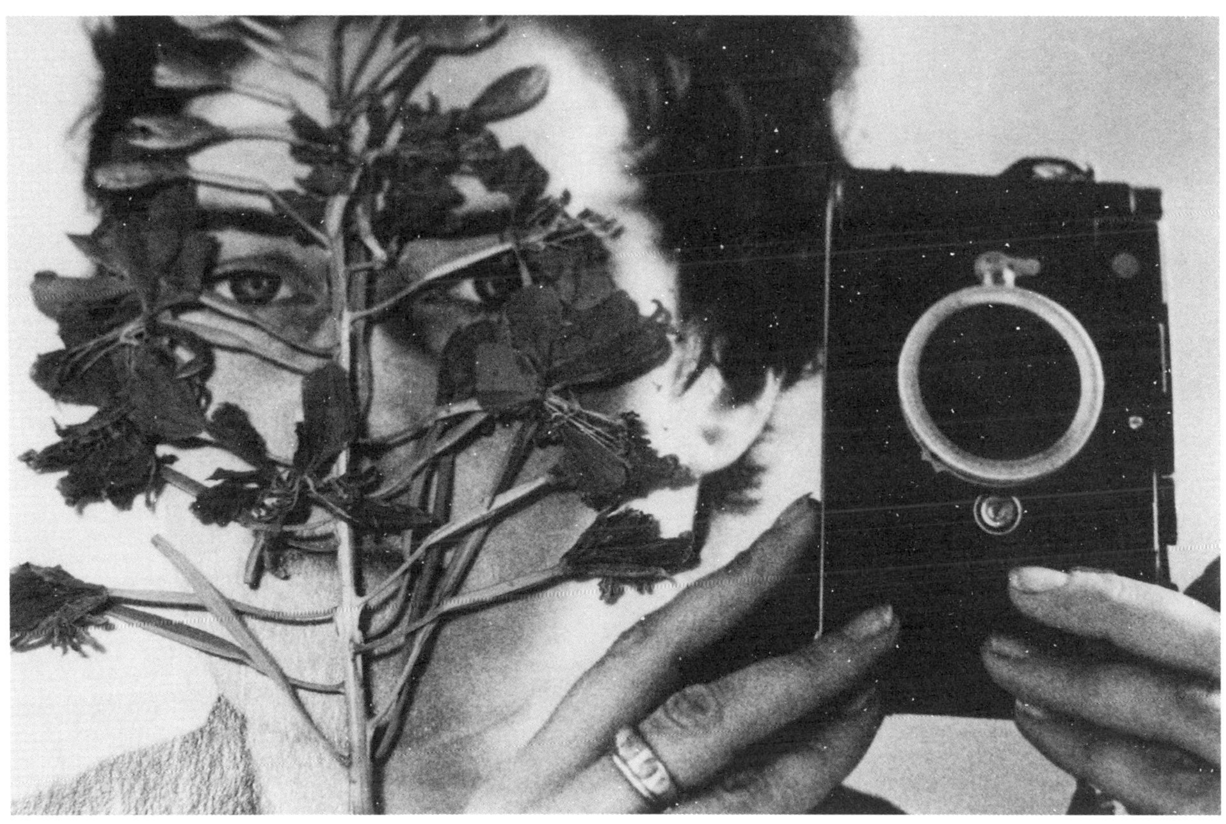

Inge Morath
Collage da una fotografia
Collage with an early photograph
2001

Biografia di una fotografa

A Photographer's Biography

Kurt Kaindl

Basato su diverse interviste a Inge Morath, il testo di Kurt Kaindl è stato pubblicato per la prima volta nel volume illustrato *Inge Morath. Fotografien* (Fotohof, Salisburgo 1992). Le citazioni dirette di Inge Morath sono riportate in corsivo. Per il presente volume, il testo è stato integrato e rivisto dall'autore.

Based on various interviews given by Inge Morath, the text by Kurt Kaindl was first published in the illustrated volume *Inge Morath. Fotografien* (Fotohof, Salzburg 1992). The Inge Morath quotes appear in italics. For publication in this volume, the text has been expanded and revised by the author.

Personalmente sono arrivata tardi alla fotografia

Con queste parole nel 1984 Inge Morath aprì una conferenza sulla sua carriera al Forum Stadtpark di Graz: all'inizio, infatti, tra i suoi numerosi interessi artistici, gli studi linguistici e la nascente attività di giornalista c'era poco che facesse pensare alla fotografia. Anche se aveva lavorato alla neonata agenzia Magnum a Parigi, non c'era quasi nulla che indicasse un suo lavoro fotografico personale. L'interesse per le immagini nacque solo dopo che si fu allontanata dal contatto quotidiano con i fotografi: all'improvviso il suo mondo fu pieno di immagini che aspettavano di essere catturate. Ripensando alle premesse del suo lavoro di fotografa, Inge Morath elencava più che altro attività di altro genere.

Imparare la lingua delle persone è sempre stato un passo importante verso la scoperta delle loro immagini interiori. Leggere e studiare le opere degli artisti che voglio fotografare costituisce per me una preparazione indispensabile. È un lavoro autoimposto che mi ha sempre arricchito.

Possiamo definire il lavoro fotografico di Inge Morath come un tentativo di creare un equilibrio tra la realtà esteriore di una persona o la rappresentazione di una società o di un ambiente, e la visione interiore di quella persona o società. La qualità delle fotografie di Inge Morath sta nella qualità del suo incontro con le persone, e l'una non può essere compresa senza comprendere l'altra.

I personally arrived slowly at photography

Inge Morath began a lecture at the Forum Stadtpark in Graz (1984) on her career as a photographer, and in the outset there was little among her widespread artistic interests, her language studies and her beginning career as a writing journalist to hint at photography. Although she worked at the newly-founded Magnum agency in Paris there was hardly a thought of personal photographic work. Only after she had gained some distance from daily contact with photographers, her interest in images arose: suddenly her world was full of images waiting to be captured. As she looked back on the preconditions to her photographic work, she mainly enumerated non-photographic activities.

Learning the language of the people has always been an important step toward discovering the inner images. To me, reading and studying the works of the artists I want to photograph is an indispensable preparation. I have always been enriched by this self-imposed work.

Inge Morath's photographic work might be described as an attempt to create a balance between the outer reality of a person or society's depiction or environment and the inner vision of that person or society. The quality of Inge Morath's photographs rests on the quality of her encounter with people, and the first cannot be understood without understanding the second.

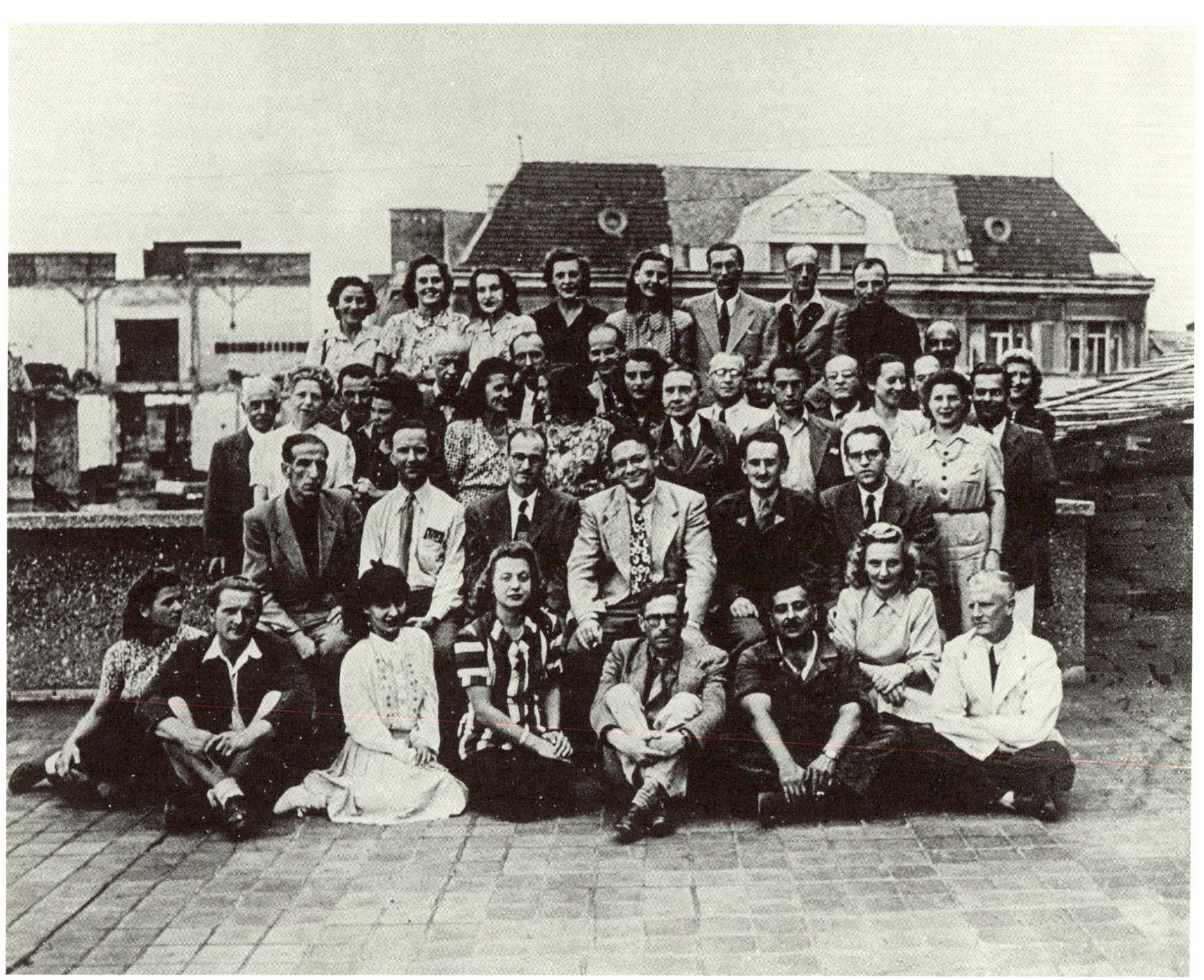

Anonimo Anonymous
Staff del Servizio Informativo Statunitense.
Inge Morath è la seconda da sinistra nella fila superiore.
Staff of the United States Information Service.
Inge Morath is in the top row, second from left.
Vienna
1949

Gli anni giovanili (1923-1945)

Inge Mörath nasce il 27 maggio 1923 a Graz, in Austria. I genitori, Edgar e Mathilde Mörath (l'umlaut tipico del tedesco si è "perso" da qualche parte nella sua carriera internazionale), sono scienziati che conducono una vita molto varia in diversi paesi europei. Inge nasce e viene battezzata nella fede protestante a Graz, ma genitori e bambina tornano subito a Friburgo in Brisgovia, dove il padre lavora come esperto della lavorazione del legno.
In seguito Inge Morath tornerà nella città natale solo per soggiorni più o meno lunghi; l'infanzia e altre fasi importanti della sua vita trascorrono altrove. Ciononostante è sempre tornata con piacere a Graz, dove vivevano i nonni e la madre. In ogni caso, la famiglia è originaria di Windischgraz, più a sud. Entrambi i genitori provengono da famiglie rinomate e benestanti: sindaci, medici, esponenti dell'alta borghesia.
In seguito, una buona parte della famiglia Morath vive a Graz, sicché Inge ha sempre una possibilità di soggiornarvi. È qui, durante le visite ai parenti e le vacanze estive, che si forma la sua impronta artistica. Il nonno, ad esempio, ha una poltrona fissa all'Opera, che all'epoca è un teatro rinomato, e Inge approfitta di ogni occasione per assistere alle rappresentazioni.

Un anno dopo Inge, a Friburgo, nasce un fratellino. La famiglia continua a spostarsi, seguendo i trasferimenti del padre nelle diverse sedi di lavoro: da Friburgo a Monaco e, successivamente, Eberswalde vicino a Berlino. I primi ricordi di Inge sono di Eberswalde, enormi cataste di legname in una segheria, dove i due bambini possono giocare liberamente. I frequenti spostamenti e l'atteggiamento aperto dei

Youth (1923-1945)

On May 27, 1923 Inge Mörath is born in Graz, Austria. Her parents, Edgar and Mathilde Mörath (the typically German umlaut is "lost" somewhere in her international career), are scientists leading a life of great variety in various European countries. Inge Morath is born in Graz and christened there in the Protestant faith, but her parents immediately return to Freiburg in Breisgau with her where her father works as a timber processing expert.
Later, Inge Morath only returns for shorter or longer visits to the city of her birth. Her youth and important phases of her life are spent elsewhere. Nevertheless she has always enjoyed visiting Graz where her grandparents and her mother used to live. The family's origins, however, are in Windischgraz, further south. Both parents come from renowned and wealthy families – mayors, doctors, members of the higher bourgeosie.
A great part of the Morath family later live in Graz so that Inge always has a possibility of visiting there. This is also where she gets her artistic mould during visits and while spending the summer holidays. Her grandfather, for example, has a permanent seat in the Opera, a renowned house at the time, and Inge uses every opportunity to see performances.

One year after Inge, a son is born to the family in Freiburg. The family moves on to the father's changing places of employment: from Freiburg to Munich and later to Eberswalde near Berlin. Inge's first memories are of Eberswalde, of vast timber stacks in a saw-mill where the two children can play unguarded. The frequent change of residence and the parents' liberal attitude make for free

genitori permettono un'infanzia e una giovinezza libere e indipendenti. Prima che Inge abbia l'età per andare a scuola, la famiglia si trasferisce nuovamente, questa volta nella cittadina di Schirmeck vicino a Strasburgo, in Alsazia. Qui si formano altri ricordi d'infanzia: un romantico giardino francese, un'abitazione elegante ma poco pratica, le riviste Art Déco della madre e una casa aperta con tanti ospiti.
Mentre Inge impara lentamente il francese (a casa si parla tedesco), la famiglia trasloca ancora una volta e si stabilisce a Viches, sempre in Francia. Arriva il momento di andare a scuola e, in linea con l'approccio pragmatico dei genitori alla vita quotidiana, viene mandata senza molta preparazione alla più vicina scuola elementare francese. È un istituto retto da suore. I bambini indossano grembiuli neri abbottonati sulla schiena e scomodi stivali di pelle. In classe, i posti sono distribuiti in base all'"intelligenza": i bambini considerati meno intelligenti nei banchi più avanti ed è qui che, per cominciare, viene messa Inge, che parla a malapena il francese. Prendendola come una sfida, scopre (o sviluppa) il suo talento per le lingue e nel corso dell'anno passa ai banchi più indietro. I suoi ricordi di questo periodo si fanno più vari: le immagini dei santi a scuola, la letteratura classica che i genitori leggono ai figli. Si rende conto degli scandali della piccola città, e il fratello può guardare di nascosto quando vengono ammazzati i maiali perché la figlia del macellaio si è invaghita di lui.
La famiglia si è appena sistemata a Viches che arriva il momento di un altro trasloco, questa volta di nuovo in Germania, nella città di Darmstadt. Inge è in seconda elementare, e a scuola si parla una lingua nuova. Anche questa volta inizia come l'ultima della classe, ma ormai ha imparato ad avere fiducia nelle sue capacità e, dopo due anni di scuola, parla due lingue. Alla scuola Rotenturm

and independent childhood and youth. Before Inge is old enough for school, the family moves again, this time to the little town of Schirmeck near Strasbourg in Alsace. The place provides more childhood memories – of a romantic French garden, an elegant but impractical house, her mother's Art Deco magazines and an open household with innumerable guests.
While Inge slowly learns to speak French – the language spoken at home is German – the family moves once more, to Viches, France. Here she is required to attend school and, in keeping with the family's pragmatic attitude in everyday matters, she is sent to the nearest French elementary school without much preparation. It is a convent school run by nuns. The children are wearing black aprons buttoned up in the back and uncomfortable leather boots. They are seated in the classroom according to their "intelligence" – the ones thought to be less intelligent sit in the front rows, and this is where Inge is placed to start with since she hardly speaks a word of French. Taking it as a challenge, she discovers (or develops) her language talent, and in the course of the year she wanders back to the rear seats. Her memories of that time are getting more varied – of the saints' images at school, of classic literature her parents read to the children. She becomes aware of scandals in the little town, and her brother can secretly watch how pigs are slaughtered because the butcher's daughter has fallen in love with him.
The family has hardly settled in at Viches when the next move comes – back to Germany this time, to the city of Darmstadt. Inge is a second-grader now, and a new language is spoken at school. Once again she begins as the last one of her class, but by now she has learned to trust in her abilities, and after the second year in school she speaks two languages. There is little empathy for children at

c'è poca sensibilità per i bambini; regole rigide e brutti voti prendono il posto della comprensione pedagogica. L'atteggiamento dei genitori nei confronti della scuola è ambivalente quanto pragmatico. Il padre è severo e considera uno studio assiduo e scrupoloso l'unica possibilità, mentre la madre è più indulgente, e ogni tanto porta i bambini in pasticceria. Nell'insieme, la famiglia continua ad avere una casa aperta e generosa. I numerosi ospiti, gli eventi sociali e le attività sportive dei genitori (scherma e volo a vela) offrono una vita di grande divertimento e varietà. Padre e madre lavorano presso un istituto di ricerca a Darmstadt, dove la famiglia rimane fino al 1938.

Le prime avvisaglie dell'avvento del nazionalsocialismo lasciano indifferente la sofisticata famiglia con amici e conoscenti in tutto il mondo. Come molti altri, i Morath sottovalutano il nuovo potere politico. Inge viene iscritta alla scuola delle suore protestanti e, subito dopo, alla scuola Victoria. Oltre allo studio, le sue attività principali sono le immersioni e andare a teatro.

Nel 1938 la famiglia torna a Berlino. Inge frequenta una scuola a indirizzo umanistico, adatta al suo talento per le lingue. Le vacanze vengono trascorse solitamente a Graz, dove trova l'unico collegamento con la fotografia dei suoi anni giovanili: il nonno lavora con una macchina fotografica di grande formato, e Inge ricorda sedute di posa interminabili e ritratti dall'aria imbalsamata in cui si riconosce a malapena. La sua educazione visiva si svolge principalmente nel campo dell'arte: la madre la porta spesso ai musei, e molti degli amici di famiglia possiedono quadri moderni.
La madre usa una macchina fotografica nel suo lavoro. È un'ingegnera chimica, lavora al microscopio e usa una Contax 35 mm per la documentazione. A Inge si apre un mondo di segreti e strutture cellulari che ricordano

Rotenturm school. Strict regulations and bad marks take the place of pedagogical understanding. The parents' attitude towards school is as ambivalent as it is pragmatic. The father is strict and regards exertive study as the only solution while the mother sometimes "plays hooky" with the children and takes them to the pastry shop. All in all, the family again keeps an open and generous house. The numerous guests, social events and the parents' sporting activities — fencing and gliding — offer a life of much excitement and variety. Both parents work at a research institution in Darmstadt, and the family remains here until 1938.

The beginning rise of National Socialism leaves the sophisticated family with their friends and contacts all over the world unimpressed. Like many others, they underestimate the new political power. Inge is enrolled at the protestant sisters school and soon after, at Victoria school. Outside school, theatre visits and diving become her dominant activities.

In 1938, the family moves back to Berlin. Inge visits a humanist school which suits her language talent. The holidays are usually spent in Graz where she finds the only connection to photography during her youth. Her grandfather works with a large format camera, and she remembers endless sessions and stiff-looking portraits in which she hardly recognizes herself. Her visual education mainly takes place in the context of art. Her mother often takes her to museums, and many of the family's friends own modem paintings.
Her mother uses a camera professionally. She is a chemical engineer, works with microscopes and uses a 35 mm Contax for documentation. Inge is introduced to a world of cellular structures and

l'arte astratta. Con sua madre va a vedere la celebre mostra dell'"Arte Degenerata", e la interpreta nel senso contrario alle sue intenzioni di denuncia. È un ultimo addio a una visione del mondo che ora è proibita.
A Berlino finisce le superiori e vorrebbe andare all'università per studiare lingue romanze e linguistica generale. Essendo troppo giovane per l'ammissione, deve prestare sei mesi di servizio sociale in un asilo infantile di una zona operaia di Berlino. È un lavoro duro, che mette alla prova le capacità di una ragazza della sua età senza alcuna esperienza. Finito il servizio sociale, prima che possa andare all'università le viene assegnato ancora un servizio obbligatorio di lavoro pubblico per giovani donne, che Inge svolge per altri sei mesi nel villaggio di Gross Borken, nella Prussia orientale. Concluso questo servizio tra la diffidenza dei contadini per la ragazza di città e l'antipatia della responsabile del campo per una coetanea sofisticata e disinteressata alla politica, può finalmente cominciare i suoi studi.
Nel corso della formazione universitaria ha l'opportunità di trascorrere diversi mesi a Bucarest, in Romania, dove non partecipa alle attività dell'associazione studentesca nazionalsocialista.
Al suo ritorno a Berlino, i segni di decadenza del Terzo Reich sono inequivocabili e minacciosi. Inge viene interrogata per la mancata partecipazione alle attività degli studenti tedeschi a Bucarest, ma riesce a salvarsi con una certa ingenuità. Continua a studiare assiduamente tra le incursioni aeree, fino a quando la casa berlinese della famiglia viene colpita e i genitori si trasferiscono a Salisburgo. Il fratello è stato catturato dagli inglesi nei primi giorni di guerra, e i genitori non sanno se sia ancora in vita; tre giovani cugini ai quali Inge era legata a Graz sono già stati uccisi. Verso la fine della guerra, per la famiglia è quasi impossibile mantenere i contatti.
Dopo aver superato l'esame di stato, Inge non ottiene l'autorizzazione a proseguire gli studi

secrets reminiscent of abstract art.
Together with her mother, she goes to see the "Degenerate Art" exhibition and reads it against its denunciatory intention. It is a last farewell to a view of the world that is now forbidden.
In Berlin she finishes grammar school and intends to go on to university to study Roman languages and general linguistics. Since she is too young to be admitted, she is made to serve under the public social program in a working class area kindergarten in Berlin for six months. It is hard work and overtaxes the abilities of a young girl of her age without prior training. After social service, there is an obligatory public work service for young women before she can go to university, so she serves for another half year in the little village of Gross Borken in Eastern Prussia. Exposed to the peasants' distrust of the city girl and the camp leader's antipathy against a sophisticated and politically disinterested peer, she completes this obligatory service before she can finally commence her studies. In the course of her training, she has the opportunity to spend several months in Bucharest, Romania, where she fails to join the German National-Socialist student organization.
On her return to Berlin, the signs of decay in the Third Reich have become unequivocal and threatening. Because of her lacking participation in German student events in Bukarest she is interrogated but can save her head with a certain naivety. She tediously continues her studies between air raids until her parent's house in Berlin is hit and both parents move to Salzburg. Her brother has been captured by the British in the early days of the war, but her parents do not know weather he is still alive. Three young cousins she had been close to in Graz have already been killed. Near the end of the war it is almost impossible for the family to stay in touch.
After passing her state examination, Inge

e viene arruolata a lavorare in una fabbrica essenziale per lo sforzo bellico a Berlino Tempelhof. Le operaie sono per la maggior parte prigioniere di guerra, specialmente ucraine. La fabbrica viene regolarmente bombardata. Verso la fine della guerra la situazione si fa sempre più caotica, ed è facile capire che quell'importante obiettivo lascia scarse possibilità di sopravvivenza. Nella confusione di un bombardamento, mentre le operaie si precipitano fuori in cerca di un riparo, Inge fugge dalla fabbrica. Senza documenti, si unisce alla marcia degli sfollati diretti a sud, a Salisburgo.

Giornalista in Austria (1946-1949)

Per Inge, come per tanti altri compagni di sventura, la fuga a Salisburgo è un calvario. Non ricorda quanto durò il viaggio; stremata nel corpo e nello spirito, raggiunge finalmente la meta, la stazione ferroviaria di Salisburgo. Pur essendo già stata nella nuova casa dei genitori, ora non riesce a ricordare l'indirizzo. Un reduce invalido con una gamba sola si prende cura della giovane donna disperata e la aiuta a setacciare la città. L'eterogenea coppia passa molto tempo a chiedere informazioni. Quando finalmente Inge viene accolta dai suoi genitori, nell'eccitazione del momento l'uomo che l'ha aiutata sparisce senza nemmeno un saluto. Di lui rimane solo un ricordo. Dopo diverse settimane di cure, bisogna tornare ad affrontare le necessità e i problemi della vita quotidiana del dopoguerra. Il padre legge un annuncio economico che cerca traduttori per i servizi di informazione degli Stati Uniti; i testi dell'Agenzia di stampa americana devono essere integrati nella stampa austriaca da poco organizzata. Anche se Inge non è realmente pronta per lavorare ed è intenzionata a proseguire gli studi nel campo della filosofia, e pur vedendo poche possibilità di ottenere il lavoro per la scarsa padronanza dell'inglese, nel 1945 presenta la sua candidatura a Salisburgo. Grazie alle

is not allowed to continue her studies and is drafted to work at a factory essential to the war effort at Berlin Tempelhof. Most workers there are POWs, especially Ukranian woman. The factory is regularly bombed. Towards the end of the war, the situation becomes increasingly chaotic, and it is easy to see that this prime target offers little chance of survival. In the chaos of an air raid, when the workers flee outside to seek cover, Inge escapes from the factory. Without documents she joins the treck of refugees moving south, to Salzburg.

Journalist work in Austria (1946-1949)

For her, as well as for many fellow-sufferers, the flight to Salzburg is a traumatic ordeal. Inge Morath does not remember how long the journey took. In physical and emotional exhaustion she finally reaches her goal, the railway station in Salzburg. Although she has been to the new house of her parents before, she now cannot remember their address. A veteran invalid with only one leg takes care of the desperate woman and helps her search the city. It takes a long time for the unequal pair to ask their way around. When Inge Morath is finally greeted by her parents, her helper disappears in the excitement of the reunion without even saying goodbye. He remains but a memory. After receiving care for several weeks, the needs and challenges of post-war everyday life must again be met. Her father finds a newspaper ad requesting translators for the United States Information Services. American press agency texts are to be integrated in the newly organized Austrian press. Although Inge is not really ready for a job and intends to continue her studies in the field of philosophy, and although she sees little chances to get the job because of her limited command

sue straordinarie capacità linguistiche generali, riesce a ricavare un buon pezzo dal testo che le viene sottoposto e ottiene il posto. Nell'Austria del dopoguerra, lavorare per le forze di occupazione americane è una posizione privilegiata, che dà a Inge l'opportunità di familiarizzare con lo stile giornalistico di "Life". Il suo interesse per il teatro e la conoscenza dell'arte si dimostrano molto utili, tanto che presto comincia a scrivere degli articoli invece di tradurre. Nel 1946, quando i servizi di informazione degli Stati Uniti trasferiscono la sezione servizi speciali da Salisburgo alla sede del "Kurier" a Vienna, si apre un campo enorme di nuove attività e Inge comincia a lavorare anche per altri mezzi di comunicazione; tra le altre cose, scrive testi letterari e radiodrammi per la neonata emittente "Rot-Weiss-Rot".

A Vienna la vita quotidiana è ancora caratterizzata da strategie di sopravvivenza e spazi vitali ristretti. Inge Morath porta da Salisburgo un chilo di sale, un prodotto raro che spera di rivendere con profitto. Prima che si trasferisca in un appartamento in comune, la sezione servizi speciali la sistema con una collega nella casa di un ex pezzo grosso nazista. La padrona di casa, con la quale devono condividere la stanza da bagno, considera un'intrusione la presenza delle due inquiline, creando una cattiva atmosfera in casa. Pur essendo condizioni di vita più che modeste, in confronto al passato sembrano splendide.
La Vienna del dopoguerra è piena di animazione e voglia di ricominciare, le opportunità sembrano illimitate. Il lavoro per la stampa americana permette a Inge Morath di valutare criticamente le informazioni che arrivano nel paese, fino a quel momento isolato. Lei stessa entra a far parte della vita culturale e intellettuale

of English, she applies in Salzburg in 1945. Her extraordinary general linguistic ability and her good writing style enable her to create a good story from the text she is given for a trial translation, and so she gets the job. Working for the American occupation forces in post-war Austria means a privileged position and offers her the chance to get to become familiar with the reporting style of *Life*.
Her interest in the theatre and her knowledge of art prove very useful so that she soon begins to write her own articles instead of translating. When the United States Information Services Feature Section moves from Salzburg to the *Kurier* office in Vienna in 1946, a wide field of new activities opens up and she begins to work for other media as well, writing, among other things, literary texts and radio plays for the newly-founded "Rot-Weiss-Rot" station.

Everyday life in Vienna is still characterized by survival tactics and cramped living space. Inge Morath brings two pounds of salt from Salzburg, hoping to sell the rare commodity profitably in Vienna. Before moving into a shared apartment, the ISB Feature Section puts her and a colleague up in the home of a former Nazi big-wig. The lady of the house, who has to share the bathroom with the two, regards their presence as an intrusion, with an adverse effect on the living atmosphere. Although the conditions are more than modest, they appear quite generous compared with the past.
Post-war Vienna is thrilling, filled with a go-ahead spirit, opportunities seem unlimited. Her work for the American press allows Inge Morath to critically assess the information flowing into the hitherto isolated country. She herself becomes a part of the Vienna cultural and intellectual scene. The Vienna publishing house Amadeus launches the critical but

della città. La casa editrice viennese Amadeus lancia "Der Optimist", rivista critica ma dalla vita breve, per la quale lavora come redattrice all'inizio del 1948. Uno dei suoi colleghi è Hans Weigel. In questo ambiente culturalmente stimolante conosce altri scrittori, come Ingeborg Bachmann e Ilse Aichinger, intellettuali come il filosofo Arnold Keyserling, e i fondatori del Forum Alpbach, Otto e Fritz Molden. Di quel gruppo fanno parte pittori, come Wolfgang Hutter, Ernst Fuchs e Hilde Polsterer, oltre a personalità del teatro, tra cui il drammaturgo Alfred Ibach o Rudolf Steinböck, direttore del Theater in der Josefstadt.
Il prossimo passo importante nella vita di Inge Morath è di nuovo legato al suo datore di lavoro americano, la sezione servizi speciali, che, su richiesta di Monaco, la segnala come redattrice iconografica a Vienna per la rivista "Heute" anche se finora non ha avuto niente a che fare con la fotografia. Anche questa volta non si aspetta di ottenere il lavoro, ma va ugualmente a sostenere il colloquio con Warren Trabant, caporedattore di "Heute" a Vienna.

Gli dissi subito che non avevo la minima idea di fotografia, ma che sarei stata lieta di rispondere alle sue domande. Mi mise davanti sul tavolo un mucchio di fotografie, almeno un centinaio, e disse: "Le separi, da una parte quelle che le piacciono e dall'altra quelle che non le piacciono". Be', ho l'occhio pronto, e così le separai. Poi mi chiese di motivare due o tre delle mie scelte. Risposi che mi piaceva la composizione. Avevo veramente più familiarità con la pittura.
Così ebbi il posto e diventai la redattrice iconografica di "Heute" a Vienna. Avevo un piccolo ufficio dietro all'Hotel Sacher. Cominciai a lavorare, ma non sapevo come trovare i fotografi. Ce n'era già qualcuno, e loro sapevano che dovevano mandarmi delle fotografie, ma io non ero proprio entusiasta di quello che mi arrivava.

short-lived magazine *Der Optimist* where she works as an editor in early 1948. Hans Weigel is one of her colleagues. In this culturally exciting environment she also gets to know other writers like Ingeborg Bachmann and Ilse Aichinger, intellectuals like the philosopher Arnold Keyserling and the founders of Forum Alpach, Otto and Fritz Molden. Painters like Wolfgang Hutter, Ernst Fuchs and Hilde Polsterer are as much part of this group as are theatre personalities, for instance the dramaturge Alfred Ibach or Rudolf Steinböck, the director of the Theater in der Josefstadt.
The next major step in Inge Morath's life has again to do with her American employer, the ISB Feature Section, who recommends her, upon request from Munich, as the potential Vienna-based picture editor for *Heute* magazine, although so far she has had nothing to do with photography. Again she does not expect to get the job, but goes anyway to be interviewed by *Heute* editor-in-chief Warren Trabant in Vienna.

I told him immediately that I had no idea of photography but that I would happily answer him his questions. He put a stock of photography on the table before me, at least a hundred, and said: "Just separate them, put on one side the ones you love, on the other the ones you don't." Well, I do have a quick eye, and so I separated them. Then he asked me for my reasons in two or three instances. I liked the composition, I told him. I really was more familiar with painting. So I got the job and was the Vienna picture editor for Heute. I had a little office behind the Sacher Hotel. I started my editing work, but I did not know how to find photographers. There were some already, and they also knew that they were to send me pictures, but I wasn't really enthused about any of the work I got.

Anonimo Anonymous
Riunione dell'agenzia Magnum a Parigi.
Inge Morath è la quarta da destra nella fila superiore.
Magnum Photos's Meeting in Paris.
Inge Morath is in the top row, fourth from right.
Francia, France
1957

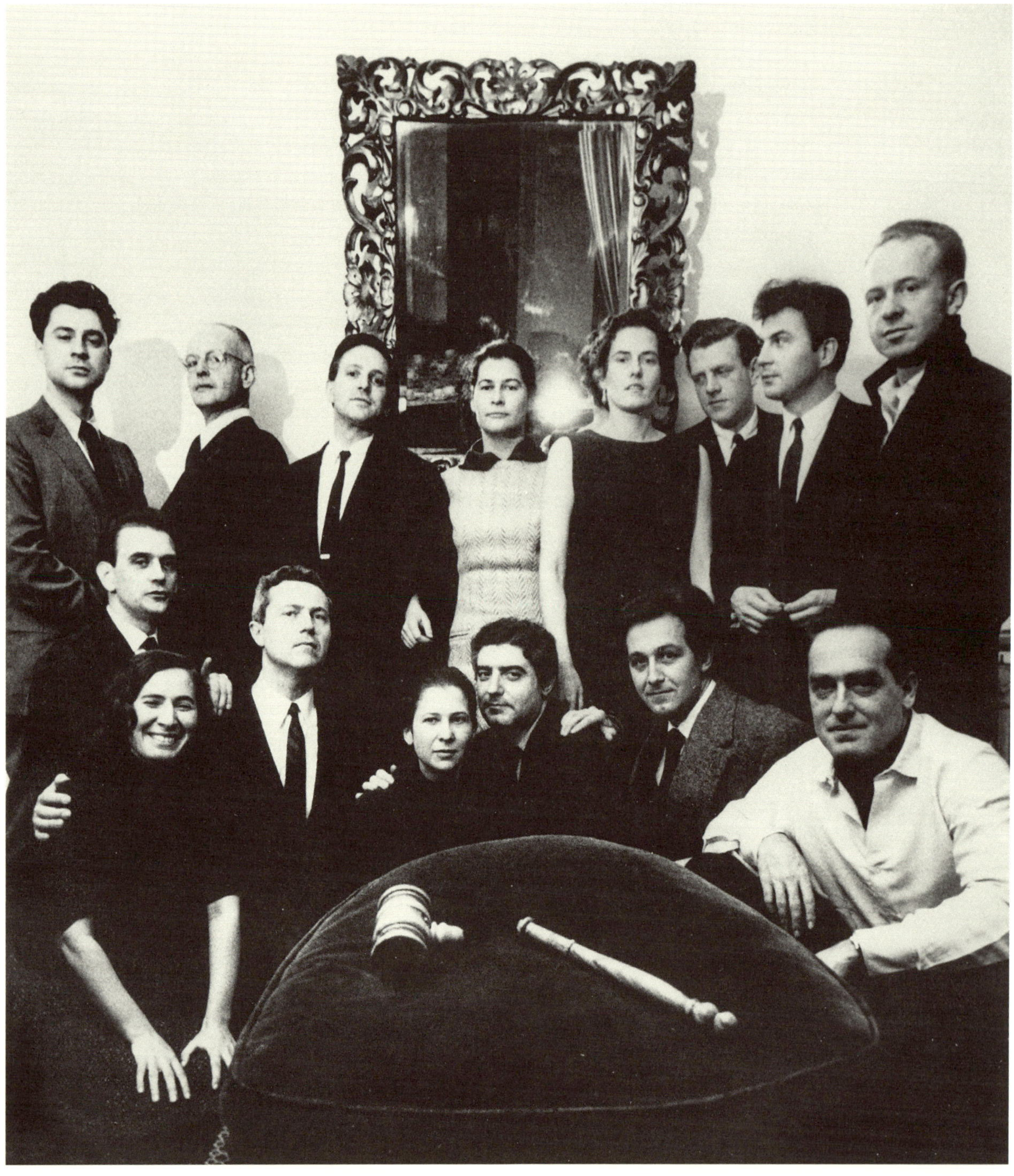

Così, dal marzo del 1948 Inge lavora per questa importante rivista pubblicata dal governo militare americano e con sede a Monaco. Nella sua ricerca di fotografie interessanti, attraverso l'attrice Erni Mangold incontra il fotografo Ernst Haas, amico di Erni. I modi anticonformisti di Haas, il suo entusiasmo per la fotografia e le sue immagini d'impegno sociale che ritraggono i poveri nella zona della cattedrale di Santo Stefano destano l'interesse di Inge. I due decidono di lavorare a progetti comuni. Inizialmente realizzano i classici pezzi da rivista, ad esempio uno sulla Stille-Nacht-Kapelle nei dintorni di Salisburgo. Nello stesso tempo Ernst Haas avvia una serie sui prigionieri di guerra che tornavano dalla Russia e sulle mogli in speranzosa attesa. Durante una visita agli uffici di "Heute" a Monaco, la serie viene mostrata al caporedattore. Questi ne riconosce subito la qualità straordinaria e, nell'agosto del 1949, la farà pubblicare su diverse pagine, con il titolo *E le donne aspettano*... La segnala anche a Robert Capa, direttore e organizzatore dell'agenzia fotografica Magnum da poco fondata a Parigi. Capa passa subito all'azione e invita la squadra immagini-testi a lavorare per l'agenzia a Parigi. Inge Morath e Ernst Haas non hanno neppure un attimo di esitazione: accettano immediatamente l'invito, e nel luglio del 1949 salgono sul treno per Parigi.
Pur essendo stata istituita formalmente a New York nella primavera del 1947, all'inizio la Magnum concentrò la sua attenzione su Parigi. La Magnum è una cooperativa di fotografi di vari paesi, che si propone di recuperare l'etica e lo spirito della fotografia dopo che gli abusi della propaganda hanno gravemente compromesso l'immagine della professione. Sin dai suoi esordi attribuisce un ruolo di primo piano a un giornalismo illuminato e alle finalità artistiche. L'organizzazione cooperativa

From March 1948 she is now working for this influential Munich-based magazine published by the American military government. In her search for interesting photographs she meets, on detours via the actress Erni Mangold, the photographer Ernst Haas, Erni's friend. His unconventional ways, his enthusiasm for photography and his socially committed photographs of poor people in the vicinity of St. Stephen's cathedral awaken her interest. The two decide to cooperate in several projects in the future. At first it is the usual magazine story they produce, for instance about the Silent Night Chapel near Salzburg. At the same time Ernst Haas begins a photo series about POWs coming home from Russia and their waiting and hoping wives. The series is shown to the editor-in-chief during a visit to the *Heute* offices in Munich. He immediately recognizes their extraordinary quality and will have the series published on several pages under the title *And the Women Are Waiting* ... in August 1949. He also points it out to Robert Capa, head and organizer of the newly-founded Mangum photo agency in Paris. Capa acts immediately and invites the image-text team to Paris to work in the agency. There is not a moment of hesitation for Inge Morath and Ernst Haas. They immediately heed the call and leave Vienna in July 1949 on a train to Paris.
Although Magnum had been formally organized in New York in spring 1947, the agency's focus was initially on Paris. Magnum is a cooperative of photographers from various countries whose object is to bring back ethics and purpose to photography after propagandist misuse had severely damaged the profession self-image. An enlightened journalism and artistic intentions play an important role from the start. The cooperative type of

lascia al singolo fotografo la responsabilità personale. L'idea è stata di Robert Capa, ungherese di nascita, che è riuscito a ottenere la collaborazione dei suoi amici di prima della guerra. All'inizio, questi erano Henri Cartier-Bresson, George Rodger, William Vandivert e David Seymour; la figura di Robert Capa assicurava forti legami personali e una visione comune a un gruppo di individualisti. Nel suo articolo *Incontro con la Magnum*, Inge Morath racconta il passo decisivo segnato dalla collaborazione con la Magnum come ricercatrice e scrittrice, e il modo in cui trovò la sua personale strada alla fotografia.

Prime esperienze con la fotografia (1949-1953)

A Parigi, la Magnum e il suo campo di attività – preparare l'incarico, accompagnare il fotografo e valutare il materiale che invia a Parigi – rappresentano un'ottima introduzione al lavoro quotidiano in un'agenzia fotografica. Inge Morath non si vede come fotografa, tutt'altro: la presenza soverchiante degli altri soci soffoca il solo pensiero. Dall'altra parte, acquisisce grandi competenze, come valutare i provini a contatto di Henri Cartier-Bresson. Cartier-Bresson, con il quale collabora in diverse occasioni, ha detto in un'intervista: "Un provino a contatto è molto interessante, perché fa vedere come pensa il fotografo. Si avvicina sempre di più al soggetto, lo corregge, lo guarda di nuovo e poi, con movimenti piccolissimi, gli gira intorno fino a trovarsi esattamente nella relazione giusta e appropriata con esso"[1].

È curioso che Inge non cominci a sentire la mancanza della fotografia fino a quando non si trova più in mezzo a fotografi. Dopo le nozze con il giornalista inglese Lionel Birch, avvenute a Londra nel 1951, si confronta con la quotidianità del matrimonio, che la lascia quasi del tutto inattiva, in contrasto stridente con la vita che aveva condotto fino a quel

organization places personal responsibility on the individual photographer. Robert Capa, a native Hungarian, had conceived the idea and managed to win his pre-war friends for cooperation. In the outset, these were Henri Cartier-Bresson, George Rodger, William Vandivert and David Seymour, with Robert Capa providing strong personal ties and a common vision for a group of individualists. In her article "Meeting Magnum", Inge Morath writes about her own decisive step to work with Magnum as a researcher and writer and about finding her own way to photography.

Early experiences with photography (1949-1953)

Magnum and her field of activity in Paris – preparing assignment, travelling with photographer and evaluating the material they send back to Paris – provide an excellent introduction to the daily work of a photo agency. Inge Morath does not see herself as a photographer by any means. On the contrary: the overpowering presence of the other agency members oppresses the very thought. On the other hand she gains great insights while, for instance, evaluating Henri Cartier-Bresson's contact sheets. Cartier-Bresson, with whom she cooperates on several occasional, said in an interview: "A contact sheet is so interesting, because you see how a photographer thinks. He comes closer and closer to a subject, corrects it, looks at it again, and then, by very small movements, turns around it until it is in exactly the right and proper relation to him."[1]

It is characteristic that she does not begin to miss photography until she is no longer surrounded by photographers. After her marriage with the British journalist Lionel Birch in London in 1951 she is confronted with married everyday life that leaves her underoccupied and is in stark contrast to her life up to that point. In London, far

1 Byron Dobell, *A Conversation with Henri Cartier-Bresson*, in "Popular Photography", settembre, September 1957.

momento. A Londra, lontana dalla Magnum, comincia a vedere le immagini e a sentire il bisogno di catturarle, mentre cerca di motivare i colleghi dell'agenzia a fare dei servizi in Gran Bretagna.

Poi feci un viaggio a Venezia con Lionel Birch. Come sempre mi limitavo a trascinarmi dietro la macchina fotografica che mia madre mi aveva regalato anni prima, e come sempre non la usavo mai. Era l'autunno del 1951. La luce era bellissima, la pioggia aveva ricoperto ogni cosa come con un vetro. Chiamai Capa e gli proposi di mandare qualcuno a fare delle fotografie. Capa mi fece energicamente notare quanto quell'idea fosse impraticabile e disse: "Perché non fai tu una fotografia?". Così andai in un negozio, comprai una pellicola e mi feci caricare la macchina. Il commesso mi consigliò di non fare fotografie con quel tempo. Ma io la sapevo più lunga: si possono fare fotografie anche con il cattivo tempo – non per niente ero stata a guardarli tutti mentre lo facevano, al lavoro. Sulla confezione della pellicola era scritto qualcosa sul cielo nuvoloso: tempo di esposizione 1/50 con focale 4. Poi guardo l'ora, trovo il punto preciso per la prima fotografia e per aspettare che passino esattamente le persone giuste nel posto giusto. Avevo appena cominciato a premere il pulsante, che all'improvviso mi resi conto che per me quello era il modo perfetto di esprimere ciò che avevo dentro. Dovevo cominciare a fare fotografie.

Il ghiaccio era rotto. Tornata a Londra, cerca di dare una base solida alla sua abilità fotografica. Considerate le sue capacità del momento, una collaborazione con la Magnum sembra ancora fuori portata, così si guarda intorno in cerca di opportunità formative. A Londra Simon Guttmann, il fondatore della leggendaria agenzia Dephot nella Germania prebellica, dirige una piccola agenzia fotografica e lavora come

away from the agency, she begins to see images and feels an urge to capture them while trying to motivate her Magnum colleagues to make reportages in Great Britain.

*Then I travelled to Venice with Lionel Birch. Like always I dragged along the camera my mother had given me years ago and like always I never used it. This was fall 1951. The light was beautiful, the rain had covered everything with a gliss. I called Capa and suggested to send someone to photograph this. Capa vehemently pointed out how impracticable that would be and said: "Why don't you take a photograph yourself?".
So I went to a store, bought a film and had the camera loaded. The clerk counselled me not to take photographs in this weather.
But I knew better. You can also take photographs in bad weather – after all I had watched them all do it at work. On the film package it said something about clouded skies: 1/50 exposure time with f-stop 4. Then I took time find the precise spot for the first photograph and to wait for exactly the right people to pass in the right place. I had hardly begun to press the button, when I suddenly knew that this was the perfect way for me to express what I had within me. I had to begin making photographs.*

The ice was broken. Back in London she tried to put her photographic skills on a solid basis. Since, considering her skills at the time, cooperation with Magnum still seems out of reach, she looks around for training opportunities. In London Simon Guttmann, the founder of the legendary Dephot agency in pre-war Germany, runs a small photo agency and works as a consultant for

consulente per la rivista "Picture Post". Il marito la mette in contatto con Guttmann e, quando questi vede le fotografie di Venezia, le offre un posto di apprendista: scrive le sue lettere, impara a lavorare in camera oscura e realizza piccoli lavori fotografici. In quel periodo Inge compra una Leica di seconda mano, la classica macchina del reporter. Le condizioni di lavoro sono avventurose: il minuscolo appartamenti di Simon Guttmann funge anche da ufficio. La camera oscura mal riscaldata è usata in comune con altri fotografi, che ogni tanto le danno qualche dritta tecnica, mentre lei lavora per lo più per tentativi. Ma quelle condizioni, che altri troverebbero inaccettabili, le vanno benissimo. Apprezza Guttmann, battitore libero eccentrico ma geniale, e sa imparare da lui. Per Inge Morath, la sfida intellettuale è una motivazione più forte di un'introduzione tecnica al lavoro in camera oscura.

Un giorno dissi: "Simon, come potrò mai imparare qualcosa? Tutto quello che fai è dettarmi lettere." E lui rispose: "Ascolta quello che si dice nelle lettere, parlano tutte di fotografia. Come vedere le fotografie, come accostarsi a un soggetto, come prepararsi a un soggetto". Era vero. È facile imparare l'aspetto pratico, ma ciò che conta è capire come si costruisce una storia, come si selezionano le immagini, vedere come le cose sono in relazione tra loro nell'inquadratura.

Dopo più di un anno, Guttmann ritiene di averle insegnato abbastanza e glielo dice. Le affida un ultimo incarico, un servizio sulla visita di Edoardo VIII a Parigi, poi Inge è di nuovo sola.

Nel 1953 accompagna il marito a Parigi e cerca di tornare a stabilirvisi, questa volta come fotografa. Tornare subito alla sua vecchia agenzia le sembra prematuro: non vuole essere accettata come ex impiegata, preferisce convincere con il suo nuovo lavoro

Picture Post. When her husband gets her in touch with Guttmann and he is shown the Venice pictures, he offers her a trainee's position. She writes his letters, learns to work in the darkroom and does little photo jobs. At that time she also buys a second-hand Leica, the classical reporter's camera. The conditions at work are adventurous: Simon Guttmann's miniature apartment also serves as his office. The badly heated darkroom is shared with other photographers who give her the occasional technical hint while she generally works on a trial-and-error basis. But conditions others would regard as unreasonable are fine with her. She appreciates Guttmann as an eccentric but genial maverick and learns her lessons from him. To her, the intellectual challenge motivates her more than a technical introduction to darkroom work.

One day I said: "Simon, how will I ever learn anything? All you do is dictate letters to me." And he said: "Just listen to what is said in the letters. It's all about photography. How to see the photographs, how to approach a subject, how to prepare for it." It was true. The practical side is easy to learn, but what counts is an understanding of how a story is built, how pictures are selected, seeing how things in the picture are related.

After more than a year Guttmann feels he has taught her enough and tells her that. He gives her a final assignment, a reportage on Edward VIII's visit in Paris, and then she is on her own again.

In 1953 she accompanied her husband to Paris and tries to settle down here once more, this time as a photographer. Going back directly to her old agency seems premature. She does not want to be accepted as a former employee

fotografico. Quando il marito torna a Londra, Inge si sistema in un piccolo albergo e inizia un fotoservizio sui preti operai, un movimento popolare di sacerdoti che lavorano in fabbrica, con il consenso del loro ordine, per poter essere più vicini ai fedeli. Trova una rivista cattolica interessata al reportage e disposta ad assicurarne la pubblicazione, ottiene l'autorizzazione dell'abate e per diversi mesi accompagna i preti al lavoro e nello svolgimento del loro ministero. Il fotoprogetto offre uno spaccato su molti aspetti interessanti della vita, ma pone anche problemi tecnici non previsti. Quando il reportage è pronto per essere pubblicato, Inge Morath ha praticamente esaurito le sue risorse economiche.

Collaborazione con la Magnum come fotografa (dal 1953)

Finalmente porta le fotografie del reportage alla Magnum e le mostra a Robert Capa; gli dice di esserne l'autrice solo dopo che questi ha espresso la sua approvazione. Capa la accetta nell'agenzia come socia potenziale. I primi incarichi che riceve alla Magnum sono le fotografie dei giurati di una mostra di rose al Parc de Bagatelle e, dopo poco, lavori più impegnativi come le fotografie di scena del film di John Huston *Moulin Rouge*, a Londra, per conto di Capa. Naturalmente un set cinematografico è sempre disseminato di ostacoli, e Inge deve farsi bastare tre rulli di pellicola a colori, materiale che all'epoca scarseggia; ma quando "Life" pubblica una doppia pagina, Capa è molto soddisfatto. Per Inge Morath quell'incarico non è solo una pietra miliare della sua carriera ma anche l'inizio dell'amicizia di tutta la vita con John Huston, con il quale in futuro collaborerà più volte. Instaurare rapporti personali con i soggetti che ritrae

but prefers to convince by her own photographic work. As her husband returns to London, she moves into a small hotel and begins a photo reportage about the "Prêtres Ouvriers", a popular movement of working-class priest labouring in factories with their order's consent so they can be in close touch with church members. She finds a catholic magazine interested in her reportage and willing to guarantee publication, gets the abbot's permission and accompanies the priests over a period of several months at work and at their ministry. The photo project offers insights into many interesting areas of life but also poses unexpected technical problems. When the reportage is ready for publication, Inge Morath has practically exhausted her financial resources.

Cooperation with Magnum as a photographer (from 1953)

Finally she takes the pictures of this reportage to Magnum and shows them to Robert Capa. Only after he expresses his approval she tells him that she is the author, and Capa accepts her into the agency as a prospective member. The first assignments she gets from Magnum are photos of the jury of a rose exhibition at the Parc de Bagatelle and, soon after, more demanding jobs like shooting stills in Capa's behalf at John Huston's film production *Moulin Rouge* in London. Of course a film set is always full of obstacles, and Inge Morath has to make do with three rolls of colour film which is still scarce at the time, but when a double page is published in *Life*, Capa is very satisfied with the work. To Inge Morath this assignment is not only an important milestone in her career but also the beginning of a life-long friendship with John Huston with whom she will repeatedly cooperate in the future. It is one of Inge Morath's special

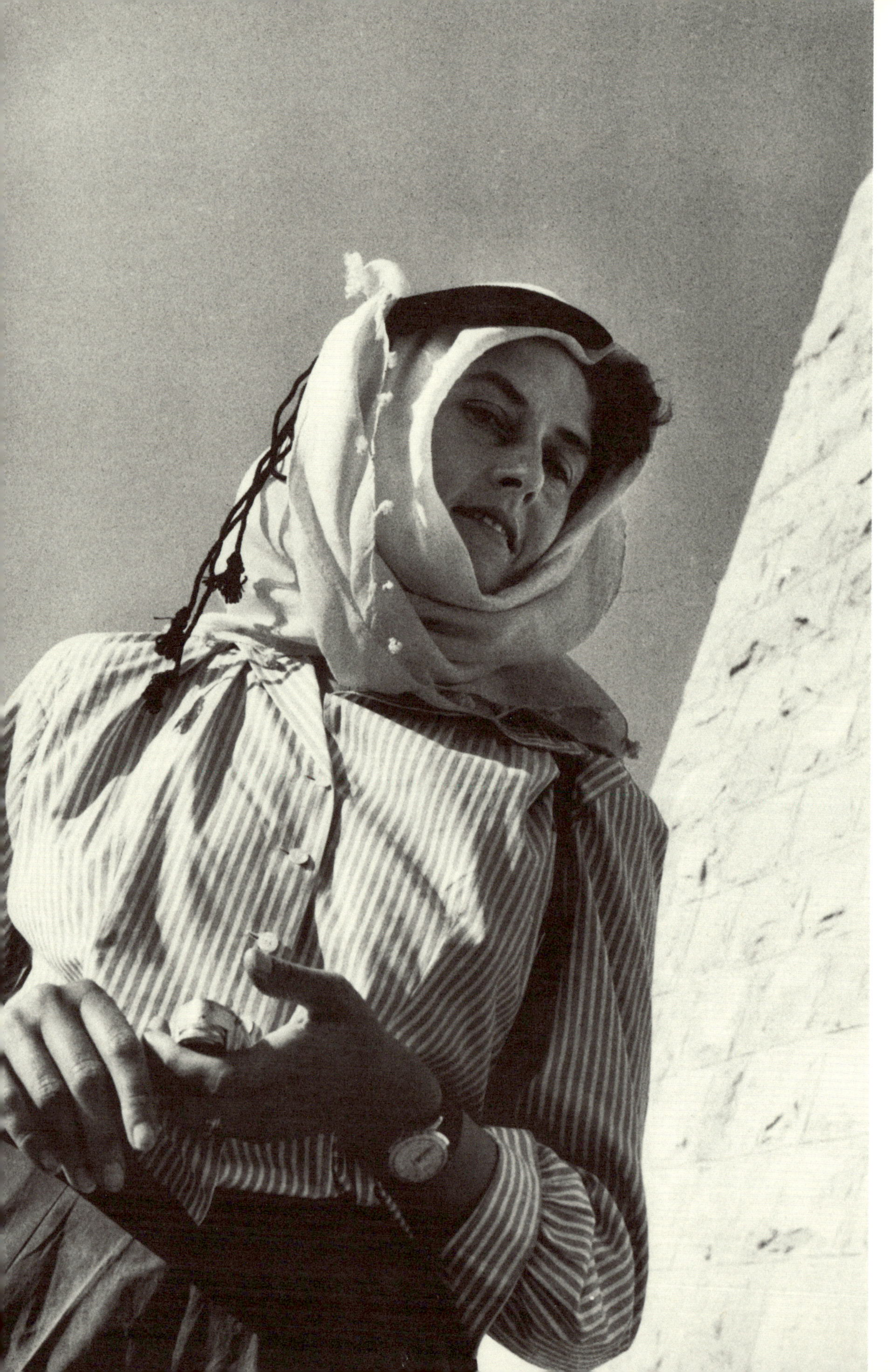

Anonimo
Anonymous
Inge Morath
Giordania
Jordan
1955

è una delle sue qualità speciali.
L'incarico successivo arriva da "Holiday Magazine": una serie sui quartieri londinesi di Soho e Mayfair. Nel corso di quel lavoro Inge scatta la fotografia di Eveleigh Nash mentre fa un giro in automobile sul Buckingham Palace Mall. Quell'immagine la rende subito famosa: una volta l'ha definita la sua "sigla musicale".
Nell'arco di un anno la vita di Inge Morath è venuta a trovarsi completamente sotto il segno della fotografia. Ha trovato il suo mezzo di espressione artistica. La Magnum, ancora una piccola agenzia, un gruppo di fotografi entusiasti che uniscono una sfrenata *joie de vivre* al senso di responsabilità di una generazione che ha vissuto la follia di una guerra mondiale, le offre un ambiente ideale per la sua crescita come fotografa. Lo spirito pionieristico della prima ora tiene unito il gruppo e permette ai suoi membri di operare con successo nel potente mondo della stampa internazionale. Robert Capa, figura resa leggendaria dalla guerra civile spagnola e dallo sbarco delle truppe alleate in Normandia, ha un gran numero di contatti e raccoglie la maggior parte degli incarichi. Per Inge Morath, Capa è un punto di riferimento importante nella sua crescita artistica e personale.

Lavorare con lui è stato un grande privilegio; il suo spirito e i suoi meriti di fotografo esercitano tuttora una profonda influenza. Costruendo su quelle fondamenta, era facile proseguire per la propria strada, che prima o poi ognuno doveva affrontare da solo. La fotografia è fondamentalmente una questione personale, una ricerca di verità interiore.

Un'altra collaborazione di lunga durata e con grandi opportunità di crescita è quella con Henri Cartier-Bresson, che nel 1954 Inge accompagna nelle sue trasferte. Uno dei luoghi che visitano insieme è Amburgo. Inge fa per lo più le

abilities to build personal relationships with people she portrays.
The next reporting assignment is offered by *Holiday Magazine* – a series on the London districts of Soho and Mayfair. In the course of that work she takes the photograph of Mrs. Eveleigh Nash, who is taking an automobile ride along Buckingham Palace Mall. With this picture she immediately becomes well-known. Inge Morath once called it her "signation melody".
Within one year, Inge Morath's life has totally come under the spell of photography. She has found her medium of artistic expression. Magnum, still a small agency, a group of enthusiastic photographers whose unbounded joie de vivre combines with the sense of mission of a generation who has lived through the madness of a world war, offers an ideal environment for Inge Morath's development as a photographer. The pioneer spirit of the first hour unifies the group and allows them to successfully operate within the mighty realm of the International press. Robert Capa, a legendary figure since the Spanish civil war and the D-day landing of allied troops in Normandy, has innumerable contacts and acquires most assignments. To Inge Morath he is an important point of reference in her artistic and personal development.

It was a great privilege to work with him; his spirit and his achievements as a photographer still exert a strong influence. Building on that foundation, it was easy to continue one's own way which had to be negotiated alone, sooner or later. Photography is essentially a personal matter, a search for inner truth.

Another cooperation over many years with great opportunities of development is that with Henri Cartier-Bresson. In 1954 she accompanies him on reportage trips. Hamburg is one of the places they visit together. She mainly makes the colour

fotografie a colori, perché Cartier-Bresson vuole concentrarsi sul bianco e nero. Quei viaggi offrono ampie opportunità di confronto sull'arte, che è un profondo interesse per entrambi, e a Inge Morath danno l'occasione di osservare Cartier-Bresson all'opera. Cita spesso la personale filosofia di Cartier-Bresson, secondo la quale un fotografo guarda nel mirino con un occhio ben aperto per scattare le sue fotografie, mentre l'altro occhio è chiuso per guardare nella sua anima. Questa duplice visione, esterna e interiore, che per realizzare una fotografia perfetta deve essere perfettamente bilanciata, diventa l'idea alla base del lavoro di Inge Morath. Con Cartier-Bresson, che si è sempre considerato un artista dallo spirito surrealista, condivide anche l'interesse per le situazioni surrealiste. Come con altri soci della Magnum, il terreno comune tra lei e Cartier-Bresson non è un credo fotografico ma un orientamento artistico condiviso e un confronto continuo sulle condizioni sociali della fotografia giornalistica.

Nel 1954 Inge Morath ha già cominciato a viaggiare molto come fotogiornalista. Fotografa in Irlanda, in particolare alla Puck Fair di Killorglin; lavora a Parigi e in Italia e, finalmente, riceve da Robert Capa un incarico che la porta in Spagna. Dovrà incontrare l'avvocata Mercedes Formica, che, nello stato repressivo di Franco, si batte per i diritti delle donne, in particolare il diritto al divorzio. Di nuovo, come durante la realizzazione delle fotografie di scena per *Moulin Rouge*, nascono presto amicizia e sostegno reciproco. Mercedes Formica offre una prospettiva speciale sulla Spagna, e Inge Morath scopre il suo amore per il paese. Dopo aver portato a termine l'incarico, si ferma altre tre settimane per realizzare delle fotografie per conto suo. Fare un lavoro per il proprio interesse, senza un incarico specifico o una garanzia di pubblicazione, è il tipico atteggiamento

photographs, since Cartier-Bresson wants to concentrate on black-and-white. These travels provide ample opportunity for long discussions on art which is of burning interest for both, and they give Inge Morath a chance to watch Cartier-Bresson at work. She often quotes his personal philosophy according to which a photographer looks at the world through the view-finder with one wide-open eye to take his pictures while the other eye is closed, looking down into his own soul. This duality of outer and inner vision which needs to be perfectly balanced to make a perfect photograph, becomes the basic concept of Inge Morath's work. She also shares with Cartier-Bresson, who always regarded himself as an artist of surrealist spirit, an interest in surrealist situations. Just like with other Magnum members, the common ground between her and Cartier-Bresson is a shared artistic attitude and an on going discussion about the social conditions of press photography, and not a shared photographic credo.

In 1954 Inge Morath has already begun to travel widely as a photo journalist. She makes photographs in Ireland, especially at the Killorglin Puck Fair; she works in Paris and Italy and finally receives a new assignment from Robert Capa that takes her to Spain. Her task is to visit the lawyer Mercedes Formica who stands up for the rights of women and particularly for the right of divorce in Franco's restrictive state. Again, like during her *Moulin Rouge* film stills assignment, friendship and mutual support soon develop. Mercedes Formica provides a special perspective on Spain, and Inge Morath discovers her love for that country. Alter completing her assignment she stays three more weeks in order to take photographs on her own account. Producing photographic work in one's own interest without any direct assignment or guarantee of publication is typical for

dei fotografi Magnum. Naturalmente Inge Morath pensa di pubblicare una serie in una rivista, prima o poi, e compone il reportage con quell'obiettivo in mente. Nello stesso tempo, questo modo di lavorare le dà la libertà di scegliere i suoi argomenti, di mantenersi aperta a nuovi sviluppi e possibilità e di "rimanere in fondo al cuore una dilettante", come ha detto una volta. Le condizioni economiche e la struttura della Magnum permettono questo tipo di approccio: le basta far sapere a Robert Capa, a Parigi, che rimarrà tre settimane in Spagna per conto suo. A quei tempi il compenso per un solo reportage basta a vivere modestamente per due o tre mesi.

Nel frattempo il primo reportage sulla Spagna di Inge Morath viene pubblicato da "Holiday Magazine". Contributi simili vengono pubblicati anche in altri periodici, e presto le valgono una certa reputazione. Attraverso la rivista culturale "L'Œil", Inge riceve incarichi per ritratti di artisti. Robert Delpire, rinomato editore di libri fotografici, la nota. Insieme, iniziano a lavorare a un libro fotografico su Pamplona. Questo progetto, unitamente all'incarico di fotografare la sorella di Pablo Picasso a Barcellona, le offre l'opportunità di un nuovo viaggio in Spagna. Grazie all'abilità pratica e alla sensibilità di Inge, il ritratto della sorella di Picasso viene realizzato nella maniera più bizzarra e in condizioni avverse. Le fotografie vengono pubblicate su "Life" e altre riviste, e sono tra i suoi lavori più pubblicati fino a oggi.

Un libro su Pamplona intitolato *Guerre à la tristesse*, viene pubblicato nel 1955 in coproduzione con Robert Delpire. È un reportage di viaggio soggettivo, con evidenti tratti surrealisti che mostrano la sensibilità di Inge Morath e il suo amore per il popolo spagnolo. Nel 1956 il volume

the Magnum photographers' working attitude. Of course Inge Morath thinks of publishing a magazine series sometime in the future and composes the reportage accordingly. At the same time, this method gives her the freedom to choose her own topics, to remain open for new developments and possibilities and "to remain an amateur at heart", as she once put it. The economic conditions and the structure of Magnum allow for that approach. She simply lets Robert Capa in Paris know that she will stay in Spain in her own account for three weeks. At the time, the fee for a single reportage is sufficient to provide cheap living for two or three months.

Meanwhile her first reportage on Spain is published in *Holiday Magazine*. Contributions like that are also published in other media and soon gain her a reputation. As a consequence she receives portrait assingments by artists through *L'Œil*, a cultural magazine. Robert Delpire, a well-know publisher of photo books, takes notice of her. As a common project, they begin working on a photo book on Pamplona. This project, together with the assignment to photograph Pablo Picasso's sister in Barcelona, offer another chance to travel and work in Spain. The portrait of Picasso's sister comes about in a most bizarre way under adverse conditions. Its realisation is due to her practical ability and her sensitivity. The pictures are published in *Life* and other magazines and are among her most frequently published pictures even to this day.

A book on Pamplona titled *Guerre à la tristesse*, a co-production with Robert Delpire, is published in 1955. It is a subjective travel reportage with clearly surrealist traits showing her deep sensitivity and love for the people of Spain. In 1956 the book is published

esce a Londra e New York con il titolo *Fiesta in Pamplona*; nel 1957 segue una versione giapponese.

A questo punto, oltre ai numerosi reportage esiste un'ampia produzione di Inge Morath che testimonia la sua scrittura e la sua personale concezione dell'immagine. Nel 1955 Inge ha visitato anche l'Austria, il Sudafrica e, insieme a Mary McCarthy, ha lavorato a un libro su Venezia (il volume, che contiene anche diverse fotografie a colori, verrà pubblicato nel 1956 con il titolo *Venice Observed*). Nello stesso anno diventa socia della Magnum a tutti gli effetti. L'assemblea generale annuale accetta un fotografo come socio a pieno titolo in base alla qualità del suo lavoro e per il suo carattere.

Benché la Magnum si sia sempre considerata come un punto d'incontro per fotografi indipendenti, non si può fare a meno di notare le profonde influenze reciproche e il senso di unità del gruppo, e il controllo che la cooperativa esercita su determinate posizioni artistiche e commerciali. Mi sembra opportuno dare uno sguardo a questo aspetto relativamente alla carriera fotografica di Inge Morath.

Malgrado la fama e le sue attività internazionali, la Magnum rimane un piccolo gruppo fortemente connotato dalla personalità di Robert Capa. Fino al 1955 sono stati accettati come soci solo Werner Bischof, Ernst Haas, Dennis Stock, Eve Arnold, Erich Hartmann, Elliott Erwitt e Cornell Capa. Anche se il gruppo rimane profondamente scosso dalla morte di Robert Capa, ucciso da una mina in Indocina nel 1954, e di Werner Bischof, perito in un incidente d'auto sulle Ande, la filosofia di fondo dell'agenzia come cooperativa gestita dai fotografi stessi, con tutti i suoi punti di forza e di debolezza, rimane immutata – e così il duplice orientamento dei fotografi

in London and New York under the title *Fiesta in Pamplona*, a Japanese version follows in 1957.

Now there exists, apart from numerous reportages, a comprehensive work by Inge Morath that demonstrates her handwriting, her special image concept. In 1955 she has also visited Austria and South Africa and worked on a book project on Venice together with Mary McCarthy (this book, which also contains several colour photographs, is published in 1956 under the title "Venice Observed"). In the same year she is made a full member of Magnum. The annual general meeting votes a photographer into full membership if this is warranted by the quality of the candidate's work and by his or her character.

Although Magnum has always regarded itself as a gathering point for independent photographers, one cannot help but notice the strong mutual influences and the feeling of unity in the group and how the cooperative holds sway over certain artistic and commercial positions. It would seem reasonable to take a look at this situation with regard to Inge Morath's photographic career.

In spite of its international activities and fame, Magnum remains a small group strongly determined by the personality of Robert Capa. Up to 1955 only Werner Bischof, Ernst Haas, Dennis Stock, Eve Arnold, Erich Hartmann, Elliott Erwitt and Cornell Capa are accepted as members. Although the group is sorely shaken when Robert Capa is killed by a landmine in Indochina in 1954 and Werner Bischof dies in a car accident in the Andes, the agency's basic philosophy as a cooperative run by photographers themselves, with all its strengths and weaknesses, remains as unchanged as the photographers' dual orientation towards press photography and art.

verso la fotografia giornalistica e d'arte. La Magnum è caratterizzata da questa presenza simultanea sul libero mercato dei servizi giornalistici e nei musei d'arte. Alla metà degli anni cinquanta, il pubblico apprezzamento del tipo di fotografia giornalistica rappresentato dalla Magnum giunge al culmine dal punto di vista sia artistico, sia commerciale. Ci sono ancora tutte le grandi riviste come acquirenti e distributori ideali e, dopo il trauma della seconda guerra mondiale, c'è un clima generale illuminato, un desiderio di creare un mondo migliore (anche se la guerra fredda incipiente comincia a incrinare queste illusioni). Nel 1955 si inaugura *The Family of Man*, una mostra curata da Edward Steichen al Museum of Modem Art di New York, che successivamente viene presentata in molti paesi del mondo. *The Family of Man* è ricordata spesso come la mostra fotografica con il numero di visitatori più alto di tutti i tempi, e certamente esercita un'enorme influenza e ispira a lungo un'intera generazione di fotografi in tutto il mondo. La mostra è formata principalmente da fotografie giornalistiche e documentari sociali. Contenuto artistico delle fotografie a parte, l'umanità vi è presentata inequivocabilmente come una famiglia. Oltre alle fotografie degli archivi di "Life", la maggior parte delle opere esposte è costituita da immagini dei fotografi Magnum, i quali si trovano ora nella condizione di imporre degli standard che finora sembravano quasi impossibili nella fotografia giornalistica, considerata di second'ordine rispetto al giornalismo scritto. Henri Carrier-Bresson, ad esempio, esige che le fotografie siano pubblicate non rifilate e tenendo conto del loro contesto visivo.

Fino alla fine degli anni cinquanta la vita di Inge Morath è riempita da lunghi e frequenti viaggi, che lei vede come una preparazione ai grandi reportage. Al centro del suo lavoro

Magnum is characterized by this simultaneous presence in the free market of press services and in museums of art. In the mid-fifties, the public appreciation of the type of press photography represented by Magnum reaches its summit in artistic and commercial terms. All the great magazines are still there as buyers and ideal distributors, and after the trauma of World War II there is a general spirit of enlightenment, a desire to create a better world, although the emerging Cold War is beginning to destroy such illusions. In 1955, *The Family of Man*, an exhibition curated by Edward Steichen at the New York Museum of Modem Art, is opened and several copies of it are consequently shown in many countries of the world. It is often quoted as the photo exhibition with the highest number of visitors ever and certainly exerts an enormous influence, lastingly affecting an entire generation of photographers the world over. The show consists mainly of press photographs and social documentaries. Apart from the photographs' artistic content, the exhibition unequivocally presents mankind as one family. Beside photographs from the *Life* archives, the major part of *The Family of Man* consists of pictures by Magnum photographers who are now in a position to set standards that have, so far, hardly seemed possible in press photography, a field regarded as subordinate to writing journalism. Henri Carrier-Bresson, for example, demands that photographs must be published uncropped and that their visual context must be taken into account.

Until the late fifties, Inge Morath's life is filled by intensive travelling. She sees her travels as steps towards major reportages. The emphasis of her work was

stavano i ritratti e la descrizione delle grandi culture mondiali; vi sono stati volumi dedicati a diversi paesi, mentre i contributi a riviste su temi di attualità sono stati sporadici. Ha in mente di ritrarre le grandi culture madri della terra e le principali vie commerciali che le collegano tra loro. I suoi progetti per il futuro prevedono l'India, la Cina, gli influssi spagnoli in America Latina, la famosa via della Seta e il corso del Danubio, ma ottenere commissioni di questo genere dalle riviste sta diventando sempre più difficile, e così le sue idee si potranno realizzare solo a piccoli passi.

Nel 1956 Inge riesce a convincere "Holiday Magazine" a finanziare un viaggio in Iran, un ambito culturale che rappresenta un elemento importante del suo progetto sulla via della Seta. Riesce persino a destare l'interesse di Robert Delpire, che la accompagna per una parte del viaggio. Per il resto – la maggior parte – viaggia da sola, ogni tanto con un autista, passando le notti in antiche rovine perché non ci sono alberghi. Come sempre è ben preparata, si impegna ad adattarsi ai costumi e al modo di vestire del paese e a imparare le lingue locali, che considera un importante approccio alla rispettiva cultura. Il cammino la porta dall'Iran all'Iraq, fino alla Sira e alla Giordania. Ancora una volta il budget impone uno stile di vita spartano per tutta la durata del lungo viaggio.
Nel 1957 e nel 1958 Inge fotografa lungo il Danubio. Nel corso di questo lavoro torna a visitare la Romania, dove ha studiato la lingua durante la guerra. Poiché in tempi di guerra fredda qualsiasi riferimento alla Magnum, un'agenzia rinomata per la sua informazione critica, porterebbe più danni che vantaggi, deve lavorare per conto suo senza nessun tipo di copertura. "Paris Match" pubblica un servizio di diverse pagine sulla regione danubiana; tuttavia, poiché non è stato possibile visitare tutti i paesi bagnati dal fiume, non

on portraits and the description of great cultures. There have been photo books about several countries, while magazine contributions on topical themes have been sporadic. She has visions of portraying the great mother cultures of the earth and the most important trade routes between these cultures. Her future plans include India, China, the Spanish influence in Latin America, the famous Silk Road and the course of the river Danube, but getting magazine commissions for such projects is getting increasingly difficult so that her ideas can only be realised in minor steps.

In 1956 she can convince *Holiday Magazine* to finance a trip to Iran. For her, this cultural sphere is an important element in her Silk Road project. She even can get publisher Robert Delpire interested who accompanies her during part of her trip. The great remainder she travels by herself, now and then with a chauffeur, spending the nights in ancient ruins because there are no hotels. Like always she is well prepared for the journey, trying to adjust to the customs and even the clothing style of the country and to learn the local languages which she regards as an important approach to the respective culture. The route leads from Iran to Iraq and on to Syria and Jordan. Again the projects financial frame demands a very humble lifestyle during the long journey.
In 1957 and 1958 she photographs along the river Danube. In the course of her work she visits Romania once more where she had studied the language during the war. Since during the Cold War any reference to Magnum, an agency renowned for its critical reporting, would have been more detrimental than conducive, she has to work on her own without any backing. *Paris Match* publishes a reportage of several pages on the Danube region, but since she has not been able to visit every country along the river, no book is

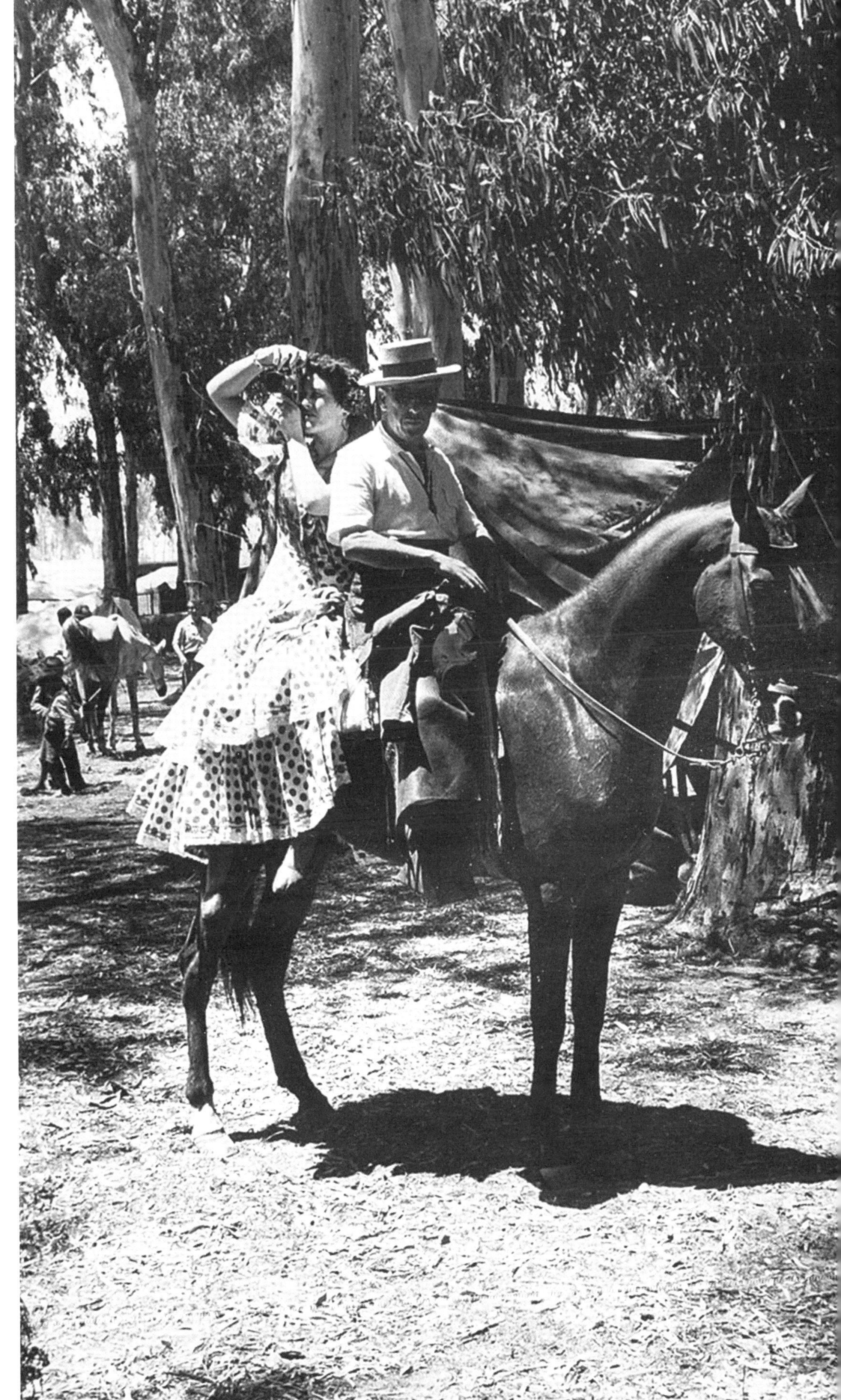

Anonimo Anonymous
Inge Morath, fotografa
la processione de El Rocío
Inge Morath, photographing
the procession of El Rocío
Andalusia, Spagna, Spain
1955

viene realizzato nessun volume. Comincia a fotografare il Messico nel contesto della sfera d'influenza spagnola in un primo viaggio nel 1959 e poi, più intensamente, nel 1960. Negli stessi anni riceve degli incarichi in Tunisia, dove continua a lavorare a un libro per Robert Delpire. Si alternano viaggi in Austria, Italia, Cecoslovacchia, Germania e Stati Uniti. In quel periodo vengono pubblicati diversi volumi, frutto del suo lavoro di ricerca: *Venice Observed, De la Perse à l'Iran* e *Tunisie*.

Tra tutti questi progetti si colloca un incarico di tutt'altro genere: nel 1959 Inge accompagna Yul Brynner in Germania, Austria e Gaza, in un viaggio che si propone di attirare l'attenzione sulla condizione dei profughi, specialmente i bambini, che dopo la guerra non hanno ancora trovato una casa. Sono affiancati da una troupe televisiva della CBS. Un reportage su questo viaggio viene pubblicato in un volume intitolato *Bring Forth the Children: A Journey to the Forgotten People of Europe and the Middle East* (McGraw-Hill, New York, 1960).

Dall'Europa agli Stati Uniti (dal 1960)

Dopo la visita del 1956, New York diventa un frequente punto di partenza per il lavoro di Inge Morath, uno sviluppo parallelo ai cambiamenti in atto nella Magnum. L'atmosfera aperta, multiculturale e intellettualmente stimolante di Parigi si sta dissolvendo, mentre migliori condizioni commerciali per la fotografia negli Stati Uniti e il numero crescente di americani tra i fotografi soci della Magnum danno sempre più importanza alla sede di New York. Negli anni sessanta alcune delle grandi riviste cominciano a trovarsi in difficoltà economiche, e l'agenzia cerca nuovi clienti nel mondo dell'industria. Le grandi aziende, ad esempio, hanno bisogno di servizi per le

produced. During a first trip to Mexico in 1959 and, more intensively in 1960, she begins to photograph that country as part of the Spanish sphere of influence. During this years, she also has assignments in Tunisia where she continues her work on a book for Robert Delpire. Trips to Austria, Italy, Czechoslovakia, Germany and the USA are interspersed. At that time there are several book publications as a result of her research work: *Venice Observed, De la Perse à l'Iran* and *Tunisie*.

Between these projects there is an assignment of a quite different sort. In 1959 she accompanies Yul Brynner on his tour through Germany, Austria and Gaza in order to draw attention to the fate of refugees, especially children, who have still found no home after World War II.
They are also joined by a CBS television crew. A reportage on this tour is published in the shape of a book titled *Bring Forth the Children: A Journey to the Forgotten People of Europe and the Middle East* (McGraw-Hill, New York, 1960).

From Europe to the United States (from 1960)

Since her visit in New York in 1956, the city frequently becomes a point of departure for her work. This development runs parallel to the changes in Magnum. The open, multi-cultural and intellectually stimulating atmosphere in Paris is gradually fading while better marketing conditions for photography in the USA and an increasing number of American Magnum members are giving growing importance to the agency's office in New York. During the sixties, some of the big magazines are beginning to run into economic trouble, and the agency begins to look for new customers in the industry. Large corporations, for example, need reportages

loro relazioni annuali. Nello stesso tempo aumenta la competizione televisiva, e per i fotografi è sempre più difficile far arrivare in tempo utile alla stampa il loro materiale d'attualità. Nel 1966 l'ultimo socio fondatore della Magnum, Henri Cartier-Bresson, conclude la sua partecipazione attiva, lasciando all'agenzia i suoi archivi, a testimonianza dei cambiamenti che questa e i suoi soci hanno subito nel corso del decennio.
Verso la fine degli anni cinquanta, Inge Morath lavora spesso per produzioni cinematografiche statunitensi, un'occasione di sopravvivenza economica per lei e altri collaboratori della Magnum. Nel 1960-1961 lavora per un'agenzia pubblicitaria di New York, che per una delle sue campagne vuole l'inconfondibile stile "Life".

Probabilmente cominciai quella serie per la Bankers Trust già nel 1959. Fino a quel momento tutte le fotografie pubblicitarie erano assolutamente artificiali. Poi, d'un tratto, l'agenzia pubblicitaria, e probabilmente anche altri, ebbe l'idea che voleva le sue réclame nello stile della fotografia documentaria. Si rivolsero alla Magnum e, naturalmente, a Henri Cartier-Bresson. Quando lui rifiutò, chiesero a me. Io accettai il lavoro perché avevo appena comprato il mio appartamento a Parigi e mi servivano moltissimi soldi. L'incarico era pagato molto bene e il lavoro era interessante: una campagna completa su New York per la Bankers Trust. Alla fine fecero anche un piccolo volume. Non era un reportage e non usai dei modelli, che sarebbero apparsi troppo forzati, ma chiesi ai miei amici. Discutevo le situazioni con il direttore artistico, poi le fotografavo. La cosa meravigliosa di questo modo di procedere era che finivo sempre in tempi molto brevi, e ne andavo fiera. Preparavo le scene, e dopo le riprese vere e proprie mi prendevano cinque minuti. Il direttore artistico era molto seccato, diceva: "È

for their annual business reports. At the same time, there is growing TV competition, and it becomes increasingly difficult for photographers to get their topical material to the press in time. In 1966 the last founding member of Magnum, Henri Cartier-Bresson, ends his active membership with Magnum while leaving his archives in the agency, bringing to mind the changes Magnum and its members have undergone in the sixties.
In the late fifties, Inge Morath frequently worked for US film productions, an opportunity for her and other Magnum members, to survive financially. In 1960-1961 she photographs for a New York advertising agency who wants the unmistakable *Life* reporting style in one of their advertising campaigns.

I probably started that series for Bankers Trust as early as 1959. Untill then all photo ads were absolutely artificial. Then it suddenly occurred to the agency and probably also to others that they wanted their ads in the style of documentary photography. They turned to Magnum and of course to Henri Cartier-Bresson. When he declined, I was asked. I accepted the job because I had just bought my apartment in Paris and needed a lot of money. The assignment was very well paid, and it was interesting work — a complete campaign for Bankers Trust about New York. In the end they even made a small book. It wasn't a reportage, and I did not use models who seemed too stilted, I just asked my friends. Together with the art director I discussed the situations, and then I photographed them. The wonderful thing about it was that I always did it in a very short time, and I was proud of that. I prepared the scenes, and then the actual shooting took me five minutes. The art director was very irritated. He said: "This is too

troppo poco, ti paghiamo troppo!". Io rispondevo che ci avevo pensato per una settimana intera. La campagna fu un grande successo. Dopo un anno cominciai a pensare per immagini costruite e, a quel punto, decisi di smettere con quel genere di lavoro. Avevo guadagnato il denaro per l'appartamento.

È tipico dello stile di Inge Morath non perdere di vista i suoi obiettivi artistici. Da tempo è rinomata per i suoi ritratti, così si arrischia a chiedere una seduta di posa a Saul Steinberg. Lui accetta, ma la riceve con una maschera di carta. Inge Morath non si scompone e comincia a fotografarlo con la maschera. È l'inizio di una nuova collaborazione, in cui Saul Steinberg disegna le sue maschere e Inge Morath sceglie i "corpi" e i costumi corrispondenti. Il risultato è una serie completa, pubblicata accanto a disegni di Saul Steinberg nel libro *Le masque*, nel 1961.

Nel 1960, durante le riprese del film *Gli spostati*, Inge Morath incontra per la prima volta il drammaturgo Arthur Miller. Lo incontra di nuovo nella sede newyorchese della Magnum, quando Miller ha bisogno di fotografie di se stesso e del suo lavoro, e a lei viene richiesta la fotografia di scena per una delle sue produzioni teatrali.
C'è un lento avvicinamento reciproco, interrotto dai frequenti viaggi di Inge, ma che porta una maggiore intimità. Si sposano nella primavera del 1962; nello stesso anno nasce la figlia Rebecca e, nel 1967, il figlio Daniel. All'inizio la famiglia vive a New York nel leggendario Chelsea Hotel, poi in una fattoria a Roxbury (Connecticut), a un paio d'ore di macchina da New York.
Anche se le condizioni esterne del suo lavoro sono cambiate, lo stile dell'espressione artistica di Inge Morath e il suo entusiasmo per la fotografia rimangono immutati. Impossibilitata a viaggiare finché la figlia è piccola, comincia a esplorare i dintorni più vicini. La vita in una

short, we pay you too much!". I replied that I had been thinking about it for an entire week. The campaign was a great success. After one year I began to think in construed images. At this point I decided to stop that type of work. I had earned the money for my apartment.

It is typical for Inge Morath's style that she does not loose sight of her artistic intentions. She has been long renowned for her portraits, and so she dares to ask Saul Steinberg for a portrait session. He says yes but receives her with a paper mask. Inge Morath immediately goes along and begins to photograph him wearing the mask. It is the beginning of a new cooperation in which Saul Steinberg designs his masks and Inge Morath selects the corresponding "bodies" and costumes. The result is a comprehensive series published in 1961 in the book *Le masque* together with drawings by Saul Steinberg.

During the filming of *The Misfits* in 1960, Inge Morath has her first encounter with dramatist Arthur Miller. She meets him again later at the Magnum office in New York when he needs photographs of himself and his work, and she is also asked to photograph one of his theatre productions. There is a slow mutual approach, always interrupted by Inge Morath's frequent journeys, but leading to greater closeness. In spring 1962 the two get married, and in the same year their daughter Rebecca is born, and in 1967 their son Daniel. At first the family lives at the legendary New York Chelsea Hotel, later on a farm in Roxbury, Connecticut, about two hours from New York City.
Although the outward conditions of her work have changed, Inge Morath's style of artistic expression and her enthusiasm for photography remain unabashed. Tied to one place by her growing-up daughter, she begins to explore her more immediate

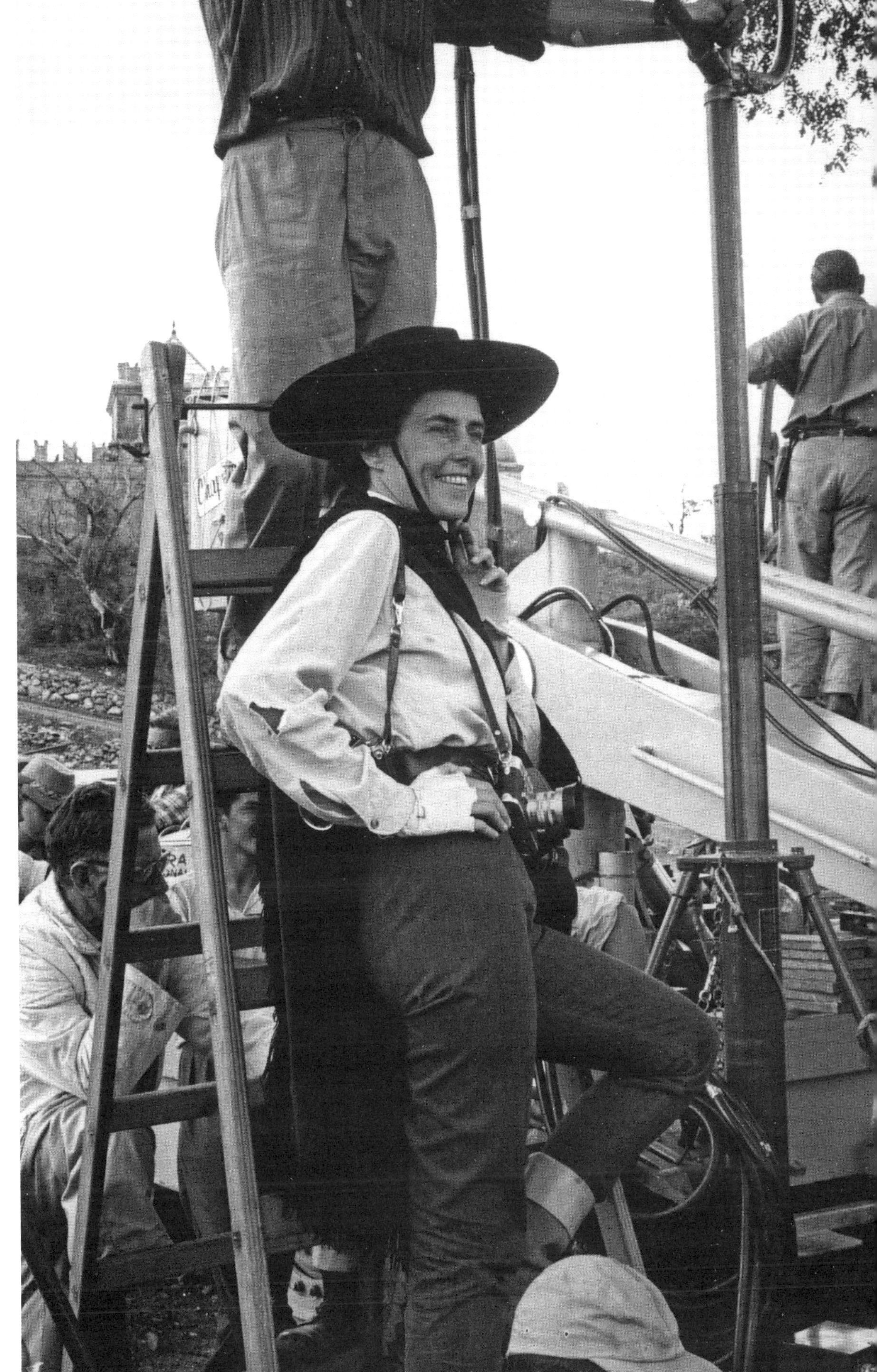

Anonimo
Anonymous
Riprese del film
Taras il Magnifico
a Salta, Argentina
Shooting *Taras Bulba*
in Salta, Argentina
1961

piccola città della costa orientale americana offre al fotografo spunti sulla struttura sociale della comunità locale. Storie e informazioni indispensabili ad acquisire la necessaria familiarità con i suoi soggetti le vengono fornite dal marito, che vive nella zona da molto tempo, ma bisognerà aspettare il 1977 perché i due pubblichino un libro insieme. Il titolo: *In the Country*.

Per tutto quel tempo Inge non ha perso di vista la sua idea di viaggiare nelle regioni delle grandi culture mondiali. Una delle mete successive è la Russia e, come sempre, si prepara scrupolosamente; studia la lingua al Berlitz e la migliora con l'aiuto di Olga Andreyeva Carlisle, una vicina di origine russa. Visita il paese per la prima volta con il marito nel 1965. Negli anni a venire seguono altri viaggi, grazie ai quali vengono coltivati stretti contatti con intellettuali russi, specialmente scrittori. La prospettiva del suo lavoro passa da una osservazione distaccata al coinvolgimento personale per la condizione degli artisti sotto un regime dittatoriale. Le fotografie rispecchiano l'attrazione di Inge Morath per l'eredità culturale del paese e il suo interesse per quella cultura oppressa. Entrambi questi elementi si ritrovano nel volume *In Russia*, pubblicato nel 1967.
Una volta instaurate, queste relazioni personali e l'interesse per il paese diventano permanenti. Più volte la famiglia ospita gli amici russi nella sua casa e sostiene la traduzione e la pubblicazione di testi.
Altri viaggi in Russia si svolgono nel 1985 e nel 1990. Nel 1991 esce un nuovo libro, intitolato *Russian Journal*. In un'ampia panoramica, frutto del suo decennale interesse per quella cultura, Inge presenta un diario visivo che sintetizza anche i profondi cambiamenti subiti dal paese.
Un altro degli ambiziosi progetti di Inge

vicinity. Small town life on the American East coast offers photographic insights in the social structure of the local community. Indispensible stories and information providing the necessary familiarity with her subjects are supplied by her husband who has lived here for a long time, but it takes until 1977 for the two to publish a book together. It's title is *In the Country*.

All that time she has not lost sight of her plan to tour the regions of the great cultures of the world. One of her next goals is Russia, and like always she carefully prepares and studies the language at Berlitz. With the help of Olga Andreyeva Carlisle, a neighbour of Russian extraction, she improves her command of Russian and tours the country for the first time together with her husband in 1965. More trips follow in the years to come, and close contacts with Russian intellectuals, especially writers, are cultivated. The perspective of her work shifts from distanced observance to personal empathy with the situation of artists under a dictatorial regime.
The photographs reflect Inge Morath's fascination with the cultural heritage of the country and her interest in its presently oppressed culture. Both elements are found in her book *In Russia* which is published in 1967.
These personal relations, once created, and her interest in the country become permanent. Repeatedly the family hosts Russian friends at their home and supports the translation and publication of texts.
More journeys to Russia take place in 1985 and 1990. In 1991 another book about Russia is published under the title *Russian Journal*. In an extensive overview – the result of her decade-long interest in that culture – she presents a visual diary that also summarizes the great changes the country has undergone.
A trip to China is another of Inge Morath's ambitious projects. From 1972

Morath è un viaggio in Cina. Nel 1972 ha iniziato a studiare il mandarino e a familiarizzare con la cultura cinese, ma l'occasione di visitare il paese non si presenterà prima del 1978. Seguiranno altri viaggi, e nel 1979 pubblica, insieme al marito, il volume Chinese *Encounters*.

I libri realizzati nei decenni più recenti sono spesso il frutto di viaggi compiuti con il marito. In genere non sono progettati in anticipo come pubblicazioni, e sono esempi di una feconda collaborazione tra un poeta e una fotografa – una collaborazione che non si presenta con una netta divisione tra immagine e testo, ma che dà vita a un intreccio tra i due mezzi espressivi. Di solito Inge Morath parla la lingua del posto e fa da interprete per Arthur Miller, mentre dal lavoro letterario e dai numerosissimi contatti di quest'ultimo scaturiscono gli incontri con l'élite artistica. Attraverso questi contatti, Inge acquisisce una più profonda comprensione della cultura sulla quale si basa il suo lavoro fotografico di quel momento. La collaborazione si sviluppa senza pressioni esterne ed è motivata esclusivamente dal comune interesse per le persone e la loro sfera culturale: una situazione congeniale allo stile di lavoro di Inge Morath, che in genere si sente inibita dagli incarichi formali.

Devo prima vedere e trovare quello che posso fare. Quando facevo un viaggio, naturalmente sapevo che cos'è un reportage e lo tenevo sempre presente. In altre parole, non ho mai viaggiato in un paese per tornare riportando solo primi piani di strutture murarie. Però avevo bisogno della mia libertà. Una o due volte è capitato, semplicemente, di non fare il reportage. Sono andata, e ho detto "Non lo vedo". Quello che mi riusciva particolarmente difficile era quando i clienti dicevano di volere solo il colore quando non c'era nessun vero colore. Non

she has begun to study Mandarin and to familiarize herself with the Chinese culture, but she has to wait until 1978 for an opportunity to visit the country for the first time. More visits are to follow, and in 1979 she publishes the book *Chinese Encounters* together with her husband.

The books produced in recent decades have often been products of travels together with her husband. As a rule, they were not previously planned as publications and are examples of a congenial cooperation between a poet and a photographer, a cooperation that is by no means split along the lines of image and text but represents an intertwining of both means of expression. Usually, Inge Morath speaks the language of the land and acts as a translator for Arthur Miller while his literary work and his innumerable contacts provide encounters with the artistic elite. Through these contacts she gains a deepened understanding of the culture on which her photographic work depends. Their cooperation develops without outward pressure and is solely motivated by their common interest in the people and the respective cultural sphere, a situation that corresponds to Inge Morath's working style, since she generally feels inhibited by assignments.

I first have to see and find what I can do. When I made a journey, I knew of course, what a reportage consists of, and I always kept this in mind. In other words, I never travelled to a country and then returned with nothing but close-up of wall structures. But I have needed my freedom. Once or twice I simply did not do a reportage. I went there and said: "I don't see it." What I found especially difficult was when the clients said they only wanted colour while there was no real colour there. I don't like

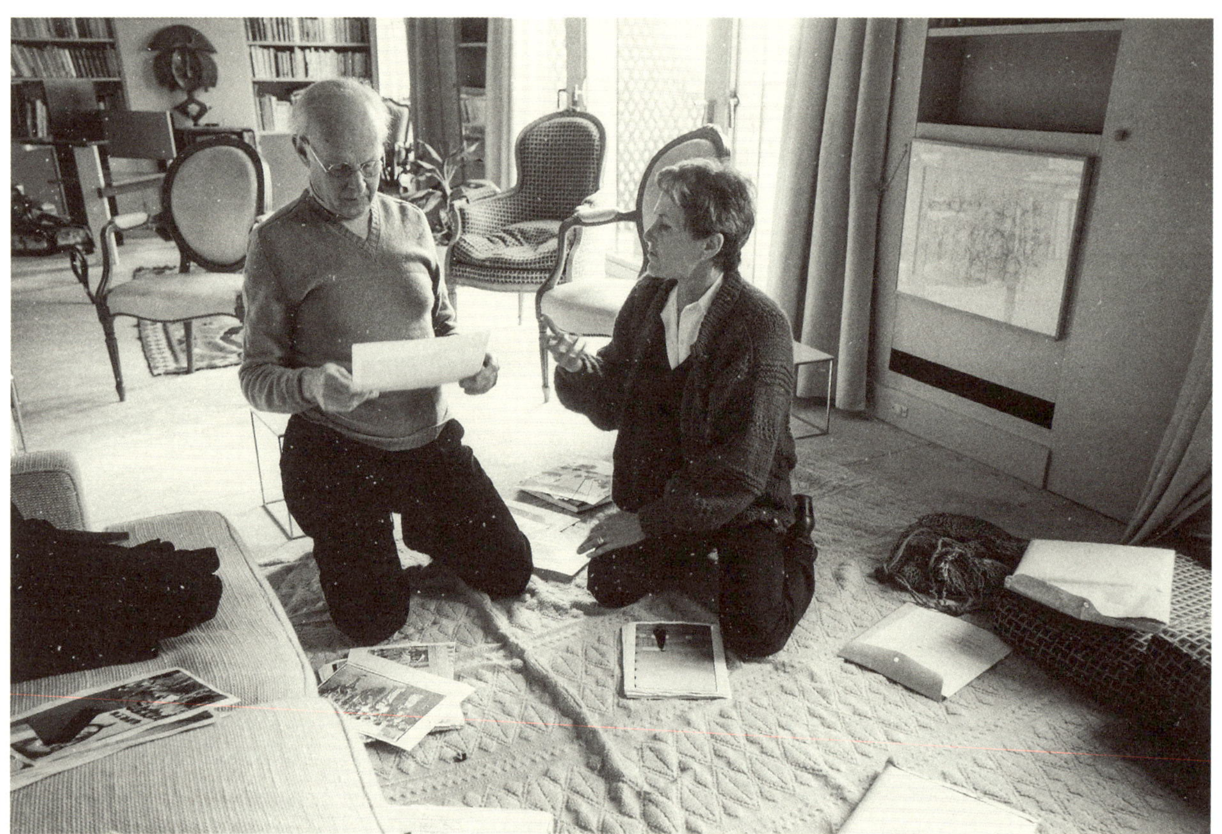

Anonimo Anonymous
Henri Cartier-Bresson e Inge Morath a Parigi
Henri Cartier-Bresson and Inge Morath in Paris
Francia, France
1979

mi piace che la gente mi dica che devo fare un ritratto a colori, quando io non vedo nessun colore.

Gli anni settanta e ottanta non portano solo evidenti cambiamenti nel panorama della stampa – la concentrazione delle case editrici porta con sé una riduzione delle opportunità di pubblicare e la competizione televisiva si inasprisce, ma anche la ricezione artistica della fotografia sta cambiando. I lavori di molti fotografi Magnum sono esposti in musei e gallerie, mentre si diffondono la vendita di opere individuali sul mercato dell'arte e il sostegno a progetti fotografici attraverso borse di studio o sovvenzioni artistiche.

Parallelamente a questi sviluppi internazionali, dal 1981 opera a Salisburgo la galleria Fotohof, che si propone di far conoscere la fotografia d'arte austriaca. In un incontro casuale dei soci fondatori Brigitte Blüml e Kurt Kaindl con Inge Morath a un convegno sulla fotografia, emerge che questa svolta verso la fotografia d'arte è un obiettivo comune, e ci si accorda su un primo progetto fotografico in collaborazione con la galleria. Nel 1991 esce il libro illustrato che ne è scaturito, *Salzburg – An Artist's View*, dove, accanto ad altri tre fotografi attivi a livello internazionale, Inge Morath è rappresentata con una nuova opera fotografica.

Ben presto la considerazione artistica dell'opera fotografica realizzata fin qui porta altri frutti: sempre nel 1991, Inge Morath riceve il Gran Premio Nazionale Austriaco per la Fotografia, che viene assegnato per la prima volta. Un anno dopo la galleria Fotohof pubblica la sua monografia corredata da testi approfonditi. Parallelamente si allestiscono mostre delle sue opere, che ora vengono presentate anche al pubblico internazionale.

people to tell me that I have to make a portrait in colour when I don't see any color there.

The seventies and eighties do not only bring clear changes in the press landscape – the concentration of publishing companies means dwindling publishing opportunities while the TV competition is getting stiffer but the artistic reception of photography is also changing. The oevre of many Magnum photographers is now shown in museums and galleries; sales of individual works in the art market or the support of photo projects through grants or art subsidies is becoming more frequent.

Parallel to these international developments, the Fotohof gallery in Salzburg began, in 1981, to bring Austrian fine-art photography to a wider audience. When its founder members Brigitte Blüml and Kurt Kaindl chanced to meet Inge Morath at a conference on photography, they discovered that they were all moving towards this kind of image, and decided to realize a first photographic project together. It resulted in an illustrated book entitled *Salzburg – An Artist's View*, featuring Morath's latest work along with that of three other international photographers, which was published in 1991.

The new artistic quality of her images soon began to bear fruit: in 1991 she was also the first recipient of the Great Austrian State Prize for Photography, which had just been instituted. In 1992 the Fotohof gallery published a monograph on Morath, with critical essays. At the same time, exhibitions were devoted to her work, which was now being presented to an international public as well.

Con la nuova prospettiva della fotografia artistica, il lavoro fotografico di Inge Morath si fa di nuovo più intenso, in gran parte liberato dal lavoro giornalistico quotidiano e orientato a volumi illustrati e mostre. Nel 1993 e nel 1994, insieme ai suoi curatori di Salisburgo, Inge Morath compie diversi viaggi lungo il Danubio, portando così a termine un progetto che aveva iniziato negli anni cinquanta. In collaborazione con la galleria Fotohof escono quindi in rapida successione altri volumi illustrati che raccolgono alcuni dei suoi grandi reportage, presentandoli sotto la nuova luce della fotografia d'arte.

Nel 2001 Inge Morath accoglie l'invito della regista austriaca Regina Strassegger a realizzare un lavoro fotografico nella regione di confine tra l'Austria e la Slovenia, da dove provengono i suoi antenati, che ripercorra le tracce della sua famiglia e gli sviluppi politici successivi alla seconda guerra mondiale. È affiancata da una troupe cinematografica, che, con l'occasione, produrrà un lungometraggio su di lei. Le riprese iniziano nel 1999 e dovrebbero concludersi nel 2002. Nell'autunno del 2001, durante uno di questi viaggi fotografici, Inge Morath accusa forti dolori, che al ritorno a New York vengono diagnosticati come sintomi di una aggressiva patologia tumorale.
Il 30 gennaio 2002 Inge Morath muore in un ospedale di New York.

The artistic perspective brought a renewed intensity to her work, which had largely moved away from the everyday journalistic approach and was more geared to illustrated volumes and exhibitions. In 1993 and 1994, together with her Salzburg curators, she made several trips along the Danube, in order to complete a project she had begun in the 1950s. The Fotohof gallery published a string of illustrated volumes that showcased some of her most important reportages, casting them in a new artistic light.

In 2001 Inge Morath accepted an invitation from Austrian filmmaker Regina Strassegger to realize a photographic project in the Austria and Slovenia borderland, where the photographer's origins lay, which entailed tracing her family history and the political developments following World War II. Strassegger and her film crew accompanied Morath, with a view to making a documentary feature. Shooting began in 1999 and was to have been completed in 2002. In autumn 2001, Inge Morath was taken ill with severe pains on one of the photographic trips. When she returned to New York she was diagnosed with a malignant tumour.
Inge Morath died in New York Hospital, Manhattan, on 30 January 2002.

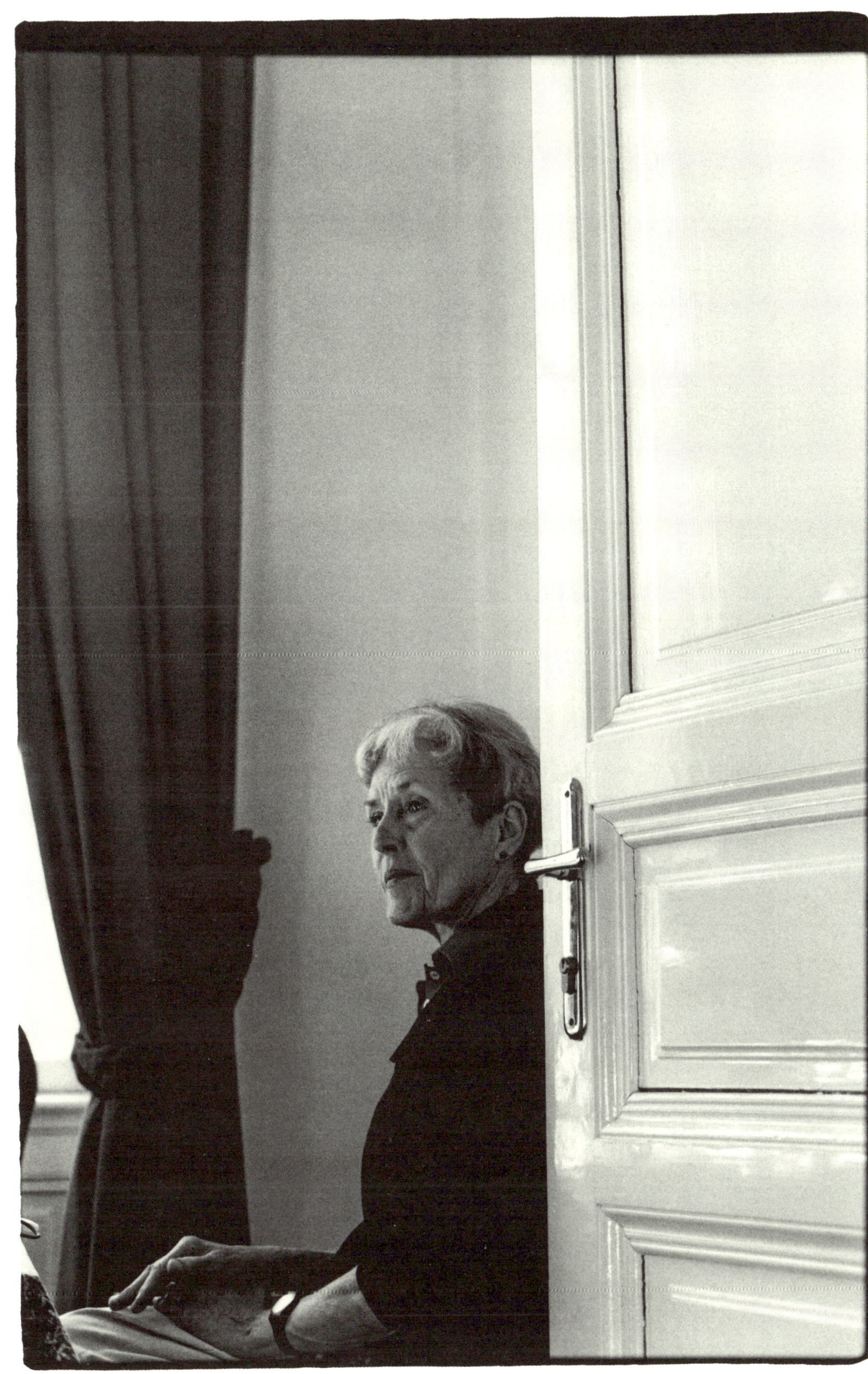

Sepp Dreissinger
Inge Morath
1995

Incontro con la Magnum

Meeting Magnum

Inge Morath

Quando andai a Parigi per la prima volta per "incontrare la Magnum" andai in treno, sui sedili di legno di un vagone di terza classe, con un cappello nuovo, un bel po' di panini e con Ernst Haas, la cui madre aveva portato i panini alla stazione di Vienna. L'anno era il 1949. Avevo lavorato come redattrice austriaca per la rivista "Heute" di Monaco e avevo una formazione come scrittrice e ricercatrice. Ernst Haas era già un fotografo affermato, e alcuni dei pezzi che avevamo fatto insieme erano stati portati all'attenzione di Robert Capa dal direttore di "Heute". Fu Capa a proporci di andare alla Magnum, a Parigi, per fare qualche lavoro, e noi accettammo al volo.

Vienna soffriva ancora per le difficoltà del dopoguerra. Sembrava troppo piccola, e noi eravamo assetati del vasto mondo. La Magnum Photos, agenzia cooperativa fondata nel 1947 da Robert Capa, George Rodger, Henri Cartier-Bresson, William Vandivert e David Seymour, aveva già un grosso nome: avere qualcosa a che fare con quel gruppo era una prospettiva entusiasmante. Haasi e io scendemmo alla Gare de l'Est. Non dovevamo avere molto bagaglio visto che, per preservare le nostre modeste finanze francesi, andammo a piedi all'ufficio della Magnum, al 125 di Rue du Faubourg Saint-Honoré, che è una bella distanza. L'ufficio era al quarto piano. "L'ascensore può essere preso su ma non giù", diceva un austero cartello sulla grata della porta – un avviso che conoscevamo bene già a Vienna, che doveva essere l'unica altra città a imporre una restrizione del genere. Suonammo il campanello, aspettandoci che tutti i pezzi

When I first went to Paris to "meet Magnum" I went by train on the wooden benches of a third-class coach, with a new hat, a large number of sandwiches and Ernst Haas, whose mother had brought the sandwiches to the Vienna railway station. The year was 1949. I had worked as an Austrian editor for *Heute* magazine in Munich and was trained as a writer and researcher. Ernst Haas was already a well-established photographer, and some of the stories we had done together had been brought to the attention of Robert Capa by the editor of *Heute*. Capa suggested that we come to Magnum in Paris and do some work, and we promptly did.

Vienna still suffered from post-war restrictions; it seemed too small, and we were thirsting for the larger world. Magnum Photos cooperative agency founded in 1947 by Robert Capa, George Rodger, Henri Cartier-Bresson, William Vandivert, and David Seymour, already had a big name. To have anything to do with this group was an exciting prospect. Haasi and I got out at the Gare de l'Est. We can't have had much luggage, because in order to protect our small French funds we walked to the Magnum office at 125 Rue du Faubourg Saint-Honoré, which is quite a distance. The office was on the fourth floor. "The elevator," said a stern notice on the iron-grill door, "can be taken up but not down" – a piece of information we were already familiar with from Vienna, which must be the only other city that has such a restriction. We rang the bell, expecting all the big shots to come out to greet us. For a long time there was no response,

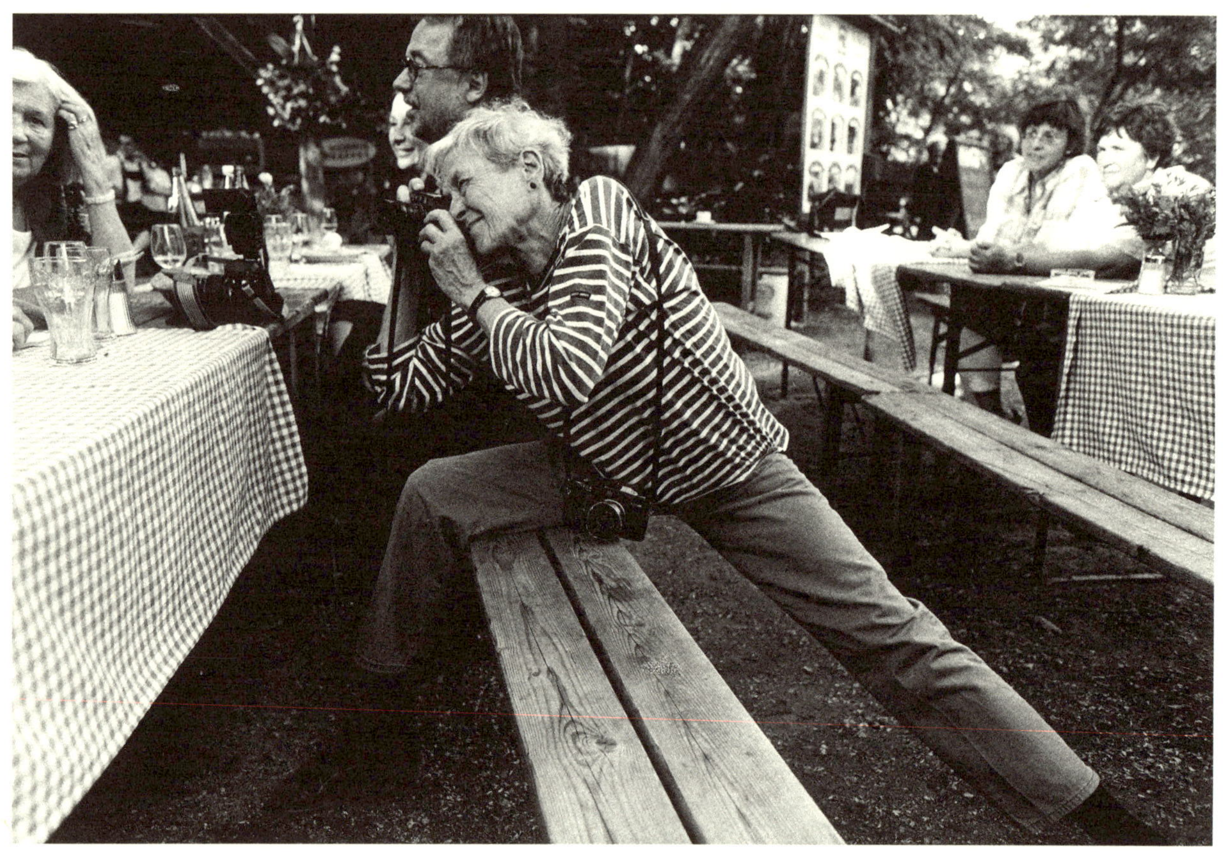

Stojan Kerbler
Inge Morath
2001

grossi uscissero ad accoglierci. Per un bel po' non ci fu risposta, ma noi continuammo a suonare perché la data di arrivo era stata confermata per lettera. Finalmente apparve un uomo alto e magro, con la borsa del ghiaccio in testa. Era Carl Perutz, che fotografava magnificamente le cose chic, e aveva i postumi di una sbornia. "Oggi è il Quatorze Juillet, il giorno della presa della Bastiglia, e non so se qualcuno verrà in ufficio. Comunque, accomodatevi" disse, e sparì di nuovo. L'ufficio si trovava in un appartamento a nome di Maria Lehfeldt (suo marito, Hans Lehfeldt, un grande ginecologo, ci curò generosamente per mal di schiena, distorsioni alle caviglie e altri infortuni). Il posto aveva ancora l'aspetto di un appartamento, con cucina, stanza da bagno e camera da letto. Solo il grande salone aveva un'aria vagamente da ufficio; c'erano un tavolo lungo e alto per il montaggio, un telefono con il filo lungo che si poteva portare in giro, alcuni schedari e un divano, sul quale dormii spesso quando mi trovai senza soldi – una gran comodità, a parte la mancanza di lenzuola e l'arrivo del portiere che veniva molto presto ogni mattina per fare le pulizie. Quel nostro primo giorno alla Magnum (devono esserci tante storie sul "mio primo giorno alla Magnum" quante ce ne sono sul "mio primo giorno di scuola"), finalmente, arrivò Capa, in compagna dell'amico Len Spooner, direttore della rivista "Illustrated" di Londra. Capa era bello e pieno di vita, e ci diede subito la sensazione che era tutto sotto controllo, anche se fino a quel momento non era successo niente. Ma qualcosa successe, e molto presto: senza smettere di studiare progetti per la Magnum con Spooner, Capa alzò il telefono, ci trovò delle camere d'albergo a buon mercato e ci confermò un incarico con l'UNESCO, in Italia. Dopo di che andammo a Saint-Germain-des-Prés, dove cenammo splendidamente. C'erano i fuochi d'artificio, gli stretti vicoli erano invasi da coppie danzanti, ed Ernst e io mostrammo

but we went on ringing because we had had the arrival date confirmed in a letter. Finally, a tall thin man appeared with an icebag on his head. He was Carl Perutz, who photographed chic things brilliantly, and he had a hangover. "Today," he said, "is the Quatorze Juillet, Bastie Day, and I don't know if anyone will be coming to the office. But sit down anyway." He disappeared again. The office was installed in an apartment in Maria Lehfeldt's name. (Her husband, Hans Lehfeldt, a great gynecologist, treated us all generously for bad backs, sprained ankles, and other such casualties.) The place still looked like an apartment, too, with a kitchen, bathroom, and bedroom. Only the big front room had a vaguely official air. Here were a long high table for editing, a phone on a long line that could be carried around, a few filing cabinets, and a couch on which I often slept when I had no money – a great convenience except for the absence of bed linen and the very early arrival each morning of the concierge to clean up. On that first Magnum day of ours (there must be as many "my first day in Magnum" stories as there are "my first day in school" stories), Capa finally appeared in the company of his friend Len Spooner, editor of *Illustrated* magazine of London. Capa was handsome and full of life, and he made us feel right away that everything was under control, although so far nothing had happened. It did, soon enough: while continuing to plan Magnum projects with Spooner, Capa had picked up the phone, found us cheap hotel rooms, and firmed up a job for us with UNESCO in Italy. This done, we proceeded to Saint-Germain-des-Prés, where we had a glorious dinner. There were fireworks, the narrow streets were jammed with dancing couples, and Ernst and I showed everyone how to do the waltz-to-the-left. David Seymour 'Chim' to us all, turned up, too. He was gentle and more inclined than Capa to answer our myriad

a tutti come si balla il valzer a sinistra. Si fece vedere anche David Seymour, per tutti 'Chim'. Era gentile e più disposto di Capa a rispondere dettagliatamente alla nostra miriade di domande. Cartier-Bresson era in viaggio con la prima moglie, Eli, dall'Oriente all'Egitto, ci dissero, e lo avremmo incontrato più avanti. George Rodger sarebbe arrivato presto da Cipro, in partenza per l'Africa, e Werner Bischof sarebbe venuto dalla Svizzera prima di proseguire per l'India.

Le persone che lavoravano nell'ufficio della Magnum avevano età e specialità diverse, ma erano tutte piene di entusiasmo. Monsieur Ringard, Georges Ninaud e Madame Presle, agli archivi, amministrazione e contabilità, erano più anziani; i redattori avevano età diverse, ma ricordo soprattutto donne giovani, attraenti ed efficienti, ungheresi come Capa, inglesi e americane; e c'era un viavai di ricercatori, per lo più americani che cercavano di guadagnarsi da vivere a Parigi per un po'. Il pranzo veniva preparato spesso nella cucina dell'appartamento, anche se nelle giornate più ricche andavamo a un piccolo bistrot all'angolo. Il caffè sotto l'ufficio era il luogo d'incontro più importante. Era lì che si organizzavano i viaggi e si discutevano e distribuivano i lavori, mentre Capa attaccava il flipper al centro del locale.

Capa era il capo, in primo luogo perché era sempre alla ricerca di storie per tutti i fotografi Magnum. Ma altrettanto fondamentali erano la sua esperienza, la generosità, le conoscenze, l'aggressività e la visione che aveva per la Magnum, che ci facevano andare avanti. Pochi di noi erano sposati, quindi avevamo molto tempo da trascorrere insieme. Parlavamo moltissimo, ma quasi mai di fotografia. Più spesso le nostre discussioni riguardavano la politica o la filosofia, o le corse dei cavalli, le belle ragazze e il denaro. Guardavamo continuamente il lavoro degli altri, e le critiche potevano essere feroci se non era all'altezza dello standard che ci si aspettava.

questions in detail. Cartier-Bresson, we heard, was at the time driving with his first wife, Eli, from the Orient to Egypt, and we would meet him later. George Rodger would soon arrive from Cyprus en route to Africa, and Werner Bischof would come from Switzerland en route to India.

The people who worked in the Magnum office were of various ages and specialities, but all were enthusiasts. Monsieur Ringard and Georges Ninaud and Madame Presle in files, administration, and accounting were older; editors varied in age, but I remember mostly young women, attractive and efficient, Hungarian like Capa and English and American; and there was a flow of researchers who were mostly Americans trying to make a living in Paris for a while. Lunch was often prepared in the apartment kitchen, although on more affluent days we would go to a small bistro around the corner. The café downstairs was the most important meeting place. There trips were planned and jobs were discussed and distributed, while Capa attacked the centrally positioned pinball machine.

Capa was the boss because, for one thing, he kept on the lookout for stories for all the Magnum photographers. But equally vital were his experience, generosity, connections, aggressiveness, and the vision he had for Magnum, which kept us going. Since few of us were married, we had much time to spend together. We talked a lot, but rarely about photography. Our discussions were more often about politics or philosophy or racehorses, pretty girls, and money. We constantly looked at each other's work, and criticism could be tough if the work did not measure up to the expected standard. Paris was our base, a beloved

Parigi era la nostra base, una città che amavamo. Potevamo ottenere permessi di lavoro e permessi di soggiorno, vivere con pochi soldi e come ci piaceva, frequentare i quartieri bassi o andare alle feste più eleganti come amici di Capa o, quando il nostro lavoro cominciò ad aprirci qualche porta, per conto nostro. Ogni tanto persone generose e gentili come Irwin Shaw, l'uomo d'affari Art Stanton o il regista Tola Litvak passavano per Parigi e invitavano alcuni di noi a cena in un ristorante costoso. Andavamo spessissimo alle corse a Longchamp. Bob Capa riceveva regolarmente delle dritte dal portiere dell'Hotel Lancaster, e anche noialtri facevamo qualche modesta puntata, rimettendo le occasionali vincite, all'occorrenza, nel salvadanaio della Magnum a forma di gattino marrone. Io lo facevo quasi sempre.
Quando sposai un inglese, nel 1951, mi trasferii a Londra. L'improvvisa assenza di fotografi intorno a me mi fece capire che quello che volevo fare veramente era fotografare. Fino a quel momento avevo fatto ricerche per Ernst Haas e per altri fotografi e avevo scritto articoli. Senza dire nulla a nessuno, cominciai a fare fotografie. Dopo avere venduto alcune delle mie immagini e dei pezzi a varie riviste, tornai a Parigi e le mostrai a Capa. "O.K.", fece lui, "adesso puoi unirti a noi come fotografa". Accettavo qualsiasi lavoro mi venisse offerto; essendo l'ultima arrivata, mi toccavano i più piccoli. Cominciai con un pezzo per cento dollari, su degli anziani signori che giudicavano rose al Parc de Bagatelle.

Quei primi anni a Parigi, miei e della Magnum, durarono fino agli anni cinquanta. La prima agenzia fotografica (che io sapessi) interamente controllata e posseduta dai suoi soci, la Magnum continuava a crescere. Un flusso costante di importanti commissioni portava i suoi fotografi in tutto il mondo. Si combattevano battaglie con giornali e riviste per il diritto di approvare con i nostri fotografi le didascalie da pubblicare e per mantenere

city. We could get working permits and residence permits, live cheaply and as we pleased, slum it or go to the most chic parties as Capa's friends, or on our own, as our work began to open doors. Every so often, generous, nice people like Irwin Shaw, businessman Art Stanton, or film director Tola Litvak passed through Paris and invited a group of us to dinner at an expensive restaurant. We went to a lot of races at Longchamp. Bob Capa regularly got hot tips from the concierge at the Hotel Lancaster, and the rest of us also bet a little, putting our occasional winnings back into the brown Magnum kitty if it needed it. I usually did.
After marrying an Englishman, I moved to London in 1951. The sudden absence of photographers around me made me realize that what I really wanted to do was to take pictures myself. Untill this time I had done research for Ernst Haas and other photographers and had written feature articles. Without telling anyone I began to photograph. After I had sold a number of my pictures and stories to various magazines.
I returned to Paris and showed them to Capa. "O.K.," he said, "now you can join us as a photographer." I took any work I was offered. Since I was the greenhorn, mine were the smallest jobs. I started with a story for $ 100, about elderly gentlemen judging roses in the Parc de Bagatelle.

Those early Paris years of mine and of Magnum's lasted through the fifties. A picture agency wholly controlled and owned by its members (to my knowledge, the first of its kind), Magnum continued to grow. A steady flow of important photographic work took Magnum photographers all over the world. Battles were fought with newspapers and magazines over the

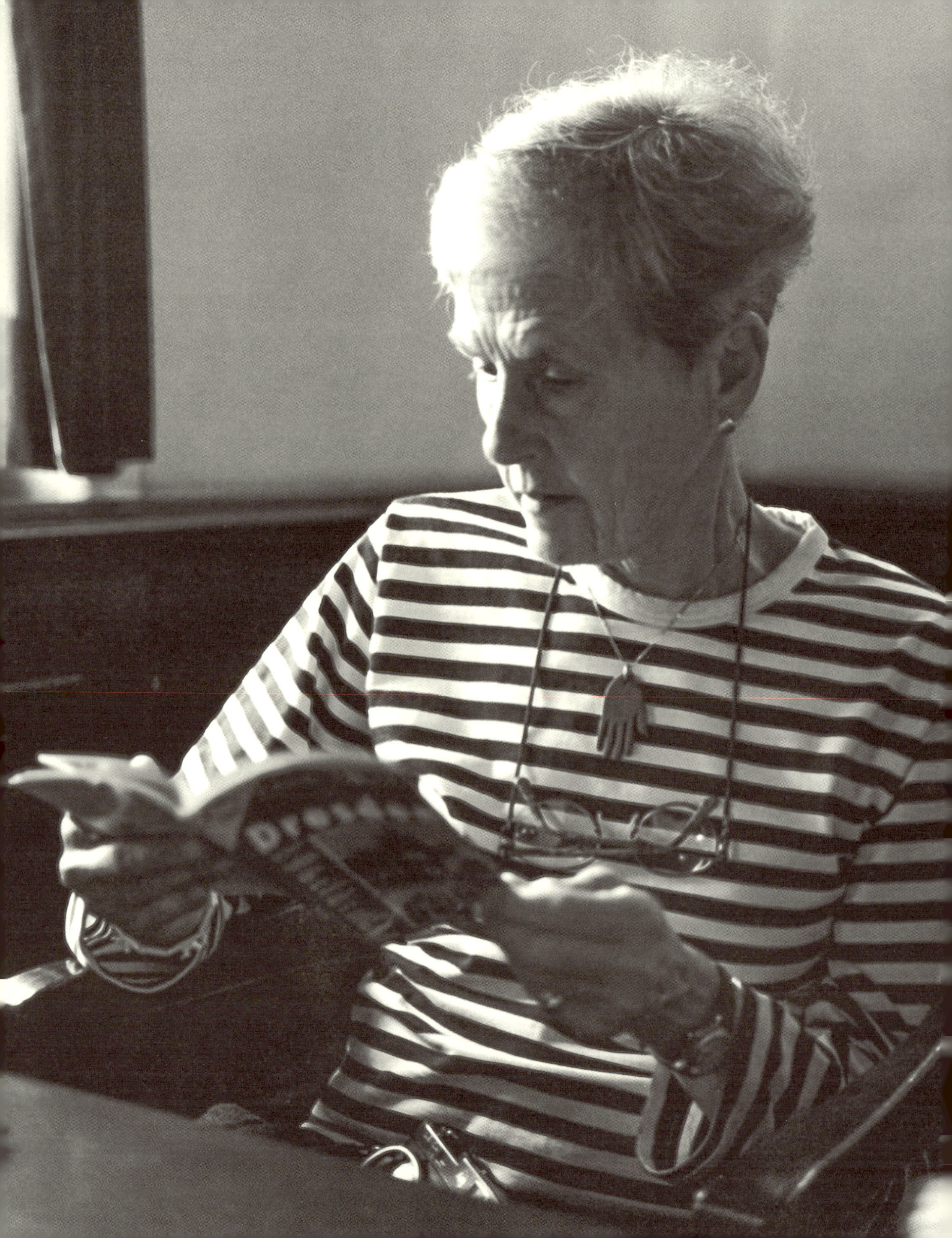

la proprietà dei nostri negativi, invece di doverli consegnare alla morgue di qualche grande rivista. I progetti collettivi, che coinvolgevano quasi tutti i fotografi, specialmente quelli con "Holiday" e il suo fantastico direttore, Ted Patrick, avevano un enorme successo. I soci erano Eve Arnold, Erich Hartmann, Erich Lessing, Dennis Stock, Burt Glinn, Elliott Erwitt, Wayne Miller, René Burri, Bruce Davidson, per un po' Eugene Smith e, nel 1963, Charles Harbutt. Man mano che i progetti aumentavano, aumentava il movimento dei fotografi tra Parigi e New York. Il mondo delle riviste cambiava, così come stava cambiando tutto il mondo. Negli anni sessanta la bilancia cominciò a pendere dalla parte della sede di New York, dove gli incarichi per le industrie e i rapporti annuali diventarono fonti di guadagno sempre più importanti. Le riviste stavano morendo: "Collier's", "The Saturday Evening Post" e – incredibile – "Life", nel 1972.

La Magnum sopravvive. Alcuni dei vecchi soci andarono via; ne arrivarono di nuovi, portando nuove idee e visioni nuove. In riunioni talora burrascose si discuteva all'infinito sullo spostamento di accento, più verso il commerciale o il giornalistico. Quasi mai ci si metteva d'accordo, ma si scopriva che molte cose potevano efficacemente coesistere. I fotografi sono più individualisti che mai, e nello staff ci sono sempre dei grandi (come l'indispensabile Allen Brown, che ha visto tutto fin dal 1947). Oggi possono esserci meno cure materne, ma la necessità di un gruppo che condivide l'interesse per l'eccellenza fotografica e per l'integrità nel lavoro e nella condotta personale è sempre la stessa. La nuova generazione porta avanti la tradizione a Parigi, dall'ufficio dietro uno dei meravigliosi angoli della città, il delizioso mercato di Rue de Seine, che è una gioia per i sensi.

right to approve the captions published with our photographs and to own our negatives instead of having to surrender them to the morgue of some big magazine. Group projects involving most of the photographers, especially those with *Holiday* and its great editor, Ted Patrick, were highly successful. Members included among others Eve Arnold, Erich Hartmann, Erich Lessing, Dennis Stock, Burt Glinn, Elliott Erwitt, Wayne Miller, René Burri, Bruce Davidson, Eugene Smith for awhile, and, in 1963, Charles Harbutt. As projects increased, so did the movement of photographers between Paris and New York. The world of magazines changed, just as the world itself was changing.
In the sixties the scales tipped toward the Magnum office in New York, where industrial assignments and annual reports became increasingly important sources of income. The magazines were dying: *Collier's*, *The Saturday Evening Post* and - incredibly - *Life* in 1972.

Magnum survives. Some old members left; new ones arrived, bringing with them new ideas and new visions. In sometimes stormy meetings, shifts in emphasis toward the more commercial or the more journalistic were endlessly discussed. Not much was ever reconciled, but it turned out that much could successfully coexist. Photographers are as individualistic as ever, and there are always great people on the staff (like the indispensable Allen Brown, who has seen it all since 1947). There may be less mothering now, but the need for a group sharing a concern for photographic excellence and integrity in work and personal conduct is as great as ever. The new generation carries on the tradition in Paris, to from the office behind one of the great Parisian spots – the sensuous, delicious market in Rue de Seine.
On the evening of a late spring day

Kurt Kaindl
Inge Morath ad Altzella, vicino Nossen
Inge Morath in Altzella near Nossen
Germania, Germany
1993

Una sera, verso la fine della primavera del 1954, alcuni di noi scesero al caffè sotto l'ufficio per salutare Robert Capa, in partenza per un progetto in Estremo Oriente. Erano ormai molti anni che ci vedevamo partire per le destinazioni più varie, ora l'uno ora l'altro, ma per qualche motivo in quell'occasione eravamo tutti più tristi. Capa ci dava dentro al flipper e rimuginava sul fatto che stava invecchiando – aveva passato i quaranta. Cosa avrebbe fatto da vecchio? - continuava a borbottare. Sulla strada buia e umida ci abbracciammo tutti e augurammo "Bonne chance, mon vieux" a un uomo che era stato fratello e padre per tutti noi.

Il 25 maggio 1954 Robert Capa fu ucciso da una mina in Vietnam. Fu un colpo durissimo. Nessuno voleva crederci. Due giorni dopo arrivò un telegramma con la notizia che Werner Bischof aveva perso la vita in un incidente d'auto sulle Ande peruviane il 16 maggio. Il tremendo senso di perdita ci avvicinò ancora di più. Chim assunse la presidenza e Cornell Capa si unì alla Magnum. Due anni dopo, nell'estate del 1956, durante la crisi di Suez, il gentile Chim fu colpito e ucciso. Non dimenticheremo mai questi tre. Furono loro a farci incontrare. I loro caratteri e i modi di vedere e di fotografare completamente diversi espressero sin dall'inizio la varietà delle visioni e la serietà del lavoro che negli anni sono state il tratto distintivo della Magnum. Che amassero anche giocare e apprezzassero l'amicizia creava un calore collettivo che di solito non si trova in un'agenzia fotografica. Scegliere Parigi per dare inizio a tutto questo fu un altro colpo di genio di quel meraviglioso matto ungherese che era Capa, che chiamò Chim, Cartier-Bresson e gli altri a lavorare insieme in una cooperativa che prende il nome da una bottiglia gigante di champagne.

in 1954 a group of us went down to the café under the Paris office to say goodbye to Robert Capa, who was about to leave for a project in the Far East. We had seen each other off to many places: for many years, but somehow we were all sadder at this occasion. Capa worked hard on the pinball machine and mused about getting old – past forty. What would he do as an old man? – he kept muttering. We all embraced in the dark, wet street, wishing "Bonne chance, mon vieux" to a man who had been brother and father to us all.

On May 25, 1954, Robert Capa was killed by a land mine in Vietnam. It was a stunning blow. Nobody wanted to believe it. Two days later a telegram reached us with the news that Werner Bischof had died in a car accident in the Peruvian Andes on May 16. The terrible sense of loss drew us closer together. Chim took over the presidency and Cornell Capa joined Magnum. Two years later, in the summer of 1956, gentle Chim was shot and killed in the Suez crisis. We will never forget these three. They brought us together. Their totally different temperaments and ways of seeing and photographing expressed early on the variety of visions and the seriousness of work that has over the years been the distinction of Magnum. That they also loved to play and that they treasured friendship provided a communal warmth not usually found in photo agencies. To have chosen Paris as the place to begin it all was another stroke of genius of that wonderful mad Hungarian Capa, who talked Chim, Cartier-Bresson, and the others into working together in a cooperative named for a big bottle of champagne.

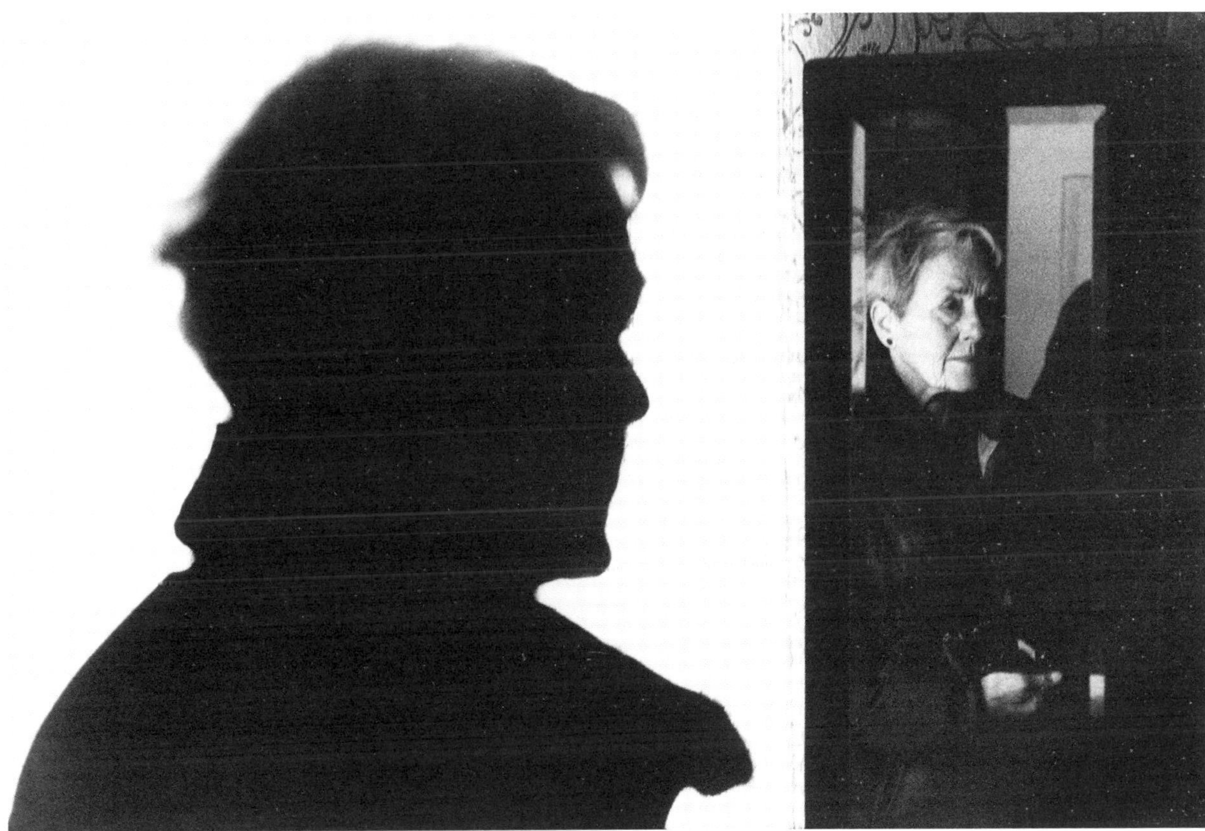

Stojan Kerbler
Inge Morath
2001

Venezia

Venice

Inge Morath

Il testo intitolato *Venedig* fu scritto verso la fine degli anni novanta come prefazione al libro fotografico *Venezia* (Salisburgo, edizione Fotohof pubblicata da Otto Müller Verlag, 2003). Tuttavia Inge Morath morì nel gennaio del 2002, prima di ultimare il manoscritto, e non si riuscì a trovare il testo in tempo per la pubblicazione del volume. Il manoscritto originale in tedesco fu ritrovato solo a distanza di anni, tra gli oggetti lasciati da Inge Morath.
Il viaggio a Venezia del 1951 di cui l'autrice parla all'inizio fu compiuto con il suo primo marito, Lionel Birch. Nell'autunno del 1955 la rivista francese "L'Œil" la incaricò di scattare fotografie di vita quotidiana a Venezia per illustrare il libro fotografico di Mary McCarthy *Venice Observed* (New York, Reynal 1956). Il presente testo si riferisce principalmente a quell'incarico.
Kurt Kaindl, Salisburgo 2019

Inge Morath's text entitled *Venedig* [Venice] was written in the late 1990s and intended as a preface for her photo book *Venezia* (Salzburg, Edition Fotohof published by Otto Müller Verlag, 2003). However, she died in January 2002 before completing her manuscript, and the text itself could not be found in time for the publication of the book. The original manuscript written by Inge Morath in German was found only years later, among her estate.
The trip to Venice in 1951 that Inge Morath describes at the beginning of her travelogue was undertaken in the company of her first husband, Lionel Birch. In autumn 1955 she was commissioned through the French magazine *L'Œil* to take photographs of everyday life in the Venetian city for the photo book *Venice Observed* by Mary McCarthy (New York, Reynal, 1956). Most of Inge Morath's text refers to that commission.
Kurt Kaindl, Salzburg 2019

Venezia è la città in cui è scoppiata la mia passione per la fotografia. Prima di allora non avevo mai fatto fotografie: ne avevo viste moltissime, avevo avuto l'occasione di giudicarne alcune e avevo anche lavorato con dei fotografi, ma il mio mezzo espressivo era decisamente la parola scritta.
Nel 1951 feci un viaggio a Venezia. Avevo con me una macchina fotografica, regalo di mia madre che per la maggior parte del tempo l'aveva tenuta fissata in cima al suo microscopio ma ora se ne era comprata una nuova. Quanto a me, non sapevo usarla e la perdevo spesso, anche se in qualche modo riuscivo sempre a ritrovarla: persino a Napoli, dove l'avevo lasciata in un taxi, l'autista la riportò al mio albergo.
A Venezia pioveva. La luce era di una bellezza incredibile, e all'improvviso mi convinsi della necessità di fotografarla: qualcuno doveva fotografare quella città. Chiamai alcuni fotografi, ma nessuno era interessato. Da Parigi, Bob (Robert) Capa si limitò a dire: "Perché diavolo non la fai tu una fotografia, stupida?".
Così andai in un negozio e feci mettere un rullino nella mia Contax decrepita. Il commesso mi suggerì di aspettare che smettesse di piovere per fare delle fotografie, e io pensai che fosse un'idiozia: dopotutto avevo frequentato abbastanza fotografi per sapere che lavoravano anche con la pioggia. Per di più, il foglietto dentro la scatola diceva "1/50 con apertura 5,6 in condizioni di maltempo". Ovviamente non avevo un esposimetro, e questo succedeva molto prima degli apparecchi automatici.
Ero emozionatissima. Mi fermai nel punto in cui volevo scattare, un angolo di

Venice is where my passion for photography first gripped me. I'd never taken my own photographs before that. I'd looked at plenty of photographs and had occasion to judge a few, and I'd even worked with photographers. However, the written word was definitely my medium.
In 1951 I was travelling to Venice. I even had a camera with me, a gift from my mother. For the longest time it had been screwed onto the top of her microscope, but she now had a new one. I didn't really know how to use it; it got lost, and yet somehow I always managed to get it back. Even in Naples, where I'd left it in a taxi, the driver brought it back to my hotel.
It was raining in Venice. The light was incredibly beautiful, and suddenly I was convinced of the need to photograph it: someone had to photograph it. I called up a few photographers. No-one was interested. Bob (Robert) Capa in Paris simply said, "Why the hell don't you take a picture yourself, you idiot?".
I went to a photo shop and had them put a roll of film into my worn-out Contax. The assistant advised me to wait until the rain had stopped before taking photographs, which I thought was idiotic; after all, I'd been around photographers long enough to know that they worked even in the rain. What's more, the leaflet inside the box said, "1/50th with aperture 5.6 in dull weather". Naturally, I didn't have a light meter, and this was well before automatic cameras.
I was all excited. I went and stood in the spot where I wanted to take my photographs, a street corner where people

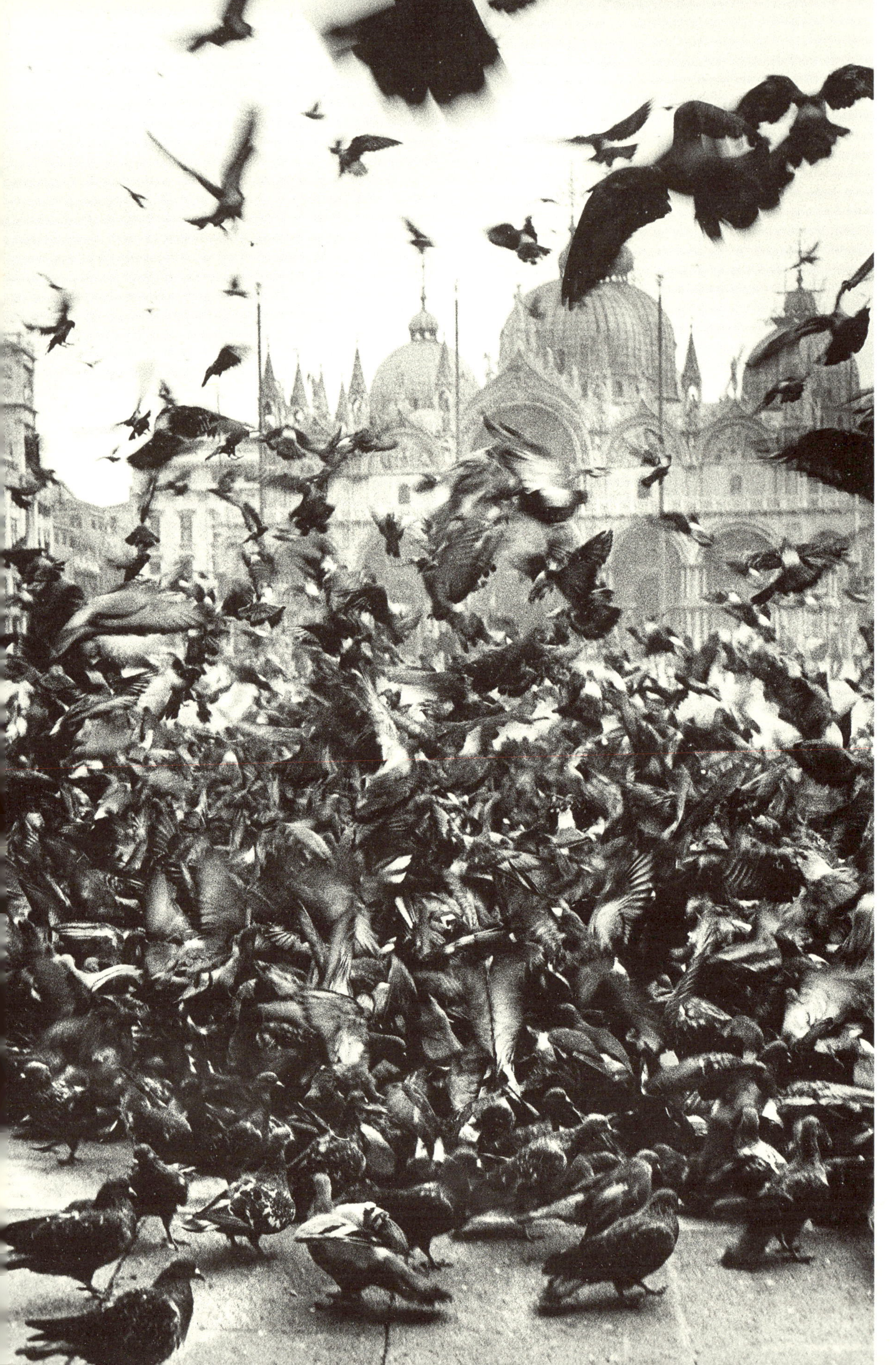

Inge Morath
Piazza San Marco
Venezia, Venice
1954

strada dove la gente passava in un modo che mi sembrava interessante. Regolai l'apparecchio e premetti il pulsante di scatto appena tutto fu esattamente come lo volevo. Fu una rivelazione. Rendermi conto in un istante di cosa aveva covato dentro di me per tanto tempo, coglierlo nel momento in cui prendeva la forma che mi sembrava giusta: dopo questo, nulla avrebbe potuto più fermarmi. Andai in giro per la città, fermandomi sui ponti, all'entrata delle chiese, in angoli che sembravano promettenti. Poi la pellicola finì. Ne comprai un'altra e in quell'istante decisi che avrei fatto la fotografa.

Tenni segreta la decisione perché sembrava ridicola, e tutti sapevano che non avevo mai fatto una fotografia. Dovevo trovare la mia strada con qualsiasi mezzo, fare da sola il mio apprendistato. Ci volle più o meno un anno, e fu difficile, e bello.

Nel 1955, quattro anni dopo quelle prime fotografie, ricevetti un incarico da "L'Œil", una rivista d'arte per la quale avevo cominciato a fare ritratti di artisti: "Mary McCarthy è a Venezia, sta scrivendo un libro per noi. Abbiamo bisogno di un fotografo che sappia trovare vedute di Venezia adatte agli sfondi dipinti dagli artisti veneziani di cui Mary sta scrivendo. Le interessa?".

Salii subito su un treno che andava da Parigi a Venezia. Non conoscevo nessuno in città, e mi avevano detto che la scrittrice Mary McCarthy poteva essere una persona difficile. Non ricordo come arrivai dalla Stazione Santa Lucia alla pensioncina che mi era stata assegnata. La stanza era molto piccola, c'era una luce verdastra e odore di muffa: avrei dovuto cercarmi qualcos'altro. Prima, però, dovevo partire all'esplorazione della città, così vagai senza meta per ore, senza fare altro che guardare finché fui letteralmente posseduta dalla pura gioia di vedere e scoprire un luogo. Ovviamente avevo divorato libri su Venezia, la pittura e la storia, per prepararmi. Avevo riempito il mio serbatoio interiore.

went past in a way I found interesting. I adjusted the camera and pressed the release as soon as everything was exactly the way I wanted it. It was like a revelation. To realise in an instant what had been simmering away inside you for so long, capturing it the moment it took on the shape I felt was right. After that, there was no stopping me. I went everywhere, standing on bridges, in church entrances, on corners that looked promising. And then there was no film left. I bought another and decided there and then to become a photographer.

I kept the decision a secret because it seemed ridiculous, and everyone knew I never took photographs. I had to find my own way by whatever means, serve my apprenticeship by myself. It took roughly a year, and it was difficult, and good.

In 1955, four years after I'd taken those first photographs, I was given an assignment by *L'Œil*, an art magazine for which I'd started taking artist's portraits. "Mary McCarthy is in Venice writing a book for us. We need a photographer who can find views of Venice that match the backdrops painted by the Venetian artists that Mary is writing about. Are you interested?"

Soon I was on a train from Paris to Venice. I didn't know anyone in the city, and I'd been told the writer Mary McCarthy could be difficult. I don't recall how I got from Stazione Santa Lucia to the small *pensione* I was booked into. The room was very small, with a greenish light, and it smelt of mould. I would have to look for something else. But first I had to set off and explore the city, and so for hours I'd walk around aimlessly, just looking until I was obsessed by the sheer joy of seeing and discovering a place. I had of course devoured books about Venice, painting and history in preparation. My inner reservoir was filled

At the appointed hour and with

All'ora convenuta e con le farfalle nello stomaco incontrai la temibile Mary McCarthy, immersa in una conversazione con il leggendario Bernard Berenson al Caffè Quadri. Era bella, con i capelli spazzolati all'indietro, un profilo molto nitido. Mi seccava interrompere la loro conversazione, così la scelta migliore mi sembrò la fuga; dissi, più in fretta che potei: "Sono Inge Morath, e forse la cosa migliore è che lei mi dica cosa vuole dalle mie fotografie. Poi possiamo incontrarci di nuovo, diciamo tra una settimana, e dare un'occhiata al lavoro. OK?". Aggiunsi che Georges Bernier di "L'Œil" mi aveva detto più o meno di cosa si trattava, e che ancora non sapevo dove avrei alloggiato, quindi forse avrebbe dovuto darmi il suo numero di telefono. Lo fece e riprese la sua conversazione con Berenson, apparentemente sollevata dal fatto che non l'avrei trattenuta oltre.

E adesso? Senza uno scopo preciso attraversai il ponte verso la Fondamenta delle Zattere, sull'altra riva del Canal Grande, che era piuttosto deserta, per calmarmi con la vista che si estendeva fino alla Giudecca, dove si dice che Leonardo abbia dipinto la Gioconda. Seduto su un pontile che si allungava nel canale c'era un pittore con una paglietta gialla e blu, le gambe penzolanti sull'acqua. Lo fotografai, anche se non c'entrava niente con il mio tema. Lui mi vide, e io gli spiegai che stavo facendo delle fotografie per un libro. Gli dissi anche che ero interessata a quello che stava dipingendo. Raccolse le sue cose, salì sulla banchina e si presentò: "Bobo Ferruzzi". Il quadro era bello, con colori decisi e una luminosità influenzata forse dal Tintoretto. Bobo si offrì di accompagnarmi nelle mie scorribande veneziane: amava la sua città e conosceva mille angoli che nessuno straniero avrebbe mai potuto scoprire. Suo padre era un noto antiquario e sua madre discendeva dall'antica famiglia veneziana dei Balbi.

butterflies in my stomach I met the formidable Mary McCarthy at the Café Quadri, deep in conversation with the legendary Bernard Berenson. She was beautiful, with her hair brushed straight back, a very clear profile. It bothered me that I was interrupting their conversation, so escaping seemed like the best option. As quickly as I could, I said, "I'm Inge Morath, and perhaps it's best if you just tell me what you want from my photos. Then we can meet again in a week or so and take a look at the work, OK?". I added that Georges Bernier from *L'Œil* had told me more or less what it was about; also, that I still didn't know where I was staying, so perhaps she should give me her phone number. She did so, and then resumed her conversation with Berenson, seemingly relieved that I wouldn't be detaining her any further.

So now what? Somewhat aimlessly I walked across the bridge to the rather empty Zattere promenade on the other side of the Grand Canal to calm myself by looking at the view across the wide canal to the Giudecca, where Leonardo is said to have painted Mona Lisa. Sitting on a landing stage jutting out into the canal was a painter in a blue-yellow straw boater, his legs dangling from the pier. I took his photograph, even though he had nothing to do with my theme.

He saw me, and I explained I was taking photographs for a book. Also, that I was interested in what he was painting. He packed up, came up onto the quayside, and introduced himself: 'Bobo Ferruzzi'. The painting was nice, with bold colours and a lightness influenced perhaps by Tintoretto. Bobo offered to accompany me on a few of my Venetian forays. He loved his city and knew of a thousand nooks and crannies no stranger could ever know. His father was a well-known antiques dealer, and his mother was descended from the ancient Venetian Balbi dynasty.

Che enorme colpo di fortuna avevo avuto! Bobo mi trovò una pensione migliore; mi portò in alcuni palazzi sul Canal Grande con stanze vuote e finestre che si aprivano su vedute inconsuete; mi mostrò giardini segreti dietro ai palazzi (uno dei più belli apparteneva a suo padre). Parlava volentieri di pittura. Poiché entrambi eravamo innamorati di qualcun altro, il nostro reciproco interesse si basava su un'amicizia spontanea e naturale, con quel tanto di attrazione da non cadere mai nella noia. Un certo rimescolio del sangue non è una cattiva cosa, quando si è a Venezia.
Una settimana dopo incontrai Mary McCarthy nel suo appartamento in affitto. La prima cosa che mi colpì fu una boccia con dentro dei pesciolini molto pallidi e dall'aria esaurita. Secondo Mary, la "signora" sosteneva che il modo migliore per nutrire i pesci era gettare delle monete nell'acqua. Ci accomodammo in una grande stanza con un bellissimo soffitto a stucco. Diverse poltrone erano protette da appoggiacapo, molte cose erano asimmetriche – la disinvolta negligenza della nobiltà. Mostrai a Mary le mie fotografie, che nel frattempo avevo ingrandito, e lei rimase soddisfatta. Ogni tanto ci incontrammo di nuovo a San Marco, parlammo di pittura e architettura e qualche volta dell'America, di cui io sapevo pochissimo. Mary era così americana.
La padrona della mia pensione conosceva un gondoliere. Le avevo parlato della mia intenzione di scattare qualche foto dall'acqua, e lui si era dichiarato disposto a farmi un buon prezzo per tutta una mattina o un pomeriggio. Fu una giornata deliziosa: percorremmo moltissimi canali, costeggiammo cantieri per gondole, finestre aperte con donne che riparavano materassi, ormeggi di gondole funebri, stretti vicoli e mercati del pesce. Ovviamente passammo anche sul Canal Grande, con i suoi fastidiosi

What a huge stroke of luck I had had. Bobo found me a better *pensione*; and he knew of *palazzi* along the Grand Canal with empty rooms, their windows opening up onto unusual views. He showed me secret gardens behind the *palazzi* (one of the most beautiful belonged to his father), and he loved talking about painting. As each of us was in love with someone else, our mutual attraction was based on an unstrained friendship, with just enough appeal never to be dull. A little buzz in your blood is never a bad thing when taking in Venice.
A week later I met Mary McCarthy at her rented apartment. The first thing that struck me was a goldfish bowl containing very pale and rather tired looking little fish. According to Mary, the *signora* maintained that the fish lived best off coins tossed into the water. We sat down in a large room with a very beautiful stucco ceiling. Several pieces of furniture were covered with antimacassars. Lots of things were lopsided – the casual negligence of nobility. I showed Mary my photographs, which in the meantime I'd had enlarged, and she was satisfied. We met up now and again in San Marco, talked about painting and architecture, and sometimes about America, of which I knew so little; Mary was so very American.
The *dueña* at my *pensione* knew a gondolier. I'd previously told her I wanted to take photographs from the water. He was willing to give me a good price for a whole morning or afternoon. It was delightful; we gondola-ed our way down countless canals, past gondola workshops, open windows with women mending mattresses, moorings with funeral gondolas, narrow streets, and fish markets. Of course we also steered our way down the Grand Canal with its pesky motorboats. On one occasion I even visited his family. I can't recall how many people were living in that small

motoscafi. A un certo punto feci anche visita alla famiglia del gondoliere. Non ricordo in quanti erano a vivere in quella piccola casa vicino alle Fondamente Nove. Al piano terra fabbricavano perle di vetro, c'erano ragazzine chine sui becchi di Bunsen. Fuori, delle donne dipanavano la lana e lavoravano a maglia, lavoravano fino all'ultima luce della sera.
Alzando lo sguardo mentre camminavo per i vicoli delle Fondamente Nove, vedevo i panni stesi su fili legati tra un comignolo e l'altro, sembravano usciti da un quadro di Carpaccio. Dovunque le finestre avevano proporzioni di nobile eleganza, i portoni erano incorniciati di marmo; tutt'intorno c'erano statue ad animare gli angoli delle strade, come il moro col turbante che sembrava guardare di sottecchi la gonna svolazzante di una donna che passava. Dappertutto i gatti si stiracchiavano, sbirciavano dai davanzali delle finestre, si accalcavano in frotte miagolanti intorno alle ciotole del cibo.
All'interno dei musei era spesso molto buio e gli occhi impiegavano un po' ad adattarsi, ed era un bene perché eri costretto a guardare da vicino. Tiziano, Tintoretto, Bellini. Non c'era niente che mi piacesse di più che starmene alla Scuola degli Schiavoni, a contemplare Carpaccio. Ero quasi sempre da sola. Oppure passavo il tempo in compagnia di Tiepolo, e la fine del mondo.
Arrivata alla sera avevo i piedi stanchi, e anche nel sonno non smettevo di traversare ponti, con le onde dei canali trasformate in pietra.
Si può esplorare Venezia all'infinito. Bobo mi mostrò il ghetto vecchio e quello nuovo; alti palazzi; una sinagoga; bambini su una giostra. Mi ritrovai in cucine d'ogni sorta, con donne sedute fuori. Con la Vespa di Bobo feci un giro per le ville della valle del Brenta. Statue di marmo che spuntavano da siepi di bosso ben potate, salici piangenti che incorniciavano la Villa Malcontenta; mi domandai chi fosse, la malcontenta

house near the Fondamente Nove. On the ground floor they were making glass beads, young girls hunched over Bunsen burners. Outside, women sat unravelling wool, knitting and knitting till the last of the evening light.
Walking down the alleyways in the Fondamente Nove and looking up, I could see laundry flapping on washing lines tethered from one chimney stack to another, each as if borrowed from a Carpaccio painting. The windows everywhere were proportioned with noble elegance, the low-set doorways marble-framed; statues all about brought street corners to life, like the turbaned moor seemingly squinting at a woman's swirling skirt as she walks past. Cats everywhere, stretching, peering from recessed windows, huddling in mewing bundles around feeding bowls.
Inside the museums it was often quite dark, and your eyes took a while to adapt, which was good as it forced you to look closely. Titian, Tintoretto, Bellini. I enjoyed nothing more than sitting in the Scuola degli Schiavoni, immersing myself in Carpaccio. I was almost always on my own. Or spending time in the company of Tiepolo, and the end of the world.
By the evening my feet felt tired, and even in my sleep I found myself still walking across countless bridges, the waves of the canals now turned to stone.
There is no end to exploring Venice. Bobo showed me the old ghetto and the new; tall buildings; a synagogue; children on a merry-go-round. I found myself in all sorts of kitchens, with women seated outside.
I scootered about on Bobo's Vespa to villas in the Brenta valley. Marble statues rising from trimmed boxwood hedges, weeping willows framing the Villa della Malcontenta. Who was she, I wonder, the malcontent behind the Palladian façade?
I walked alongside a gondola as it slowly rowed its way to the San Michele cemetery

nascosta dietro la facciata palladiana. Camminai a fianco di una gondola che si dirigeva lentamente al cimitero di San Michele con una bara e le corone. Capitai a una fermata del vaporetto proprio mentre stava salpando per Burano e salii a bordo.
Burano era come una Venezia rustica: piccoli canali, case basse, tutte dai colori vivaci. Era giorno di mercato del pesce, con le merci esposte su semplici cavalletti di legno: si vendeva, si contrattava, si discuteva. Una ragazzina sedeva in una barca, in attesa di acquirenti per i suoi semi di zucca abbrustoliti. Delle giovani merlettaie vollero che comprassi i loro pizzi prima di fotografarle, e naturalmente avevano ragione. Due uomini giocavano a carte sotto un telone teso sul vicolo come una vela gigante. Un ristorante serviva un meraviglioso risotto con le vongole, indimenticabile. Sulla via del ritorno scesi a Torcello e restai a lungo davanti agli incredibili mosaici dorati.
C'era ancora moltissimo lavoro. Processioni, la festa del Redentore, per la quale si costruiva uno speciale ponte di barche sul Canal Grande, da Santa Maria della Salute a Piazza San Marco. Poi, a tarda sera, fuochi d'artificio che esplodevano nel buio in onore del Redentore; famiglie su barche e gondole assiepate sul canale della Giudecca, picnic a bordo.
Il mio treno partì la mattina presto. Naturalmente tornerò. Non ho finito, assolutamente no. Sarei felicissima di aver catturato con la mia macchina fotografica qualcosa che mi ha emozionato, come la donna davanti al cancello del palazzo Fürstenberg, con le braccia dietro la schiena, o le scarpe dimenticate davanti a una fontana. Vita di ogni giorno in tutta la sua precaria bellezza.

with a coffin and wreaths. I happened upon a vaporetto stop just as a boat was casting off for Burano, and hopped on board.
Burano was like a rustic Venice: small canals, low-built houses, all brightly coloured. It was fish-market day, with wares laid out on coarse wooden trestles: the trading and bartering and arguing. A young girl sat in a barque waiting for buyers for her roasted pumpkin seeds. Young lace-makers demanded I buy their lace before photographing them, and they were right, of course. Two men were playing cards beneath a canvas hanging above the alley like a giant sail. A restaurant served a wonderful, unforgettable *risotto con vongole*. On the way back I alighted at Torcello and spent a long time sitting in front of the incredible golden mosaics.
There was still plenty of work. Processions, the Festa del Redentore, for which they constructed a special pontoon bridge from Santa Maria della Salute across the Grand Canal to the Piazza San Marco. Then, late in the evening, firework displays that exploded into the night in honour of the Redentore; families in boats and gondolas clustering along the Giudecca Canal, picnics on board.
My train left early in the morning. Of course I shall return. I am not finished, not by any means. How delighted I would be to have captured with my camera something that moved me, like the woman in front of the gate of the Fürstenberg Palace, her elbows folded behind her back, or the shoes forgotten in front of a fountain, everyday life in all its precarious beauty.

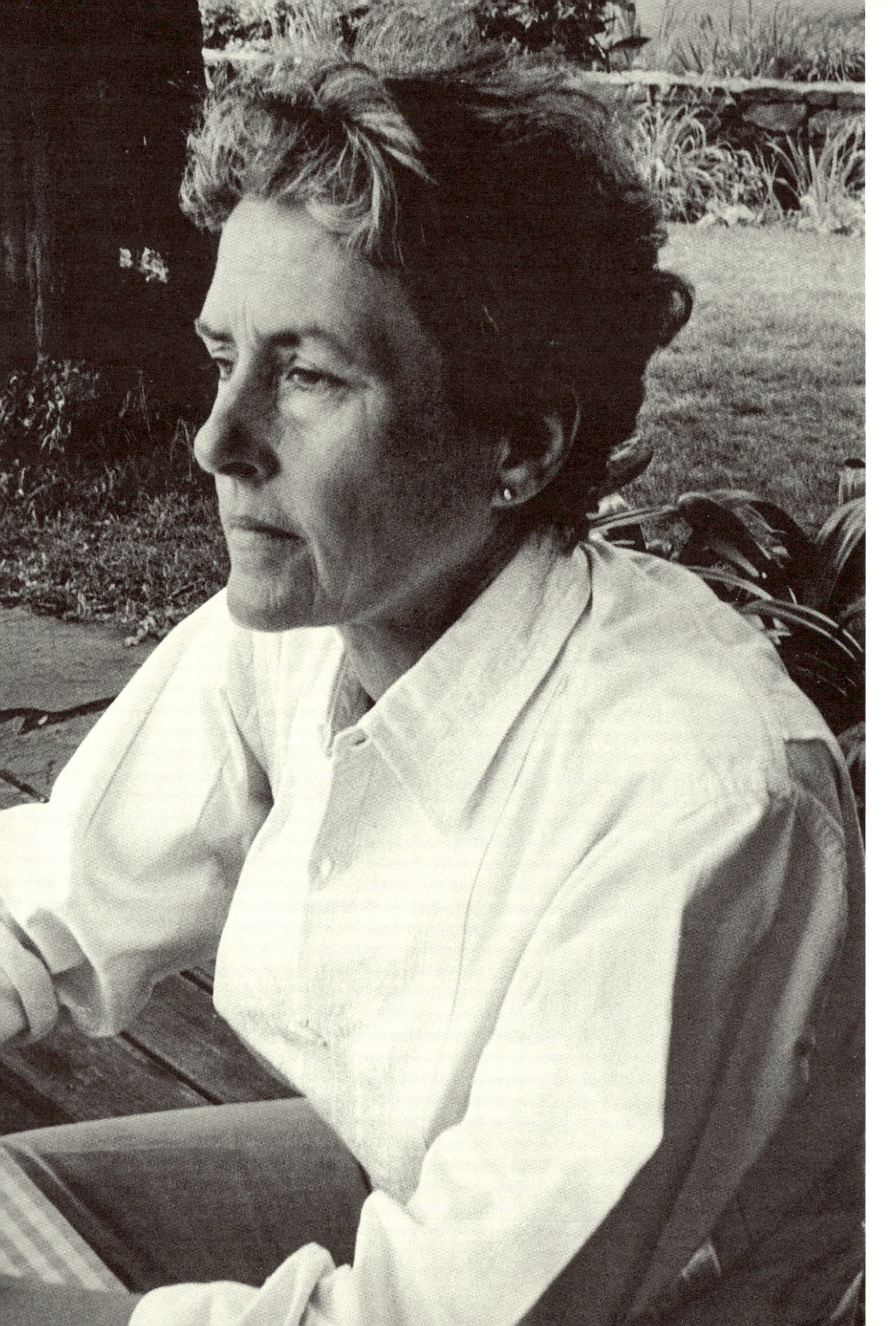

Rebecca Miller
Inge Morath
Connecticut, USA
1986

Biografia

1923
Ingeborg Hermine Morath nasce in Austria, a Graz, il 27 maggio da Edgar e Mathilde, entrambi scienziati. Trascorre l'infanzia tra la Francia e la Germania.

1930
Si trasferisce in Germania, a Darmstadt.

1937
Visita la mostra "Arte Degenerata" a Monaco.

1938
Con la famiglia si trasferisce a Berlino.

1940
Dopo il diploma superiore trascorre un periodo in Prussia Orientale, prendendo parte a un programma di lavoro. Al ritorno s'iscrive all'Università di Berlino dove studia Lingue Romanze. Trascorre un semestre all'Università di Bucarest, in Romania.

1944
Viene impiegata in una fabbrica bellica presso l'aeroporto berlinese di Tempelhof.

1945
Fugge da Berlino. Dopo un lungo viaggio sofferto, ritorna a Salisburgo dove ritrova la sua famiglia.

1945-1947
Lavora per il Servizio d'Informazioni americano come redattrice e traduttrice, prima nell'ufficio di Salisburgo e poi a Vienna. Collabora con la rivista di politica e letteratura "Der Optimist" e con l'emittente radiofonica Rot-Weiss-Rot. Inizia a collaborare con il fotografo Ernst Haas.

Biography

1923
Ingeborg Hermine Morath is born in Graz, Austria, on May 27 to parents Edgar and Mathilde Morath, both scientists. Spends her childhood in various towns in France and Germany.

1930
Moves to Darmstadt, Germany.

1937
Sees "Degenerate Art" exhibition in Munich.

1938
Moves with her family to Berlin.

1940
Graduates from high school in Berlin. Following this, Morath is sent to East Prussia for a year as part of a work program. Upon return, she enrolls in the University of Berlin and studies Romance languages. Spends a semester abroad at University of Bucharest in Romania.

1944
Works at an aircraft factory at Tempelhof Airport outside Berlin.

1945
Flees Berlin in an arduous trek back to Salzburg, and reunites with family.

1945-1947
Works for United States Information Service as an editor and translator first in Salzburg and then in Vienna. Coeditor for political-literary magazine *Der Optimist* and contributes as a freelance writer to Rot-Weiss-Rot Radio network. Starts to collaborate with photographer Ernst Haas.

1949
Con Ernst Haas pubblica, su "Heute", un reportage sui prigionieri austriaci di ritorno dai campi di prigionia russi. Il reportage viene riproposto anche sulla rivista "Life". Robert Capa li invita a unirsi alla neonata agenzia Magnum, a Parigi; Haas vi entra a far parte come fotografo, Morath in qualità di ricercatrice e redattrice.

1951
Invia a diversi editori sue fotografie con lo pseudonimo Egni Tharom. Sposa il giornalista inglese Lionel Birch.

1952
Si forma a Londra con Simon Guttmann, fotografo del "Berliner Illustreite" e fondatore dell'agenzia Dephot. Si separa da Lionel Birch.

1953
A Parigi realizza il suo primo reportage intitolato "Prêtres Ouvriers" (Preti lavoratori). Entra a far parte dell'agenzia Magnum come membro associato. Come primo incarico fotografa il set del film *Moulin Rouge* di John Huston, con il quale stringe amicizia. Contemporaneamente lavora come assistente di Henri Cartier-Bresson in molti suoi viaggi. Compie con il fotografo francese un primo viaggio in Spagna.

1954
Divorzia da Lionel Birch. Viaggia in Irlanda dove fotografa John Huston nella sua casa e gli zingari irlandesi. Robert Capa la incarica di realizzare un reportage in Spagna per la rubrica *Woman of the World* della rivista "Holiday".

1955
Diventa membro effettivo dell'agenzia Magnum. Viaggia in Africa dove fotografa per la compagnia De Beers. Gli scatti realizzati in Spagna vengono pubblicati da Delpire con testi di Dominique Aubier nel fotolibro *Guerre à tristesse*.

1949
With Haas, Morath publish in *Heute* a story on Austrian prisoners of war returning from Russian camps. It also runs in *Life*. Robert Capa invites the pair to join Magnum in Paris. Haas joins Magnum as a photographer and Morath as researcher and editor.

1951
Submits photographs to publish under pseudonym Egni Tharom. Marries English journalist Lionel Birch.

1952
Receives photographic training in London from Simon Guttmann, who had worked for *Berliner Illustreite* and founded Dephot photographer agency. Separates from Lionel Birch.

1953
Photographs her first photo story, "Prêtres Ouvriers" (Worker Priests) in Paris. Joins Magnum as an associate member. On her first Magnum assignment, photographs on the set of John Huston's film *Moulin Rouge* Befriends Huston. Lives in Paris and apprentices with Henri Cartier-Bresson. Travels with him to Spain for the first time.

1954
Divorces Lionel Birch. Travels to Ireland. Photographs John Huston in his home and Irish Travelers in Killorglm, County Kerry. Robert Capa sends Morath to Spain on assignment for "Woman of the World" series in *Holiday* magazine.

1955
Becomes full member of Magnum agency. Travels to South Africa and photographs De Beers diamonds. Spain photographs are published in *Guerre à tristesse*, by Delpire, with text by Dominique Aubier.

1956

Trascorre sei settimane in Iran su incarico della rivista "Holiday", della Standard Oil Company e di Pepsi Cola. Durante il suo primo incarico negli Stati Uniti, fotografa l'ereditiera Gloria Vanderbilt e l'attrice Nancy Berg. In Francia fotografa l'artista Jean Arp e lo scrittore André Malraux.

1957

Nuovo viaggio in Spagna. A Parigi immortala lo stilista Yves Saint Laurent e la ballerina Zizi Jeanmaire.

1958

Fotografa in Romania, Francia, Austria, Yugoslavia e Repubblica Ceca. Pubblica il fotolibro *De la Perse à l'Iran*, con testi di Édouard Sablier per Robert Delpire.

1959

È in Messico sul set del film *Unforgiven* di John Huston, protagonisti Burt Lancaster e Audrey Hepburn. Avvia la sua collaborazione con Saul Steinberg per la *Mask series*. Viaggio in Tunisia. Su incarico della Nazioni Unite documenta gli sfollati in Germania, Austria, Giordania e Israele, lavoro poi pubblicato come *Bring Forth the Children: A Journey of the Forgotten People of Europe and The Middle East*.

1960

Insieme a Henri Cartier-Bresson compie un viaggio in auto di diciotto giorni da New York a Reno, nel Nevada, per fotografare il set de *Gli spostati* di John Huston, con Marilyn Monroe e Clarke Gable. Conosce lo scrittore e drammaturgo Arthur Miller, sceneggiatore della pellicola.

1961

È fotografa di scena sul set del film *Uno sguardo dal ponte*, di Sydney Lumet, tratto dall'omonimo lavoro di Arthur Miller.

1962

Sposa Arthur Miller e la coppia si trasferisce a Roxbury, in Connecticut. Nasce la prima figlia Rebecca.

1956

Spends six weeks in Iran on assignment for *Holiday* magazine, Standard Oil and Pepsi Cola. Sent on first work assignment to United States. While there, photographs heiress Gloria Vanderbilt and actress Nancy Berg. In France photographs artist Jean Arp and writer André Malraux.

1957

Returns to Spain. In Paris, photographs couturier Yves Saint Laurent and dancer Zizi Jeanmaire in Paris.

1958

Photographs in Romania, France, Austria, Yugoslavia and Czechoslovakia. For Robert Delpire publishes Iran photographs in *De la Perse à l'Iran*, with text by Édouard Sablier.

1959

Photographs on the set of John Huston film *Unforgiven* in Mexico, starring Burt Lancaster and Audrey Hepburn. Begins photographing *Mask series* with artist Saul Steinberg. For the United Nations, photographs displaced persons in Germany, Austria, Jordan, and Israel. Publishes photographs in *Bring Forth the Children: A Journey of the Forgotten People of Europe and The Middle East*.

1960

With Henri Cartier-Bresson, embarks on an eighteen-day road trip from New York to Reno, Nevada. Photographs on the set of *The Misfits*, starring Marilyn Monroe and Clarke Gable. Meets playwright Arthur Miller, writer of the script.

1961

Photographs on the set of *A View from the Bridge*, by Sydney Lumet, written by Arthur Miller.

1962

Marries Arthur Miller. The couple moves to Roxbury, Connecticut. First daughter Rebecca Miller is born.

1963
Fotografa lo scultore Alexander Calder nel suo studio. Ricopre il ruolo di segretaria dell'agenzia Magnum.

1963
Photographs sculptor Alexander Calder in his studio. Becomes secretary of Magnum.

1964
Su incarico della rivista "Vogue", fotografa le attrici Jessica Walter e Marnie Nixon.
Espone all'Art Institute of Chicago.

1964
On assignments for *Vogue*, photographs actress Jessica Walter and singer Marnie Nixon.
Exhibits at Art Institute of Chicago.

1965
Insieme ad Arthur Miller viaggia in treno dalla Germania all'Unione Sovietica dove realizza un ampio reportage. Fotografa la produzione del dramma di Arthur Miller, *Morte di un commesso viaggiatore*, protagonista Dustin Hoffman.

1965
Travels with Miller by train from Germany to the USSR, where she photographs extensively. Photographs the production of Miller's play *Death of a Salesman*, starring Dustin Hoffman.

1966
Ottiene la cittadinanza americana.

1966
Becomes US citizen.

1967
Nasce il secondogenito Daniel, affetto dalla sindrome di Down.

1967
Second child, Daniel Miller, is born with Down syndrome.

1968
Fotografa i funerali di Robert F. Kennedy nella Cattedrale di St. Patrick a New York.

1968
Photographs Robert F. Kennedy's funeral at St. Patrick's Cathedral, New York.

1969
Viene pubblicato il fotolibro *In Russia*, con testi di Arthur Miller.

1969
Publishes *In Russia*, with text by Arthur Miller.

1970
Viaggia a Hong Kong, in Giappone e in Cambogia.

1970
Travels to Hong Kong, Japan, and Cambodia.

1971
Inizia a studiare il mandarino.

1971
Begins to study Mandarin.

1974
Viaggia in Austria, Ungheria e Cecoslovacchia.

1974
Travels to Austria, Hungary, and Czechoslovakia.

1977
Nuovo viaggio in Giappone e in Israele.

1977
Travels to Japan and Israel.

1978-1979
Viaggia in Cina con Arthur Miller. Gli scatti saranno pubblicati in *Chinese Encounters*, con testi di Arthur Miller. Il reportage viene esposto nella mostra *Inge Morath: Photographs of China* al Grand Rapids Art Museum, Michigan.

1978-1979
Travels to China with Arthur Miller. Publishes *Chinese Encounters*, with text by Arthur Miller. Exhibition *Inge Morath: Photographs of China*, held at Grand Rapids Art Museum, Michigan.

1981-1984
Realizza numerosi ritratti di personaggi famosi tra cui lo stilista Pierre Cardin, la scultrice Louise Bourgeois, lo scrittore Philip Roth. Viaggio in Venezuela.

1986
Viene pubblicato il fotolibro *Portraits*.

1989
Fotografa la caduta del Muro di Berlino a Potsdamer Platz.

1990
Tiene un corso di fotografia dedicato al ritratto presso l'International Center of Photography di New York. Ritorna in Sudafrica, dove fotografa Nelson Mandela.

1992
Si reca in Slovenia e fotografa la chiesa in cui si erano sposati i nonni.

1993
Viaggio in Bhutan.

1995
Fotografa il set del film *La seduzione del male*, con l'attore Daniel Day-Lewis, che sposerà l'anno seguente la figlia Rebecca.

1997
Al Tokyo Museum of Photography si inaugura la mostra *Inge Morath: Photographs 1950s to 1990s*.

1998
Nuovo viaggio in Spagna dove realizza una serie di scatti dedicati al Cammino di Santiago di Compostela.

1999
Le viene conferita la Großer Österreichischer Staatspreis per la fotografia, dal governo austriaco.

2000
Viaggio a Cuba, dove immortala Fidel.

2001
Realizza delle fotografie al confine tra Stiria e Slovenia.

2002
Si spegne a New York il 30 gennaio per un linfoma.

1981-1984
Photographs numerous artists and writers such as fashion designer Pierre Cardin, sculptor Louise Bourgeois and writer Philip Roth. Travels to Venezuela.

1986
Publishes *Portraits*.

1989
Photographs the dismantling of Berlin Wall in Potsdamer Platz.

1990
Teaches a portrait course at the International Center of Photography in New York. Returns to South Africa. Photographs Nelson Mandela.

1992
Travels to Slovenia. Photographs the church where her grandparents were married.

1993
Travels to Bhutan.

1995
Photographs on the film set of *The Crucible*, starring Daniel Day-Lewis, who marries daughter Rebecca Miller the following year.

1997
Exhibition *Inge Morath: Photographs 1950s to 1990s* at the Tokyo Museum of Photography.

1998
Returns to Spain and photographs a series on the Camino de Santiago pilgrimage.

1999
Honorary Gold Medal, for photography, of the Federal Capital Vienna.

2000
Travels to Cuba and photographs Fidel.

2001
Photographs around the borderlands of Styria and Slovenia.

2002
Dies January 30 from lymphoma in New York City.

La fotografia.

Her Photography.

Venezia
Venice

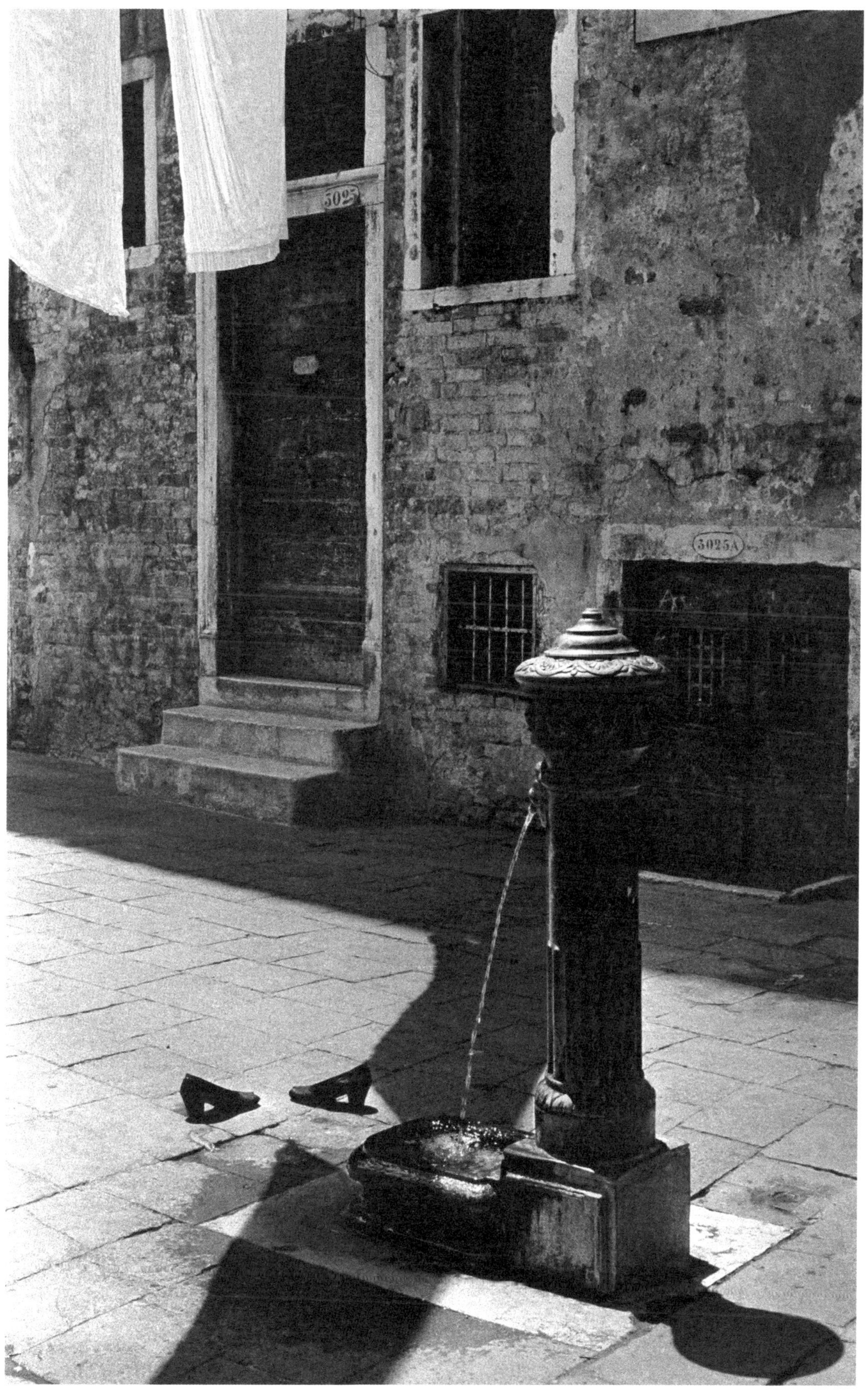
3025A

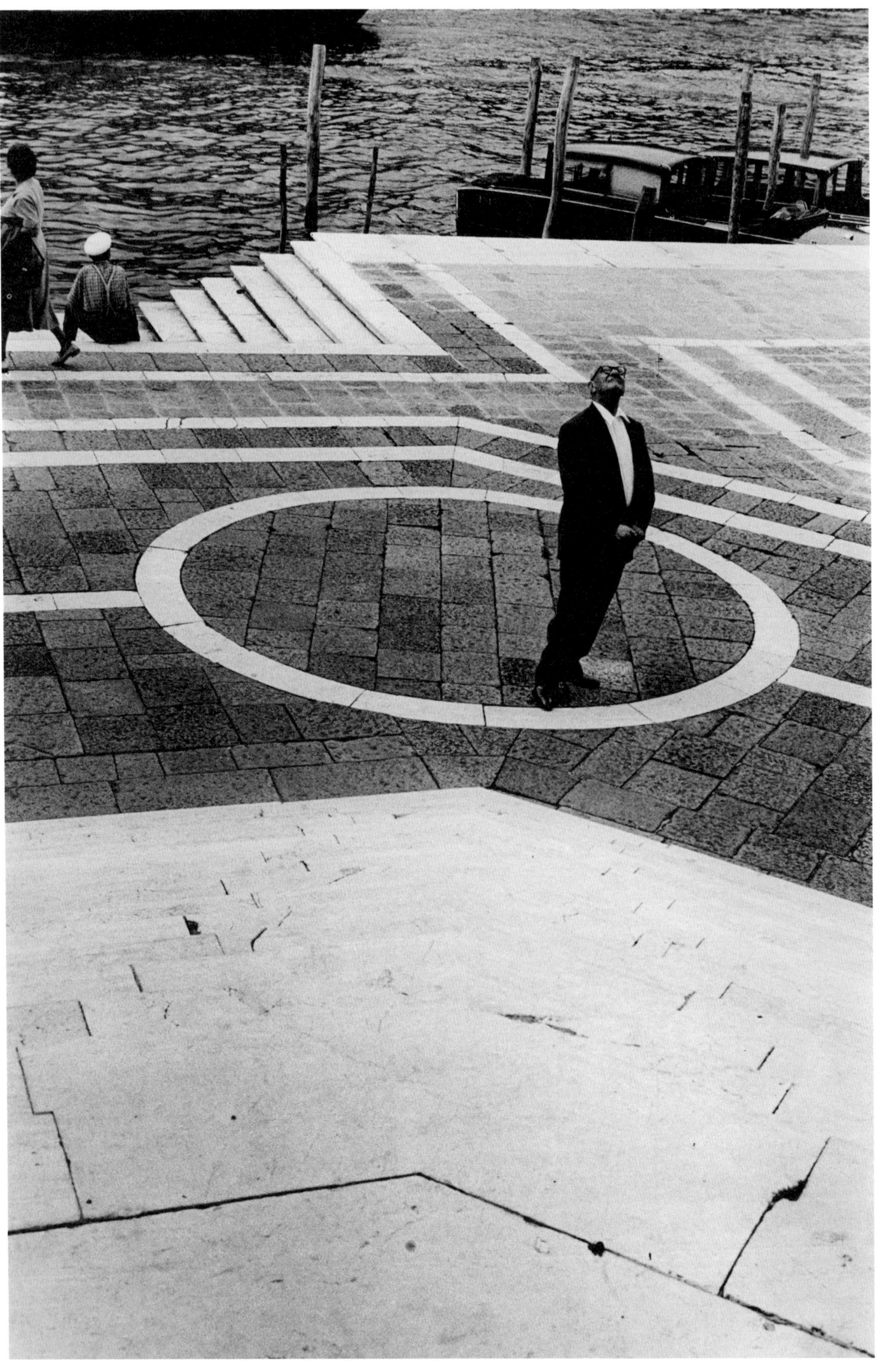

77

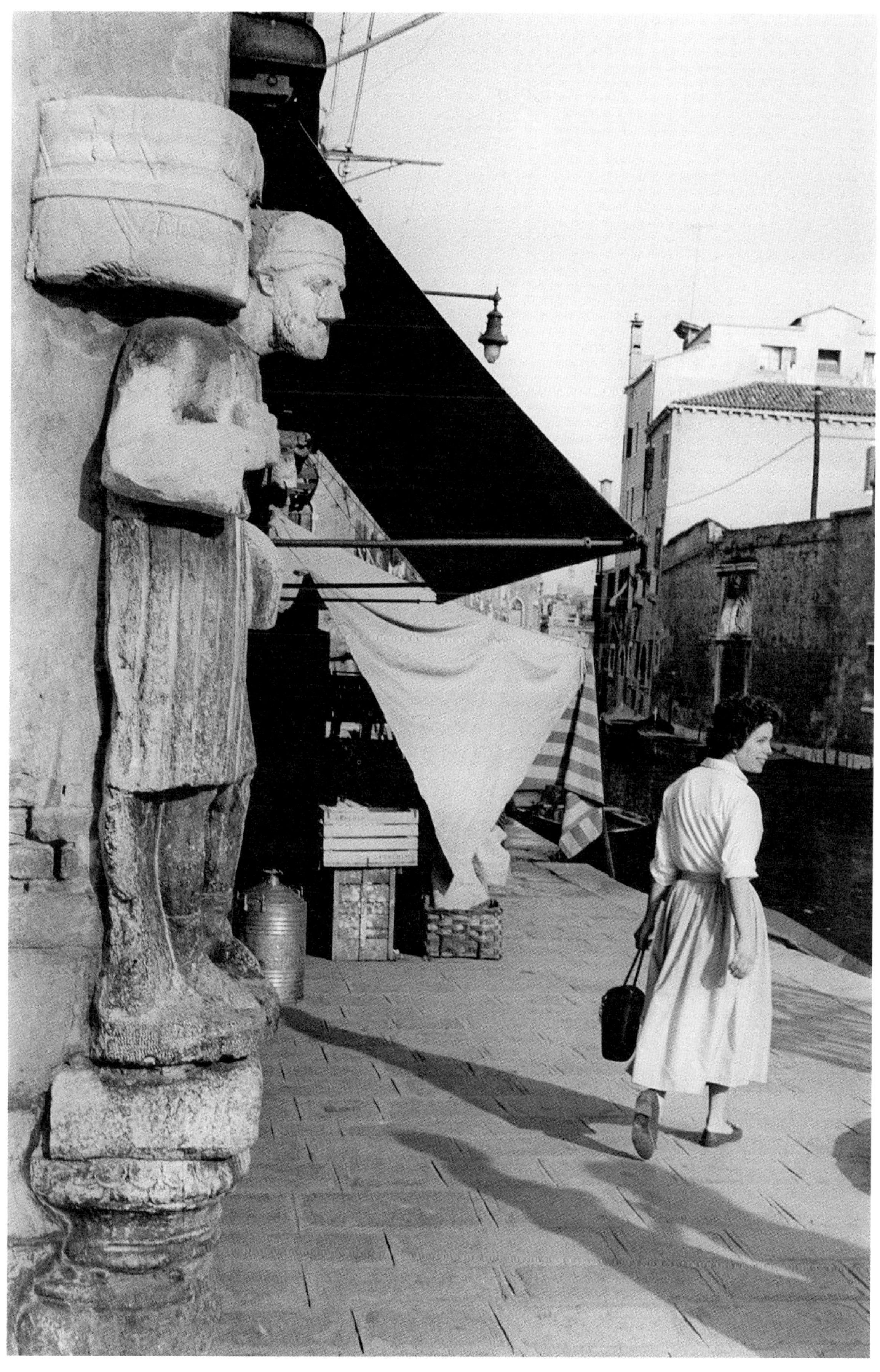

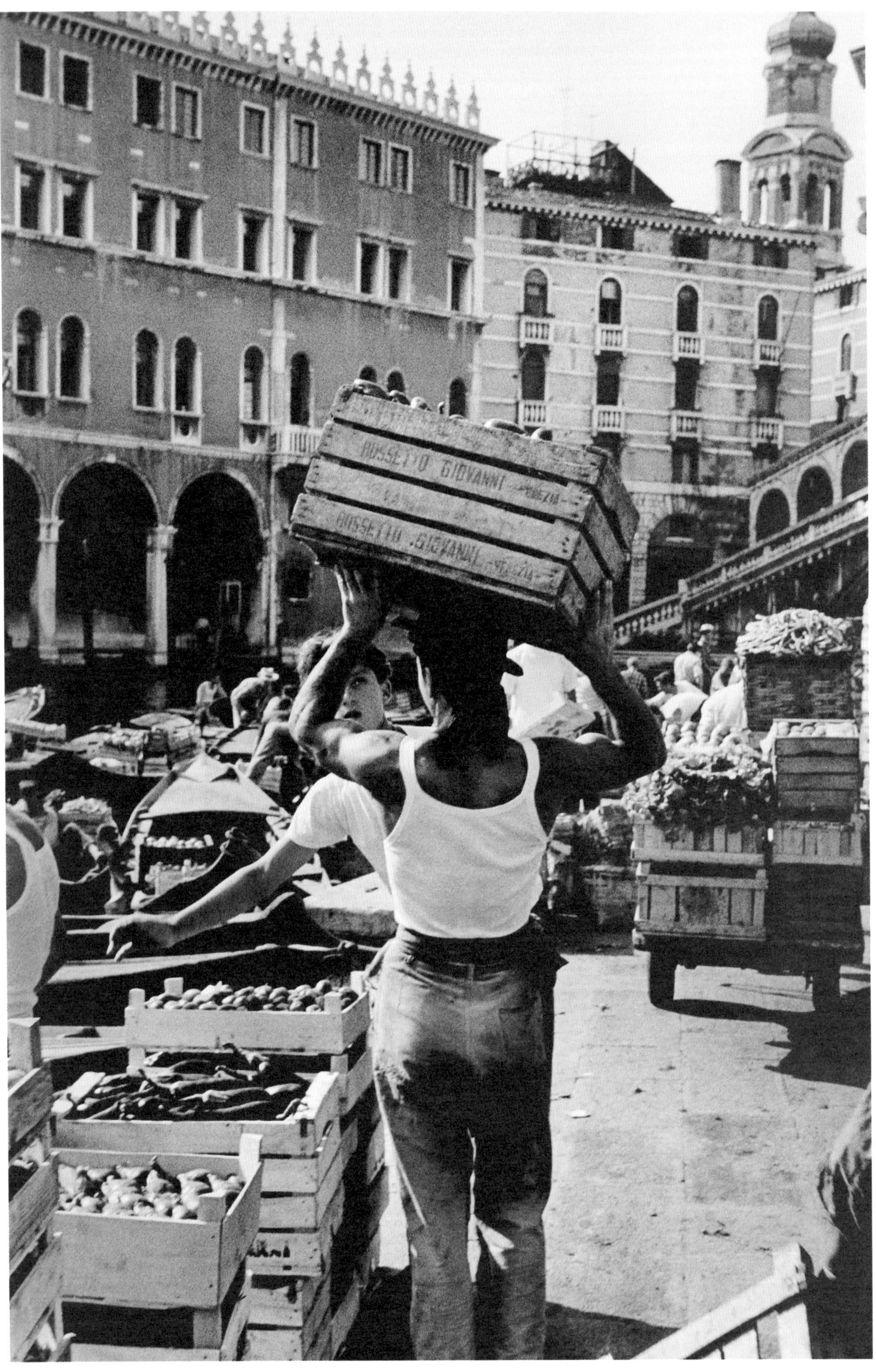
GIOVANNI
GIOVANNI

79

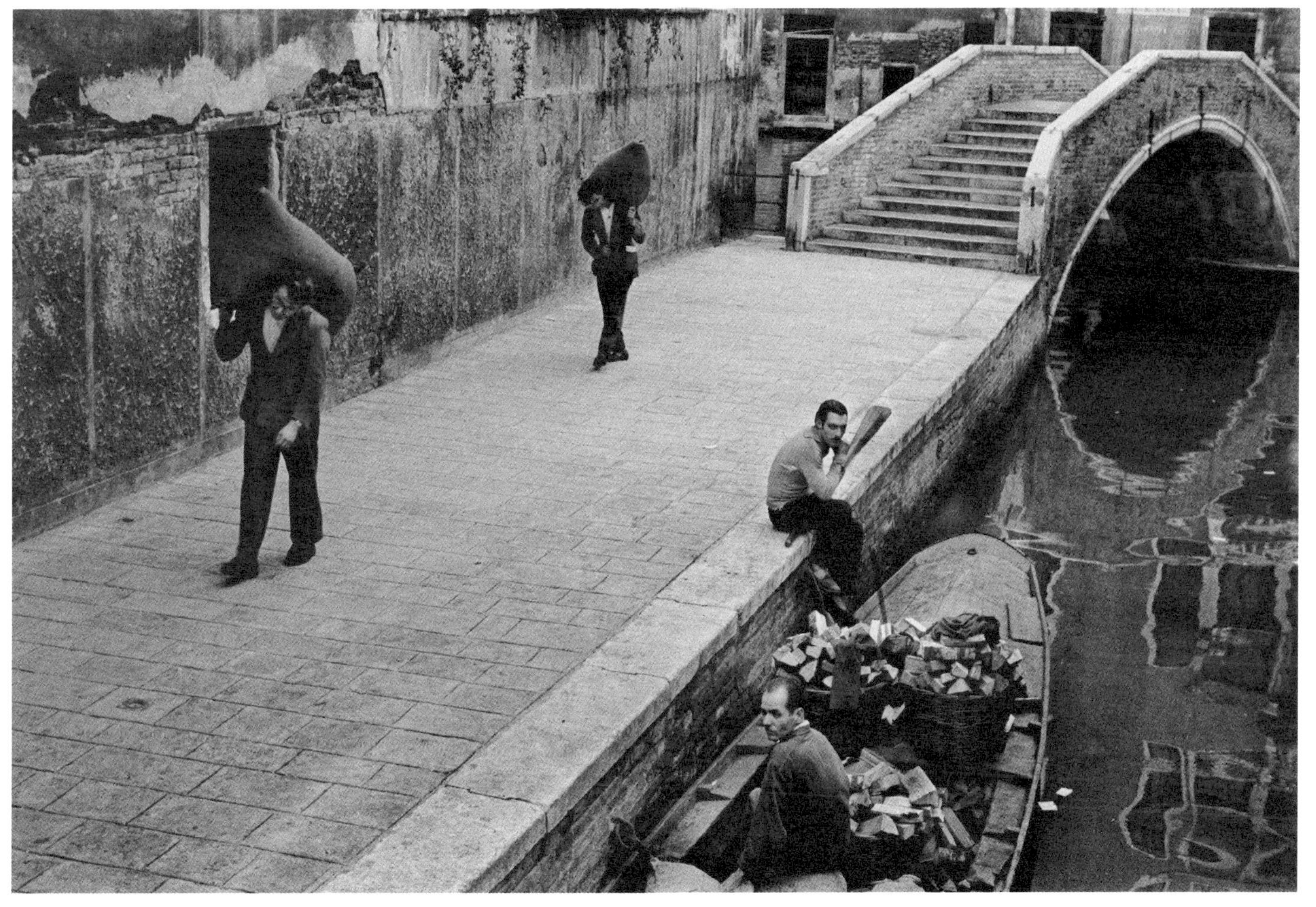

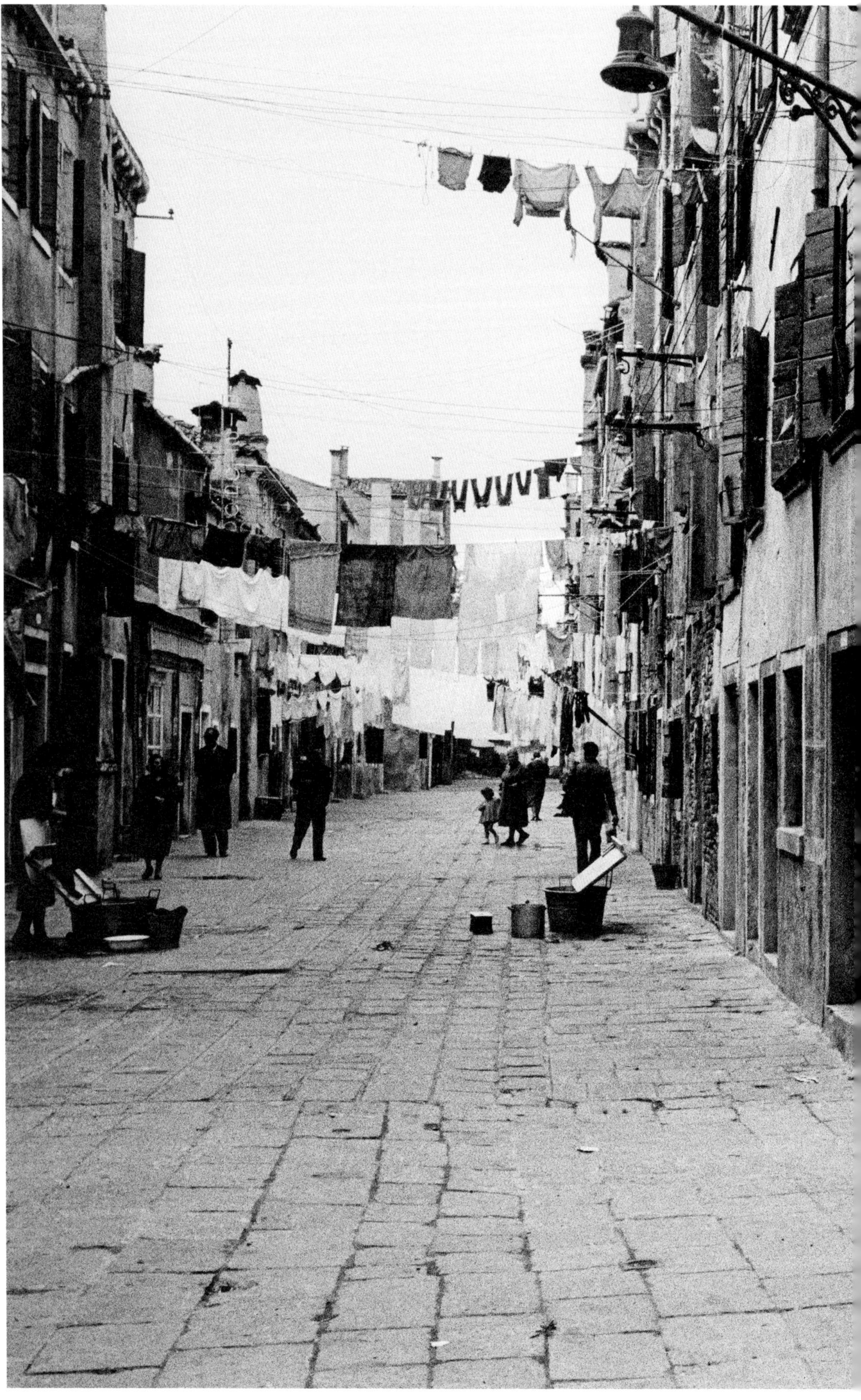

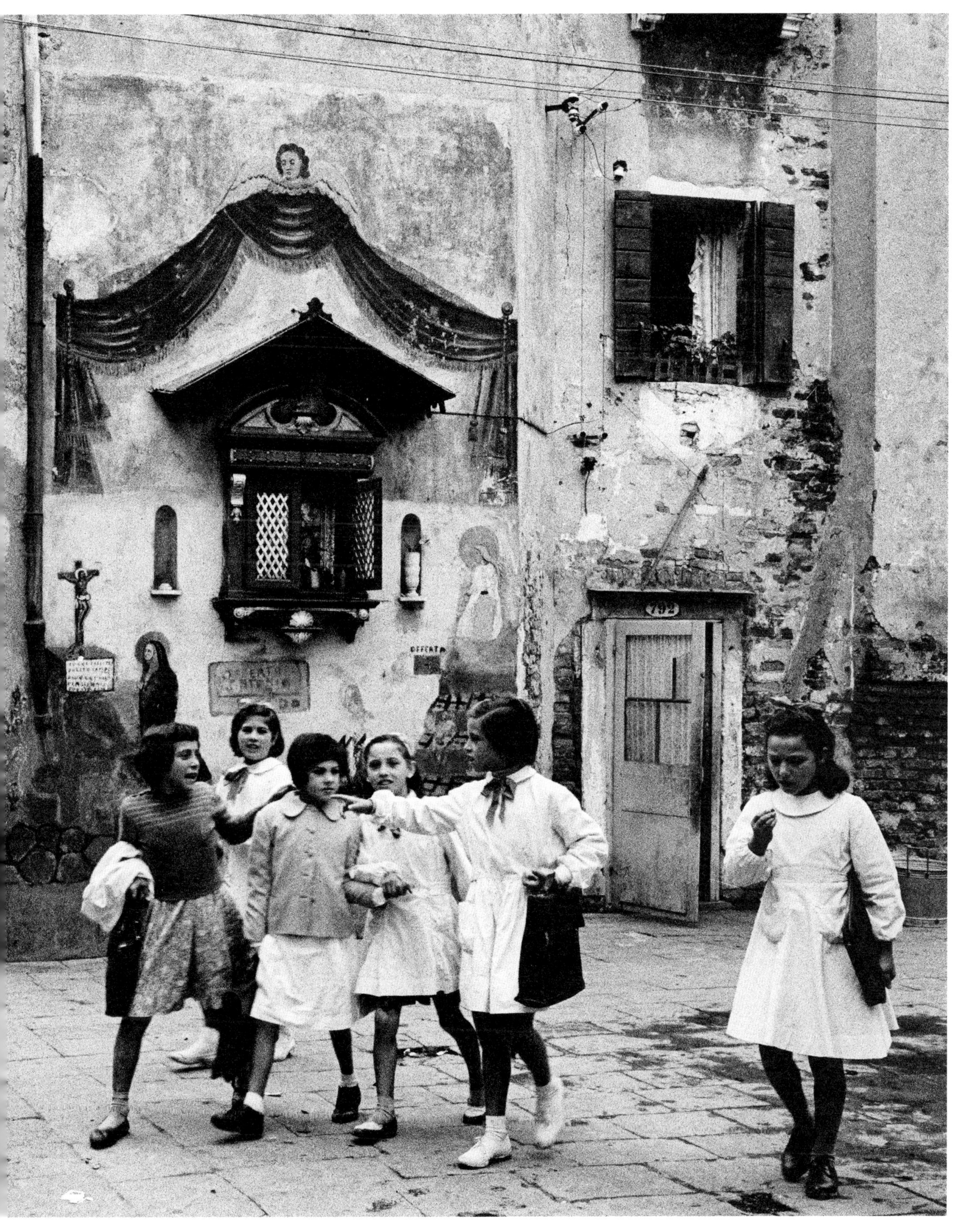
OFFERTA
792

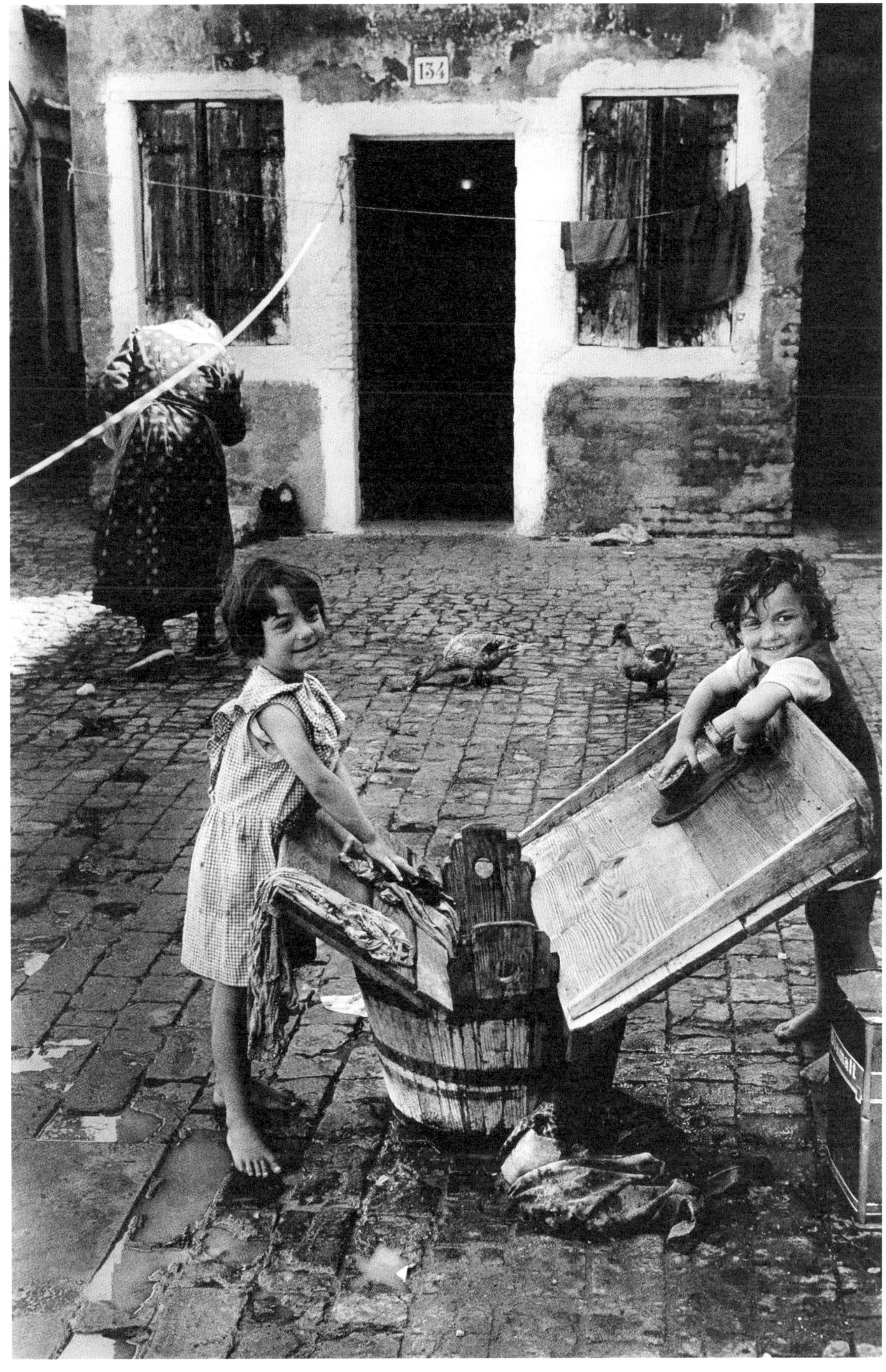
134

Spagna
Spain

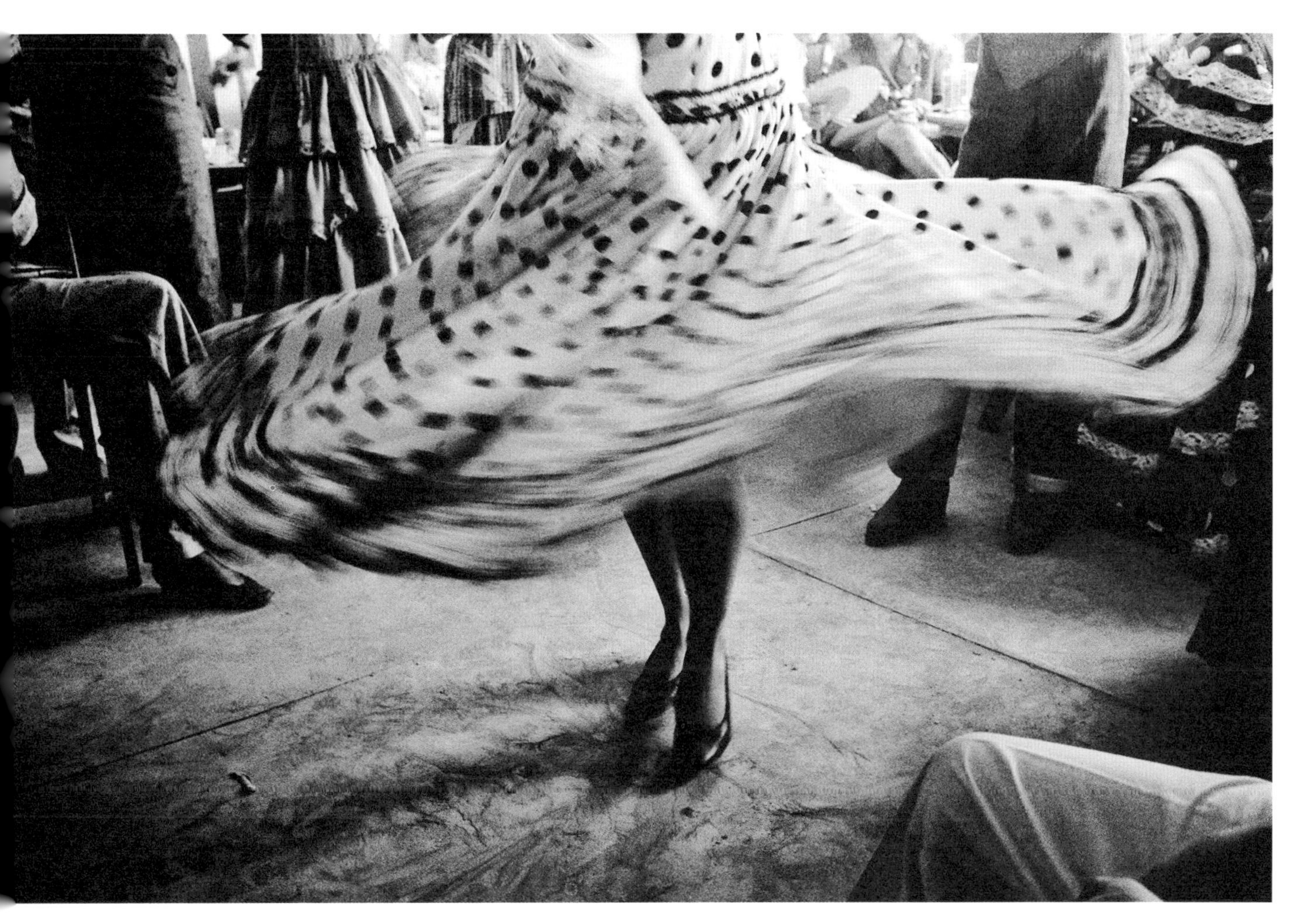

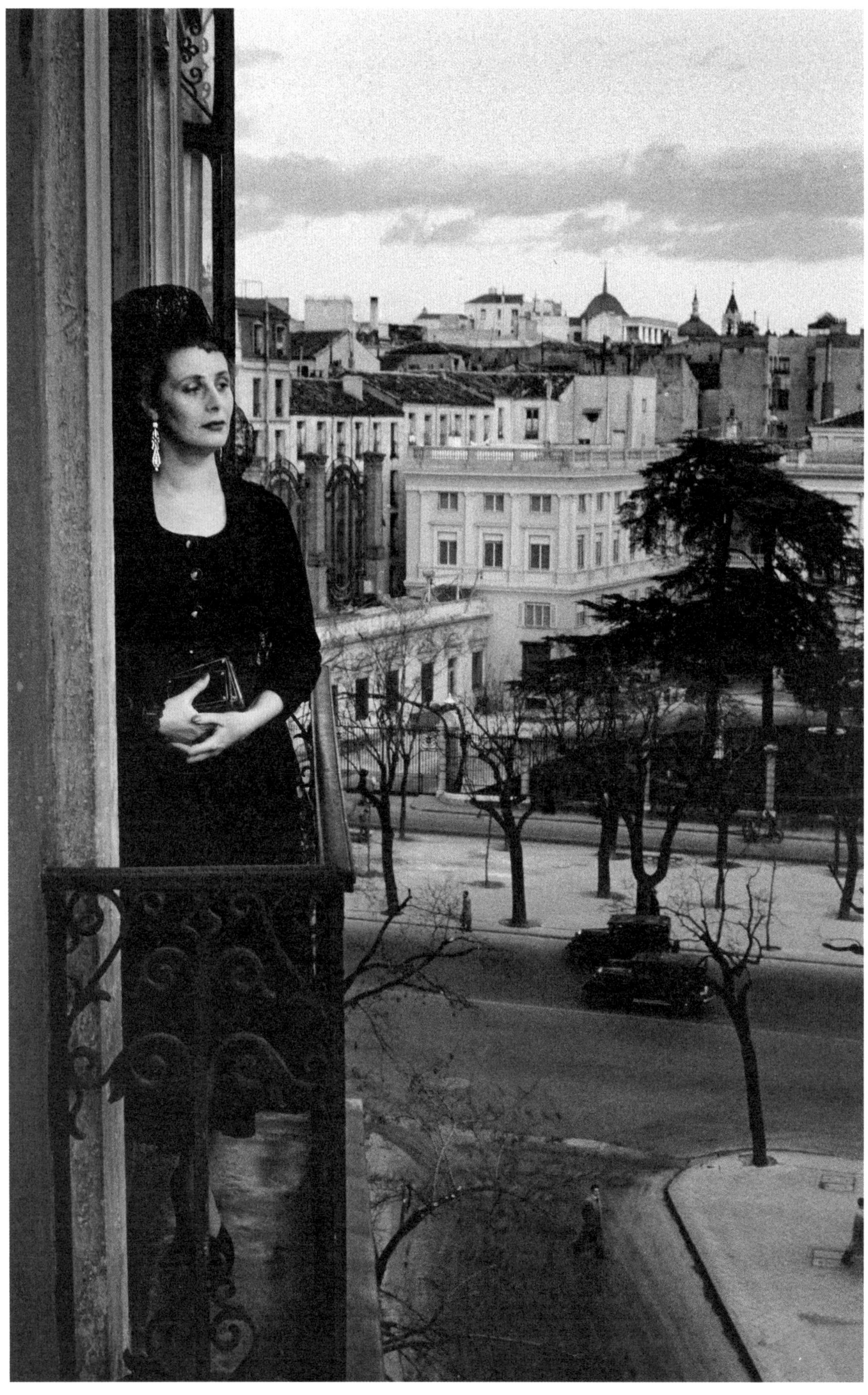

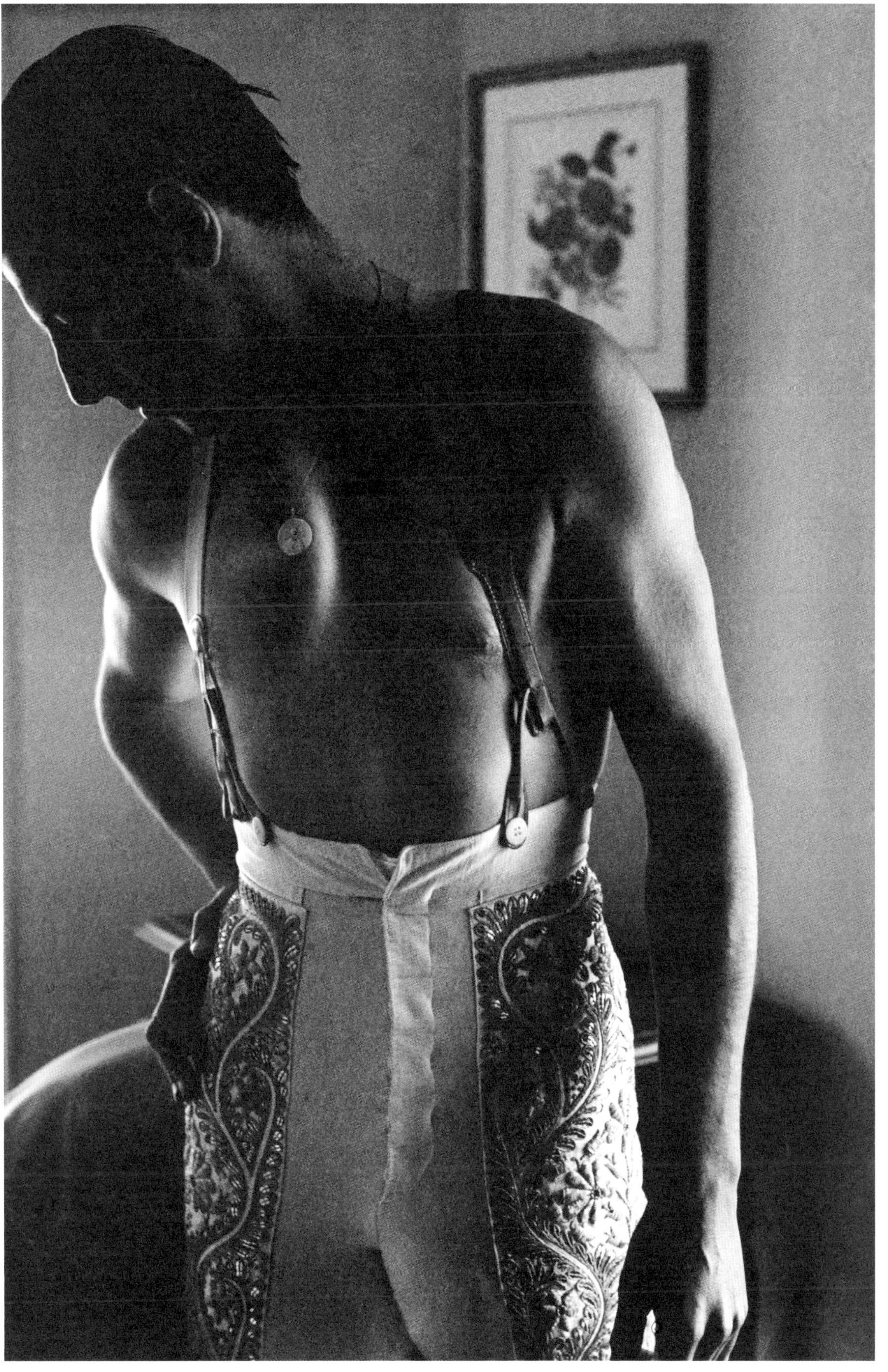

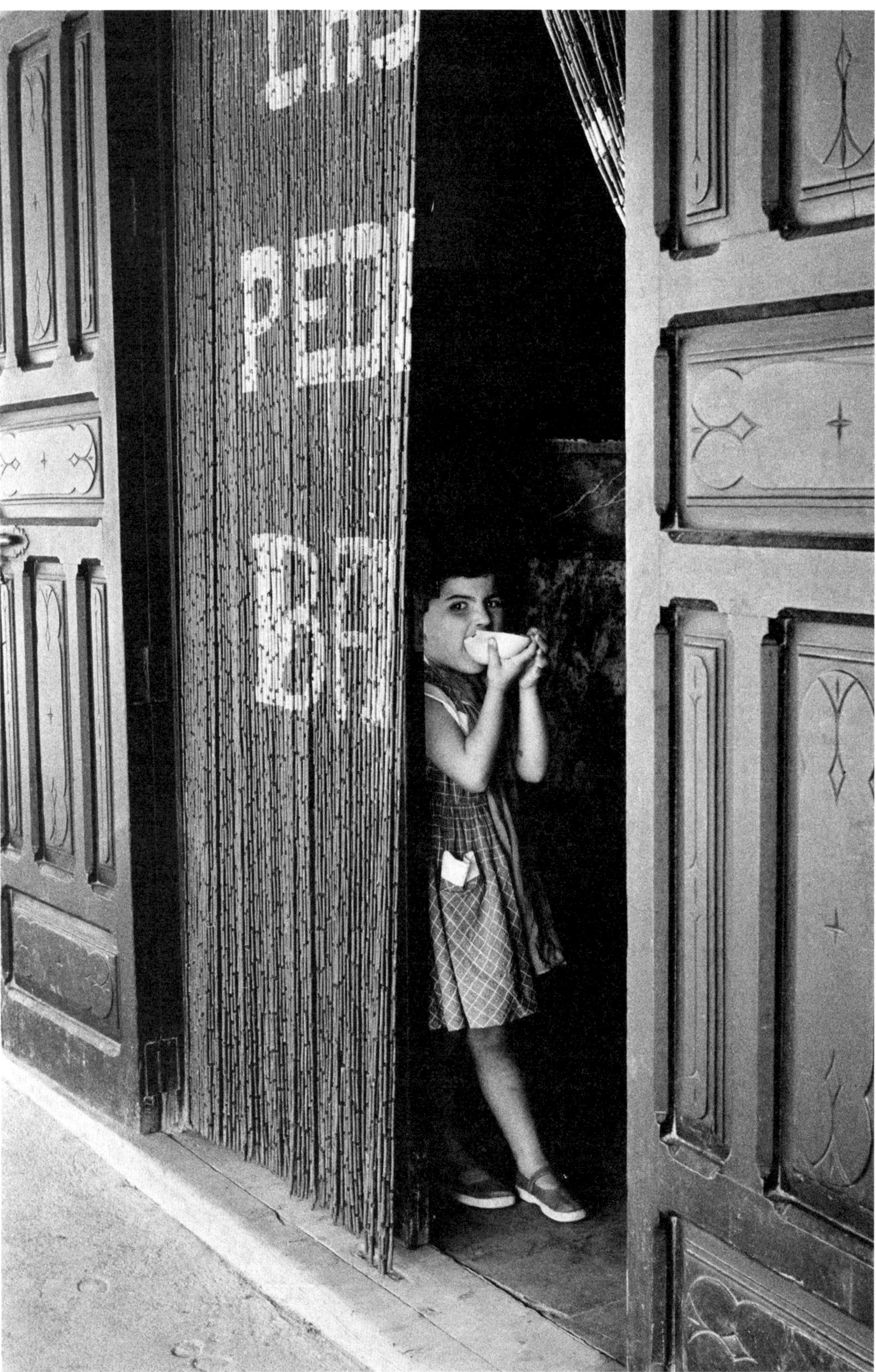

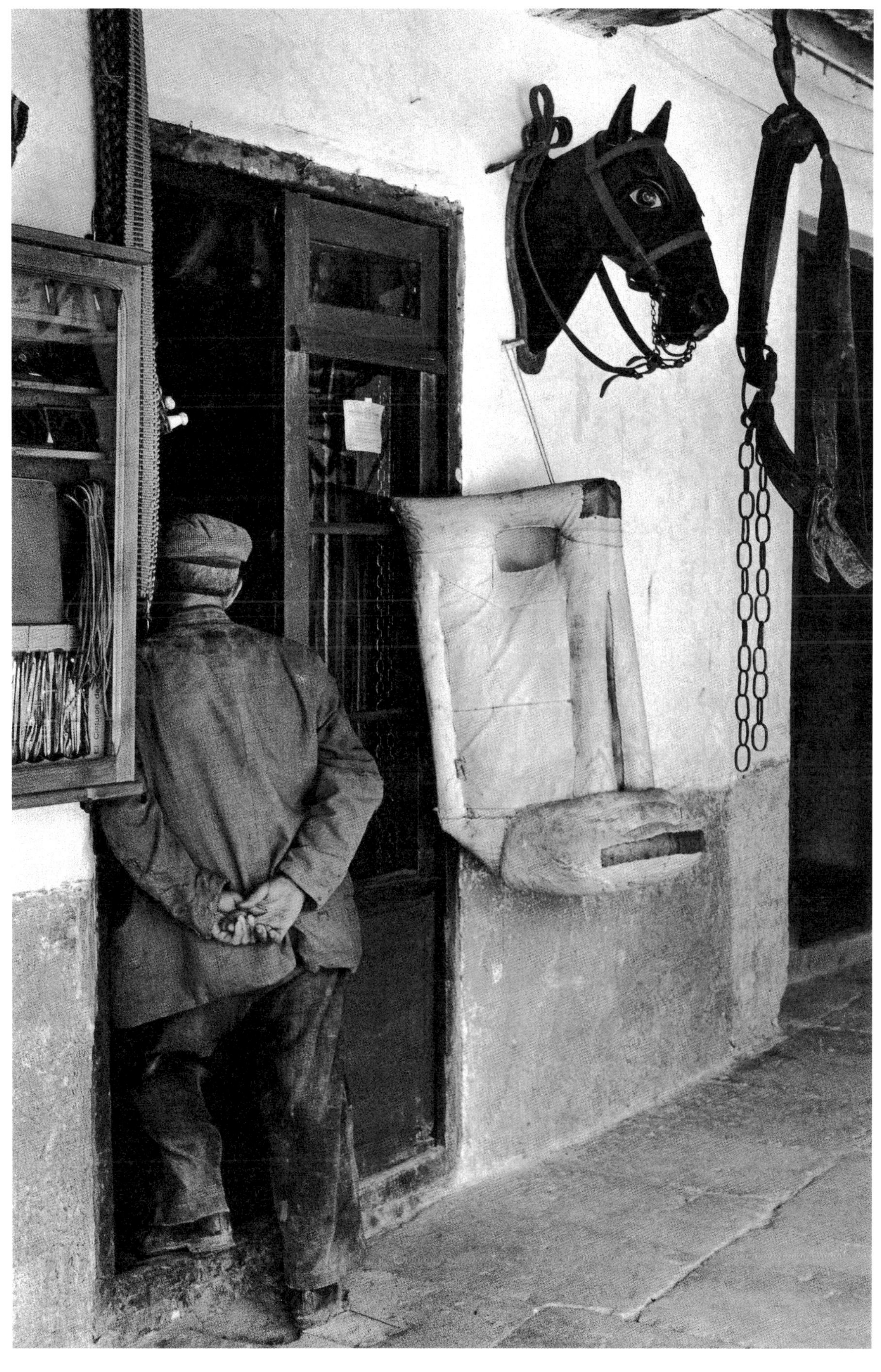

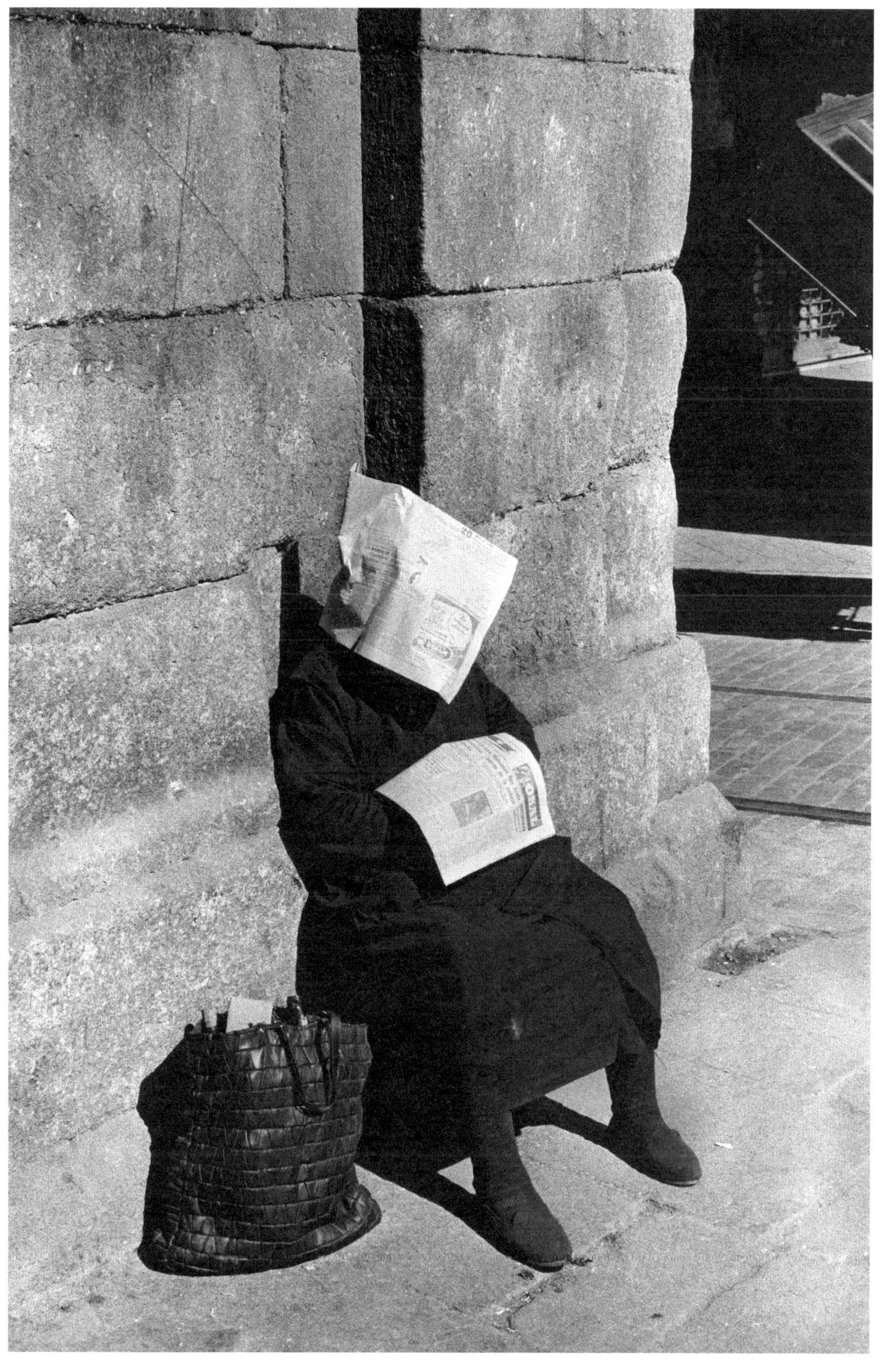

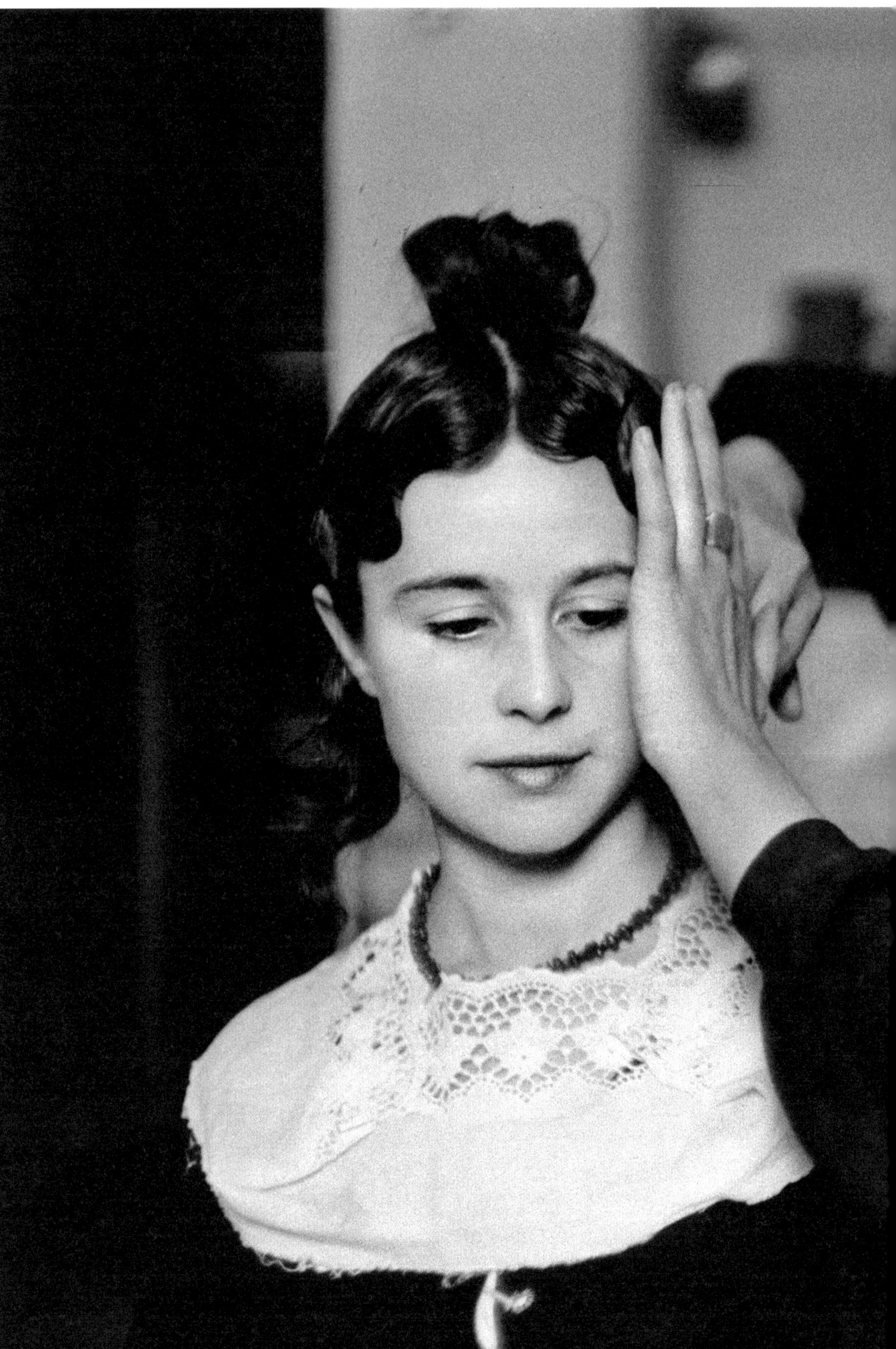

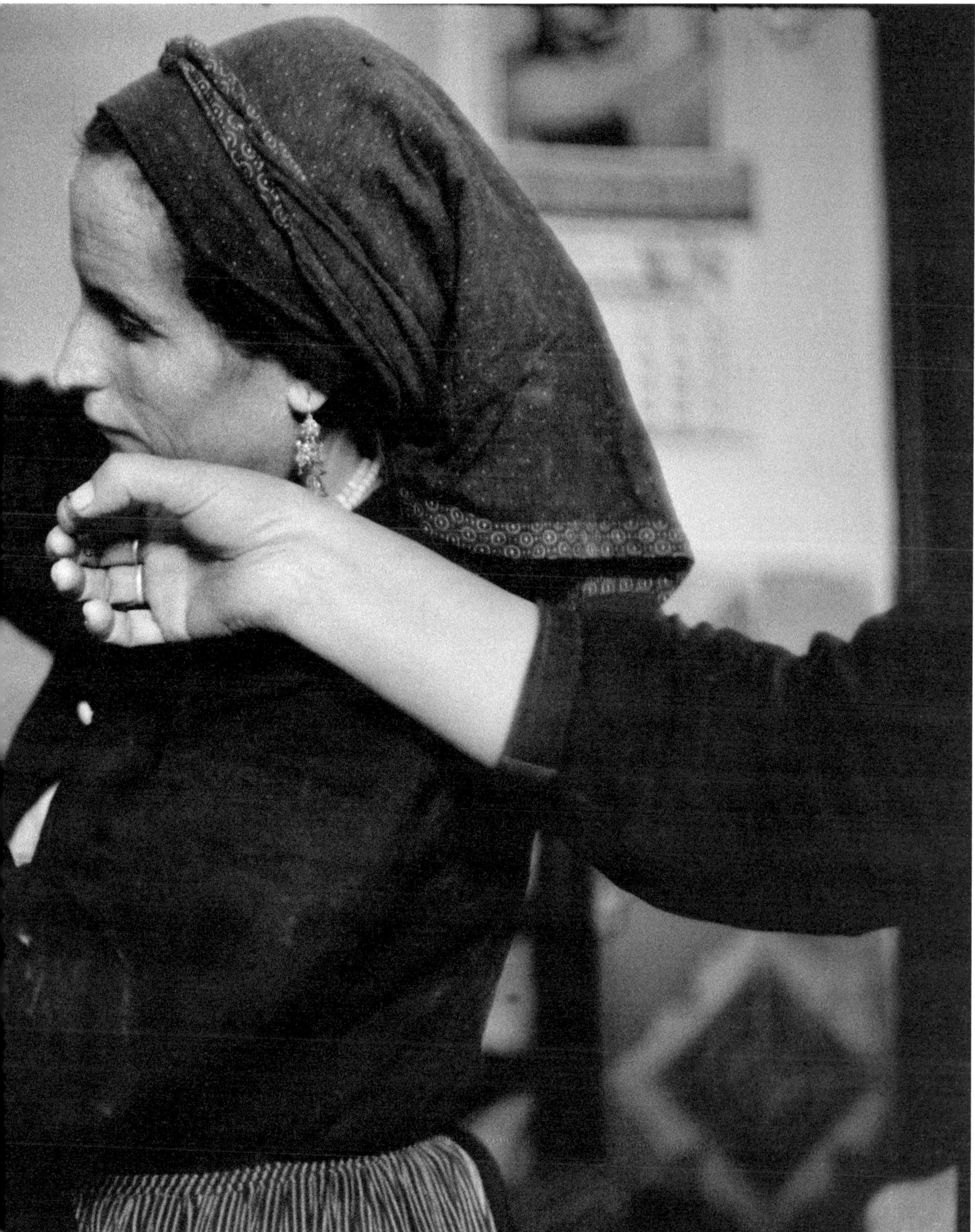

Iran

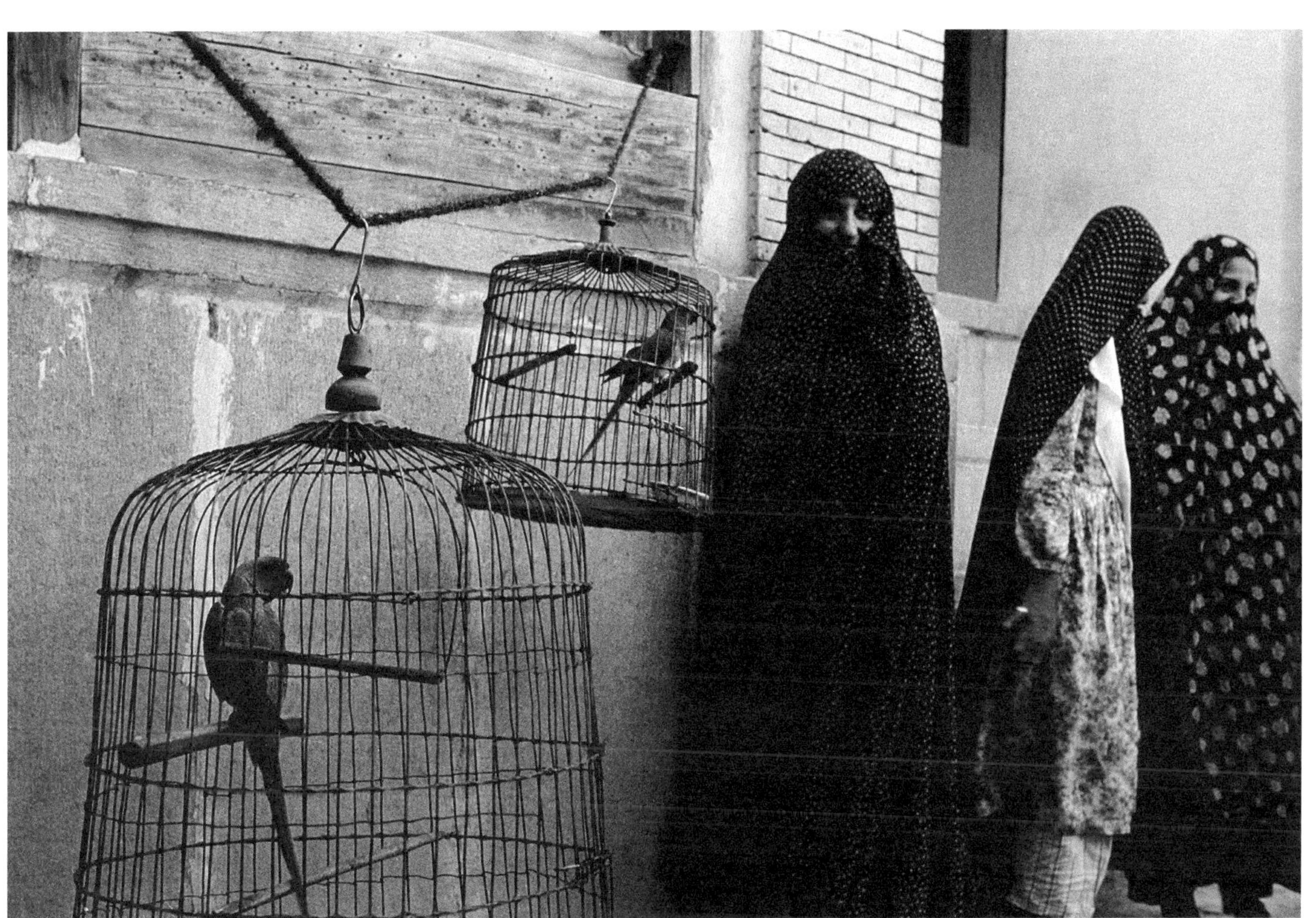

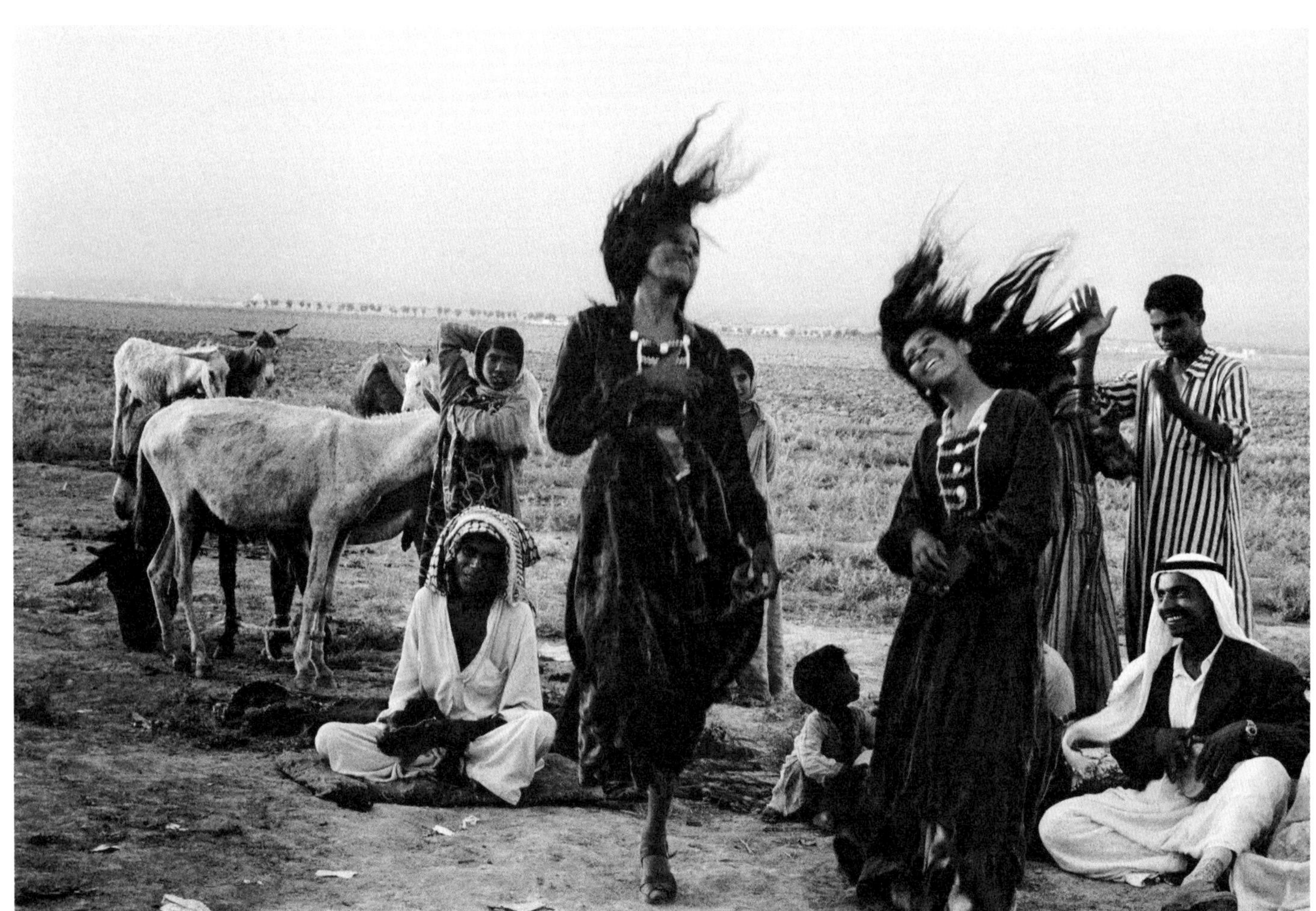

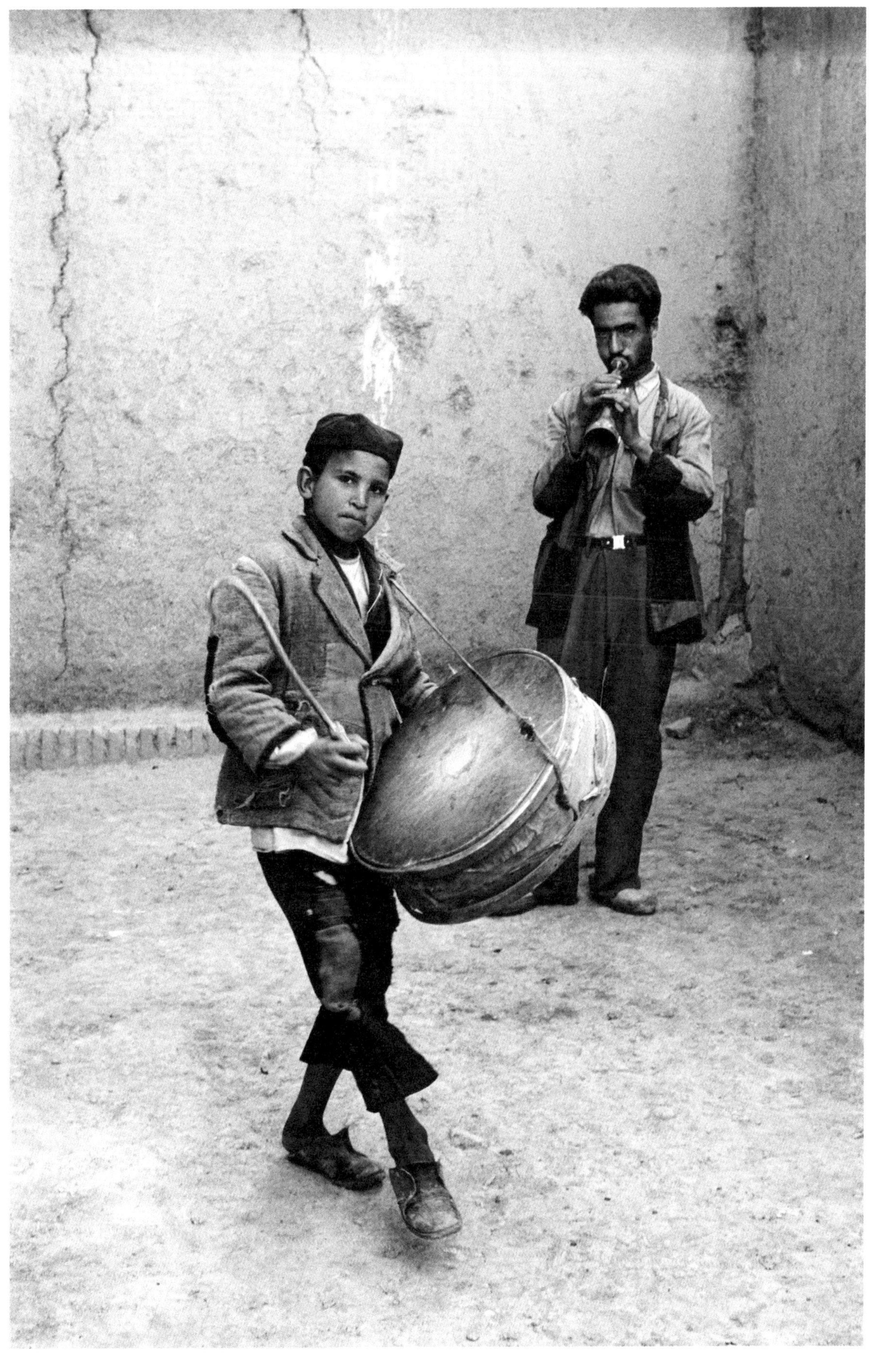

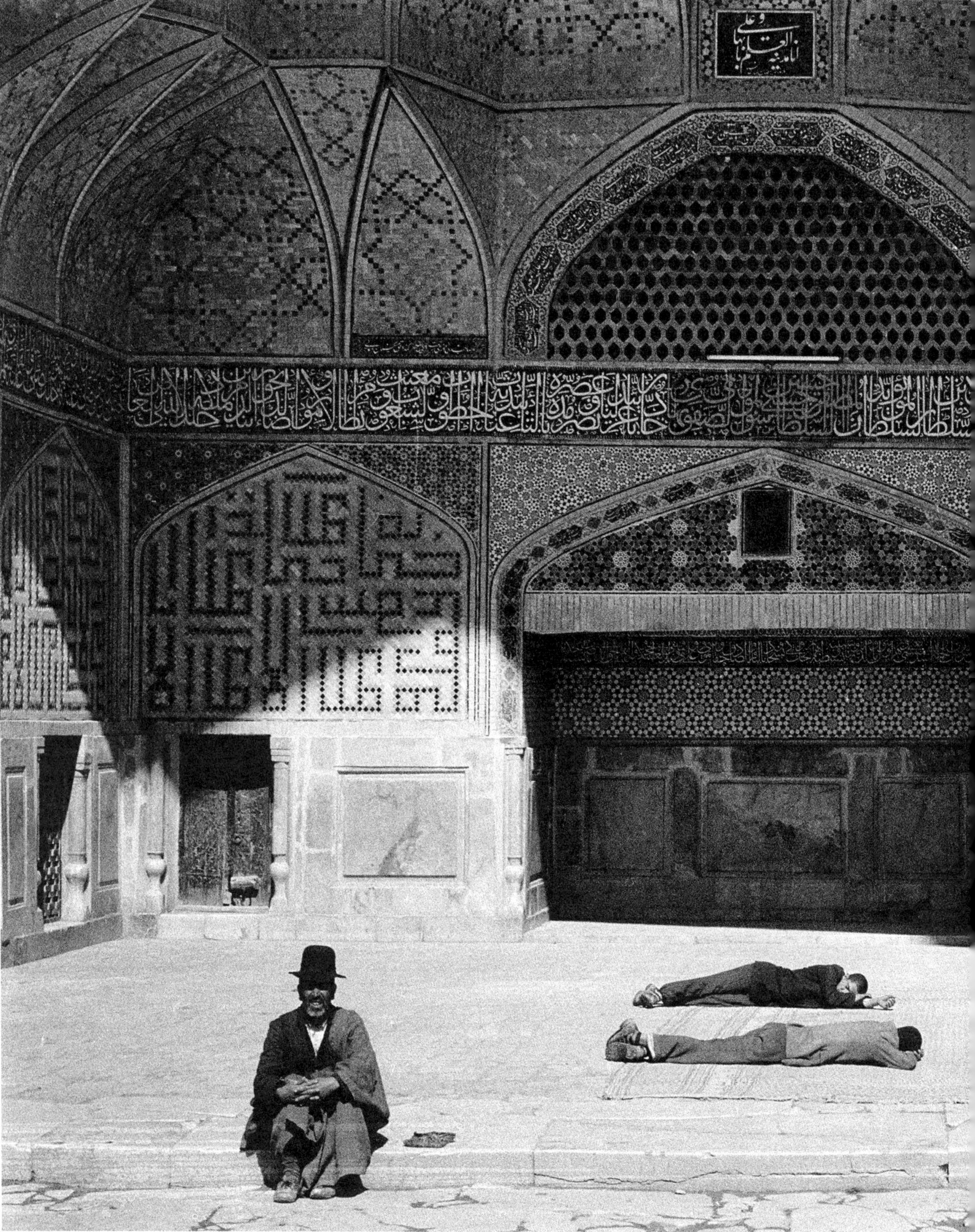

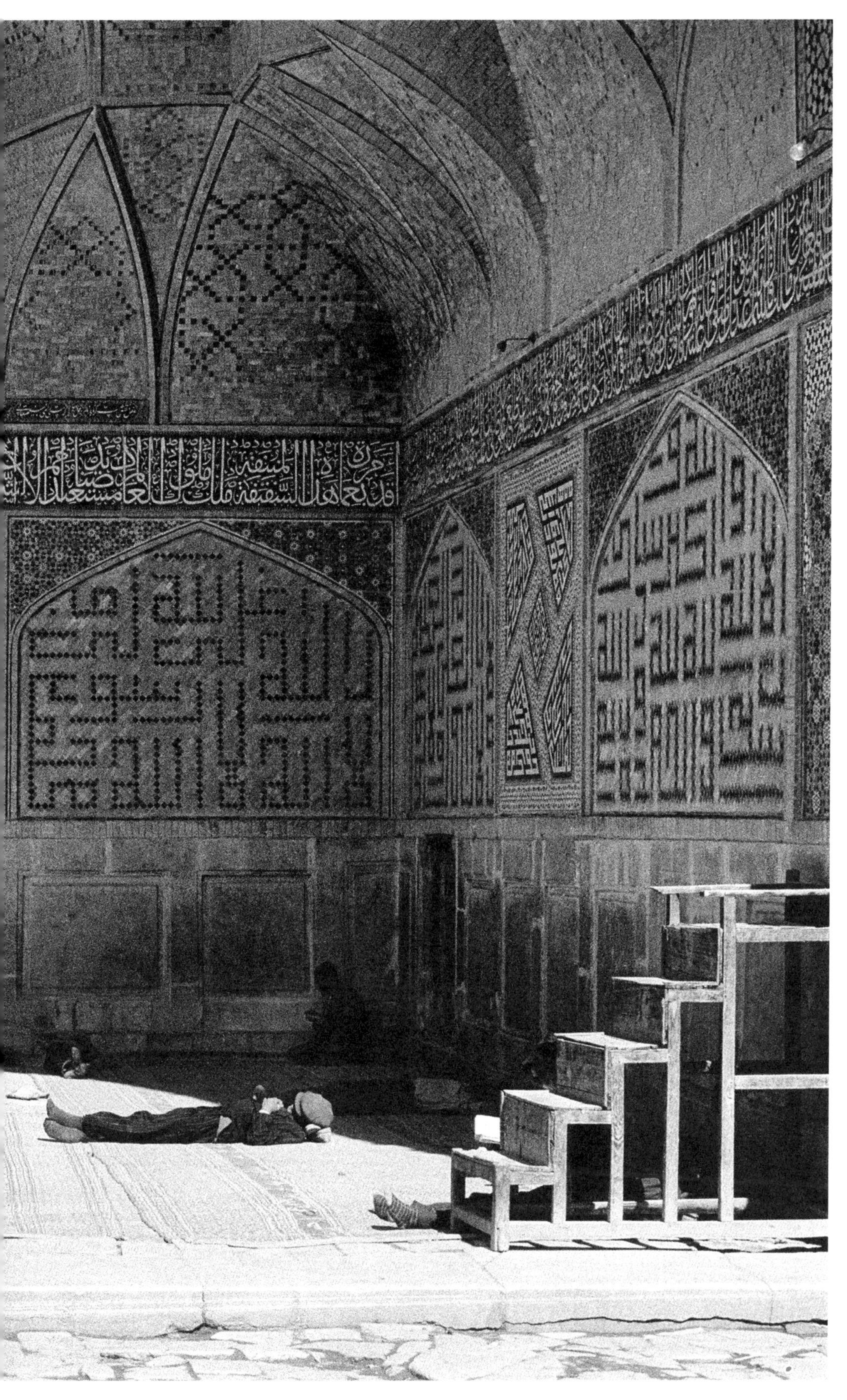

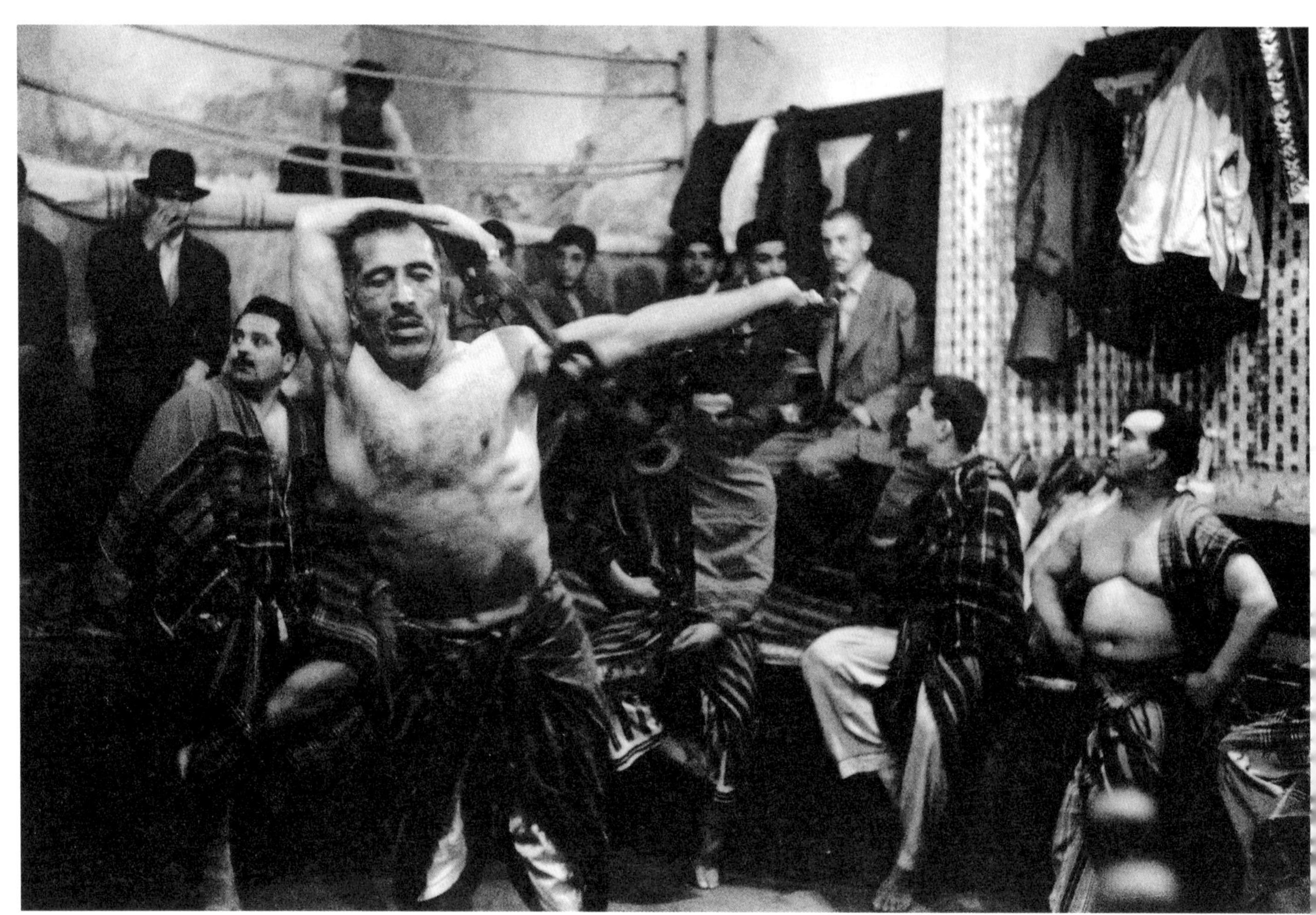

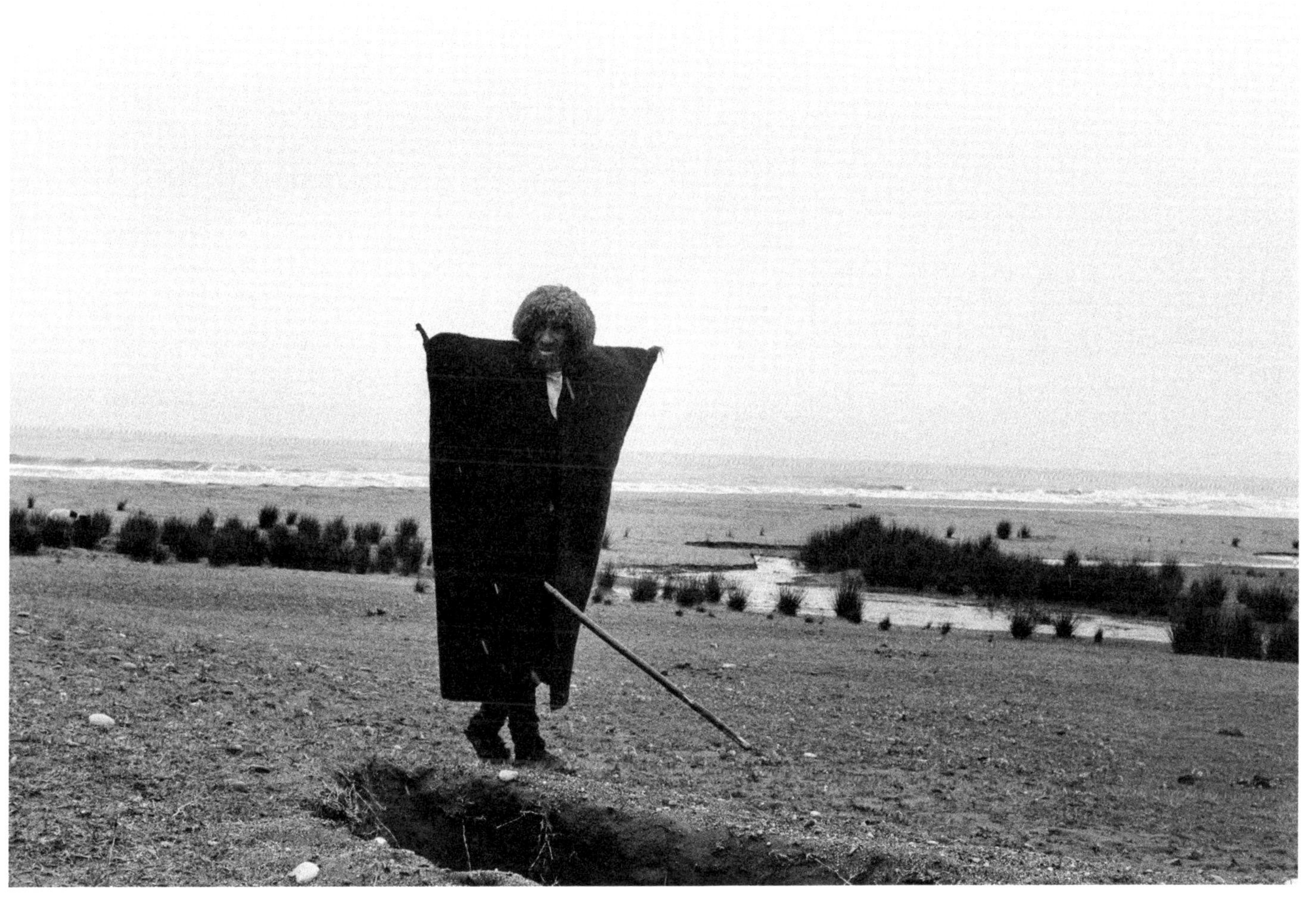

Stati Uniti d'America

United States of America

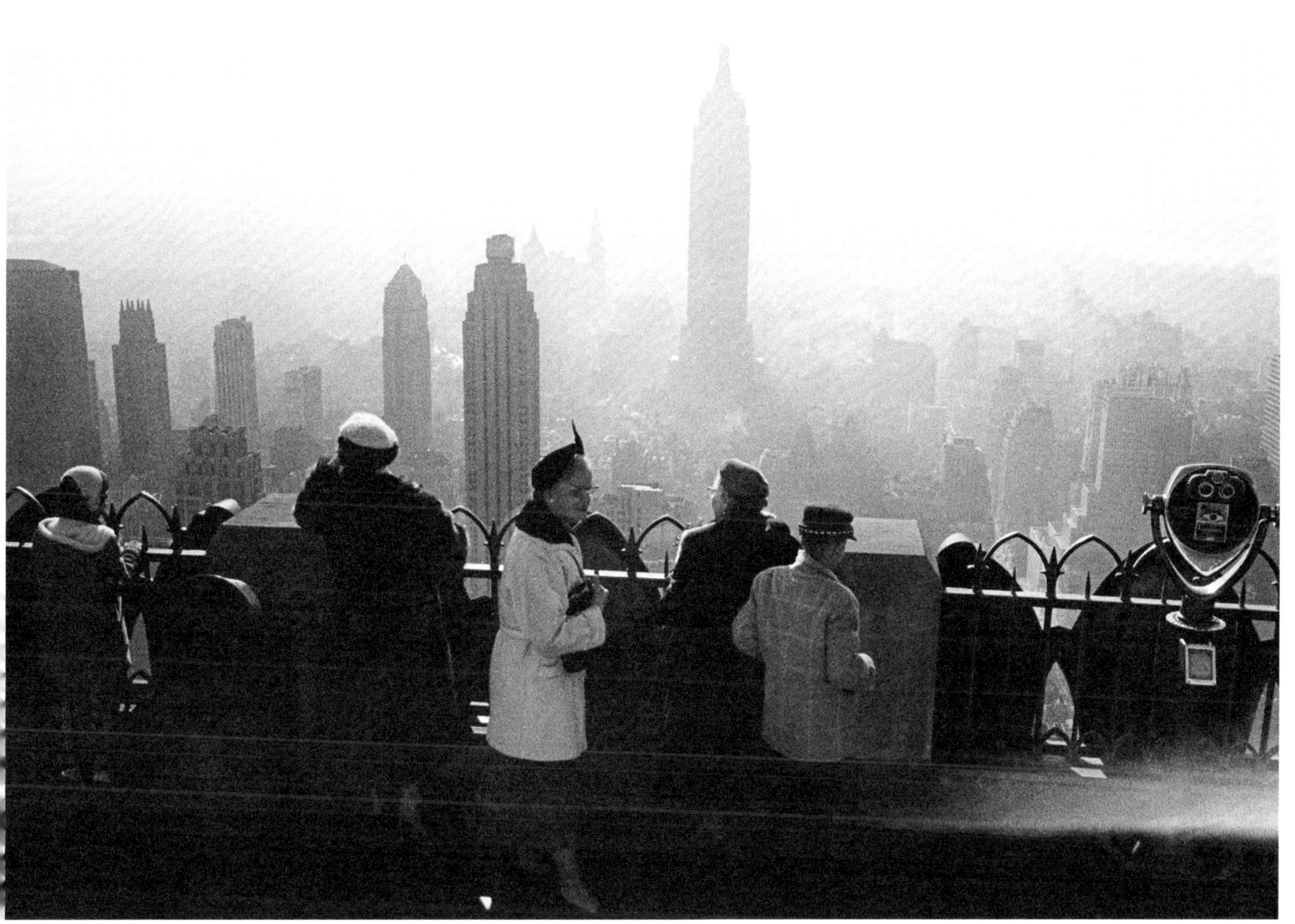

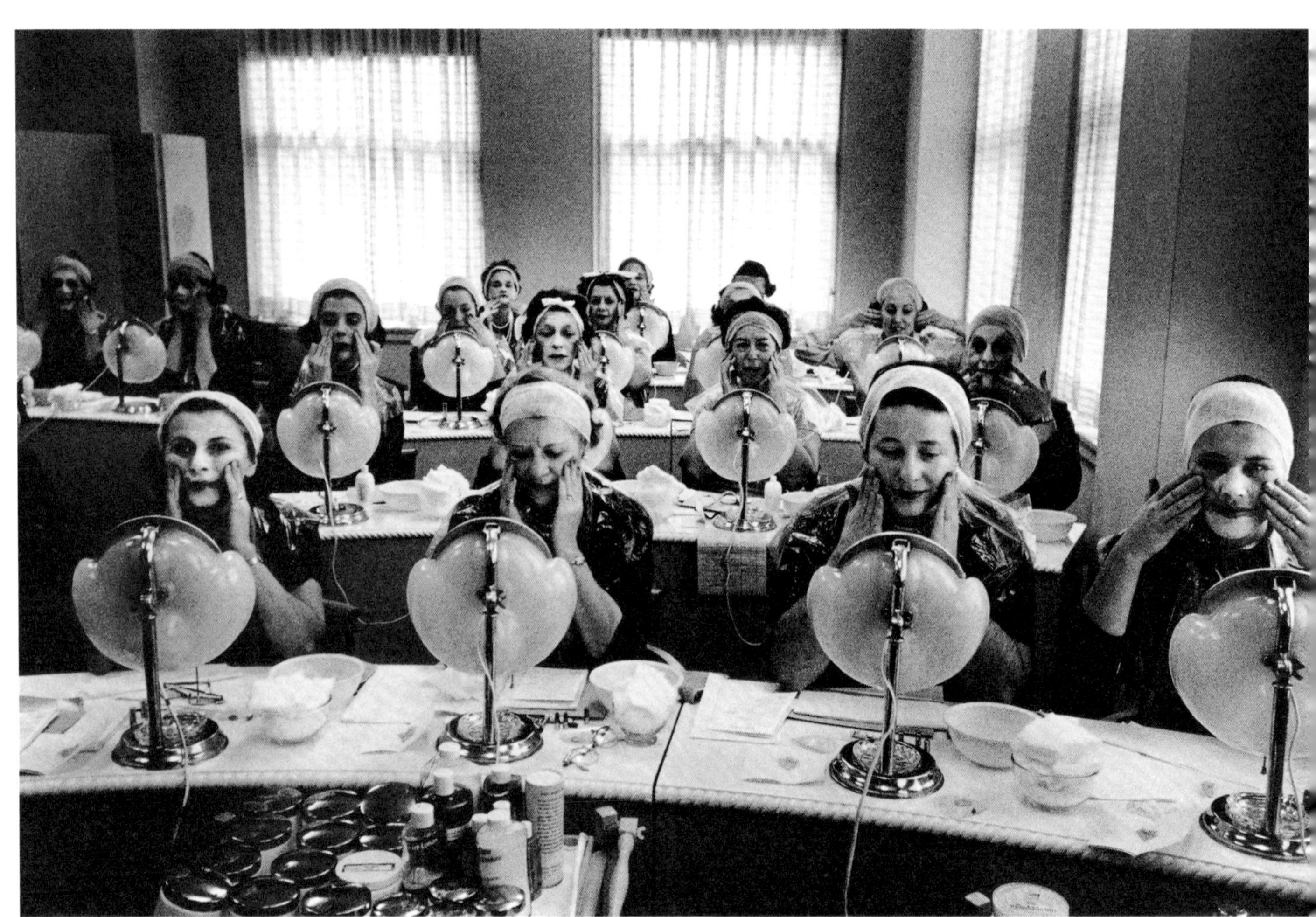

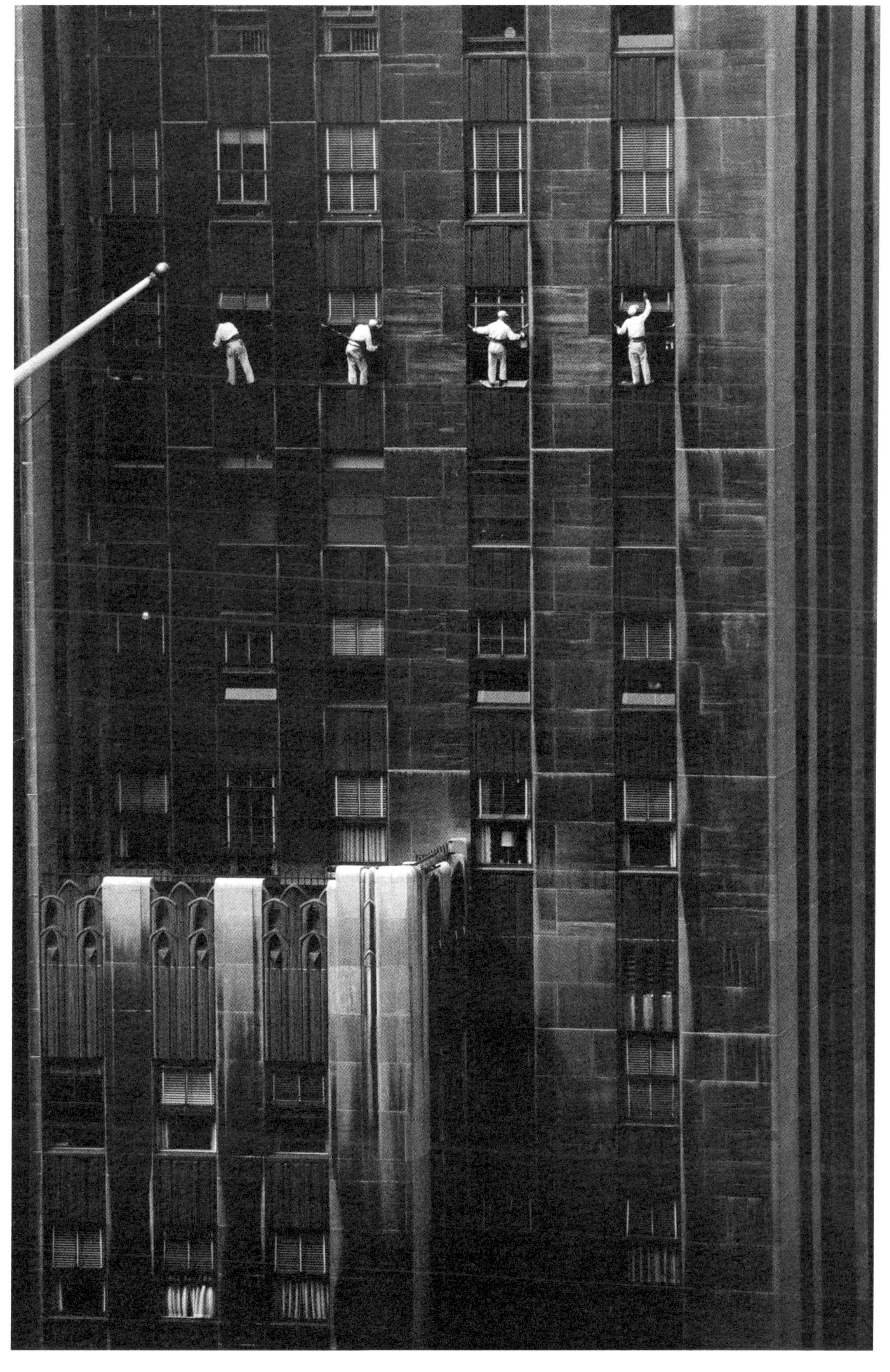

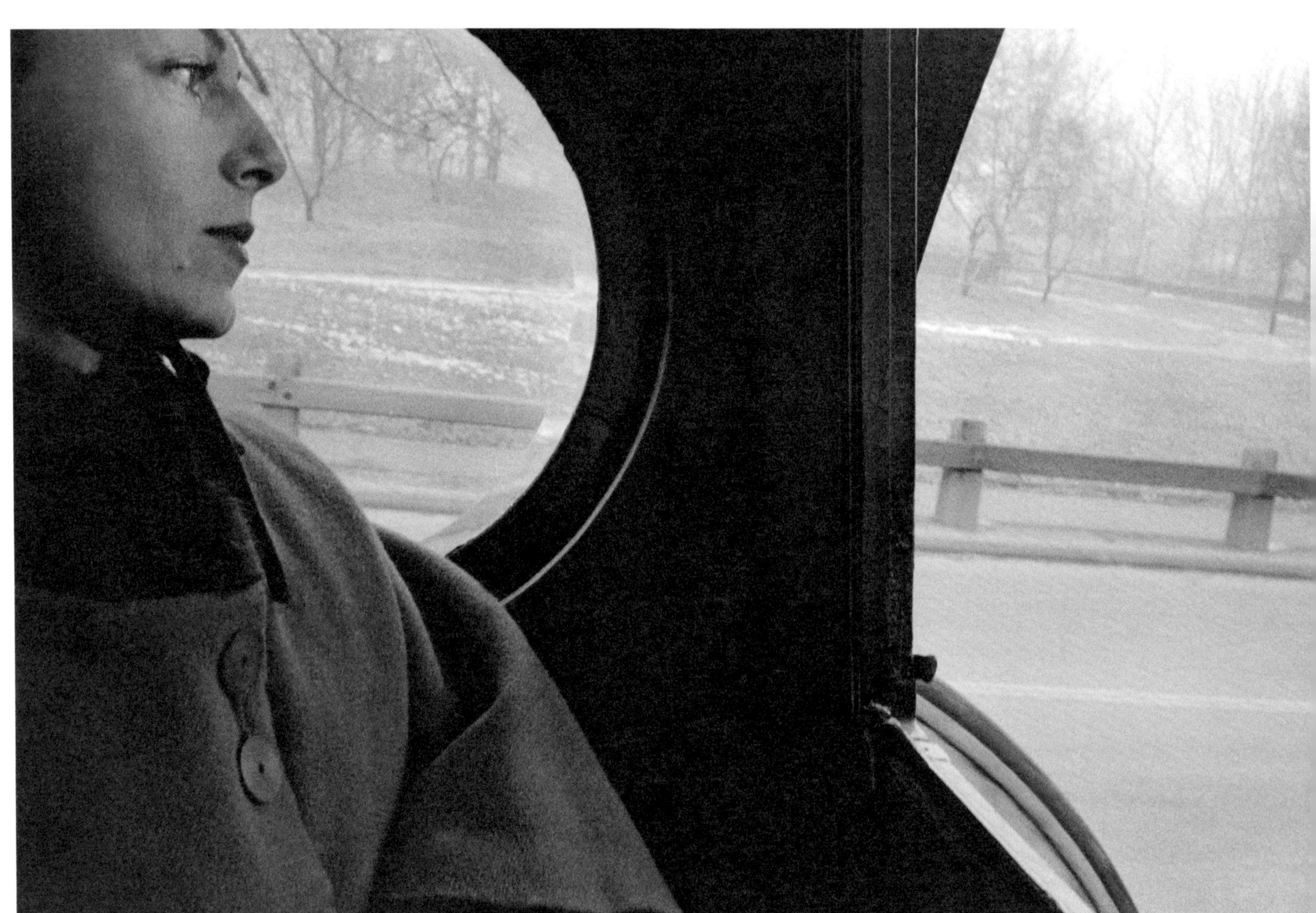

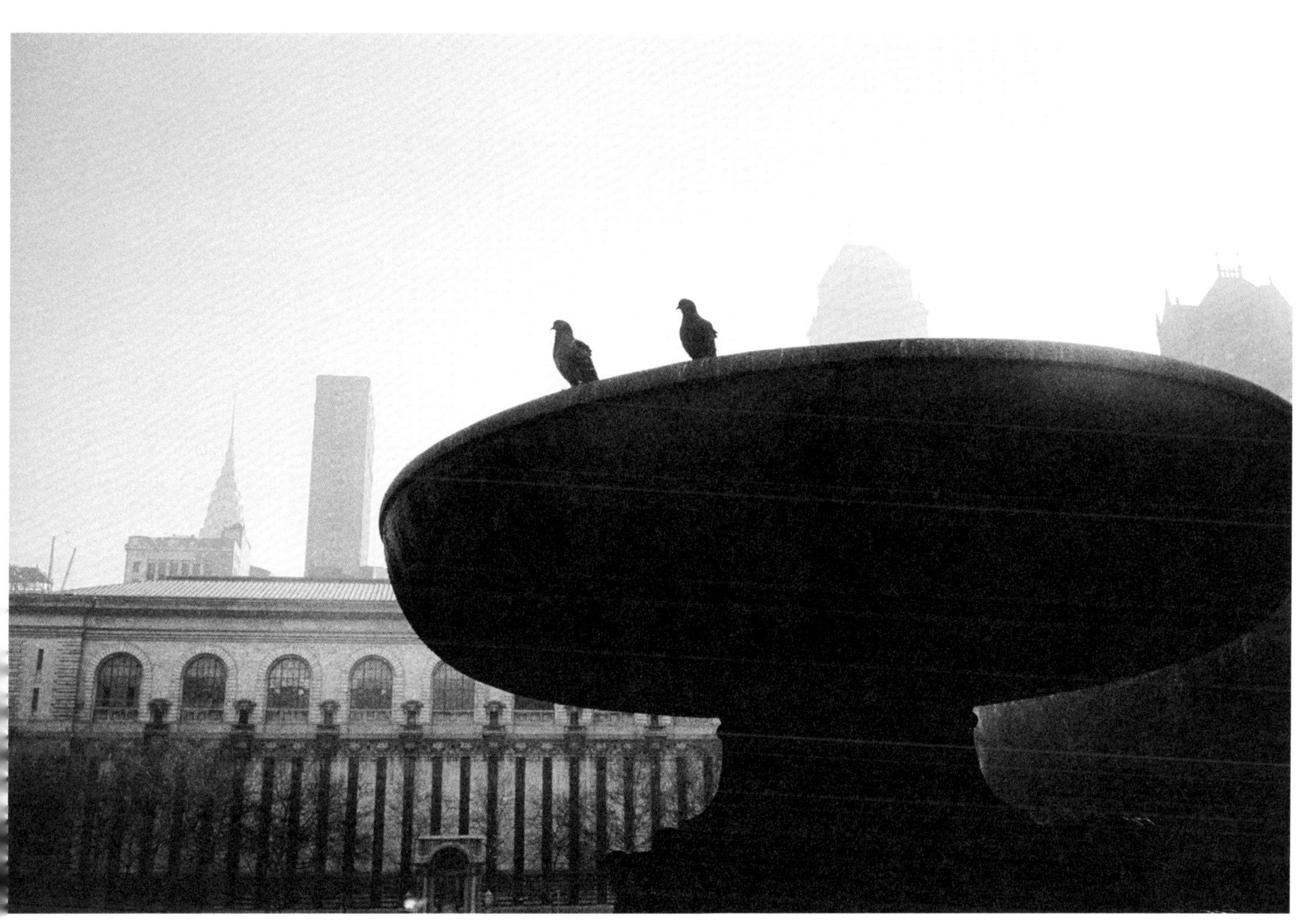

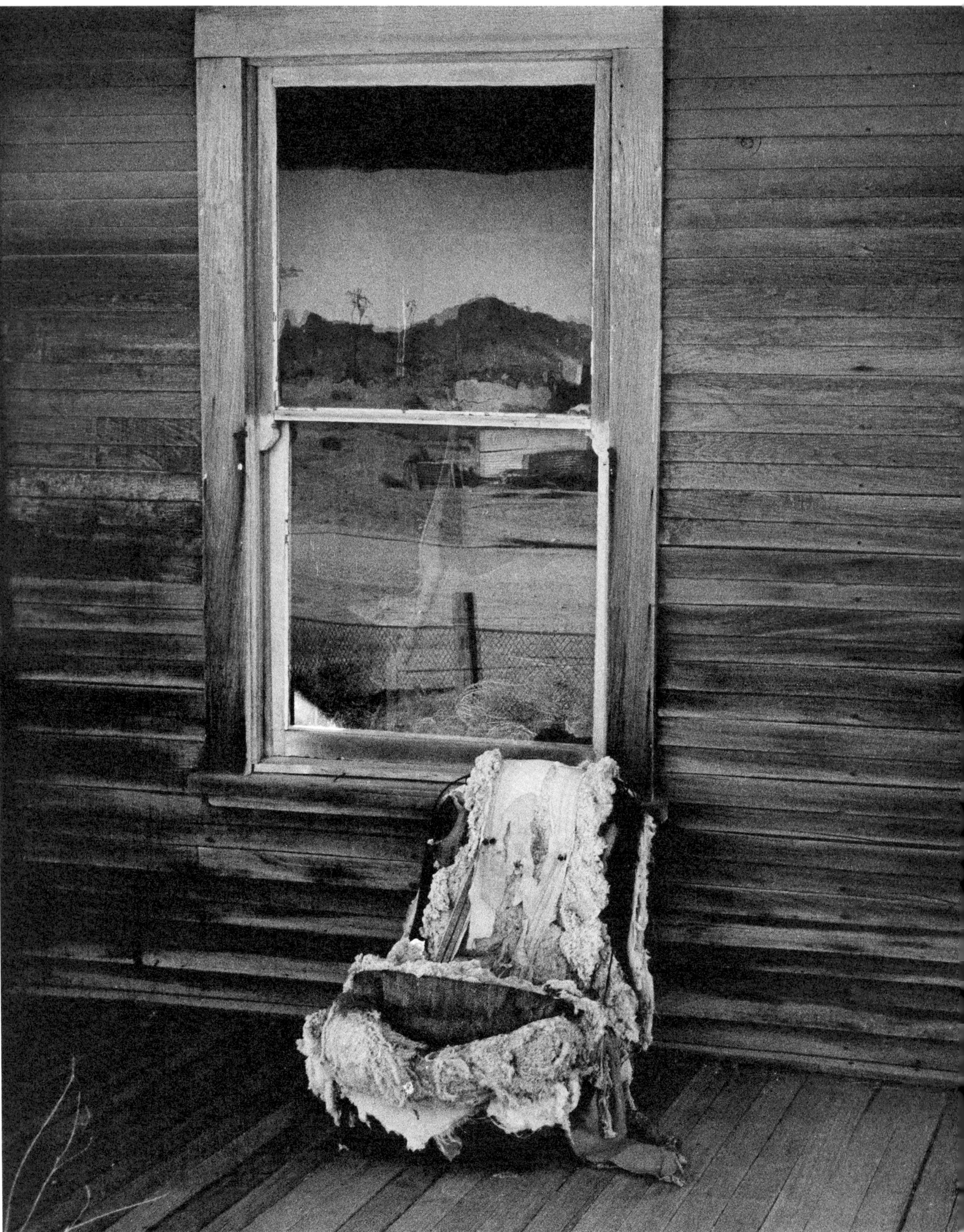

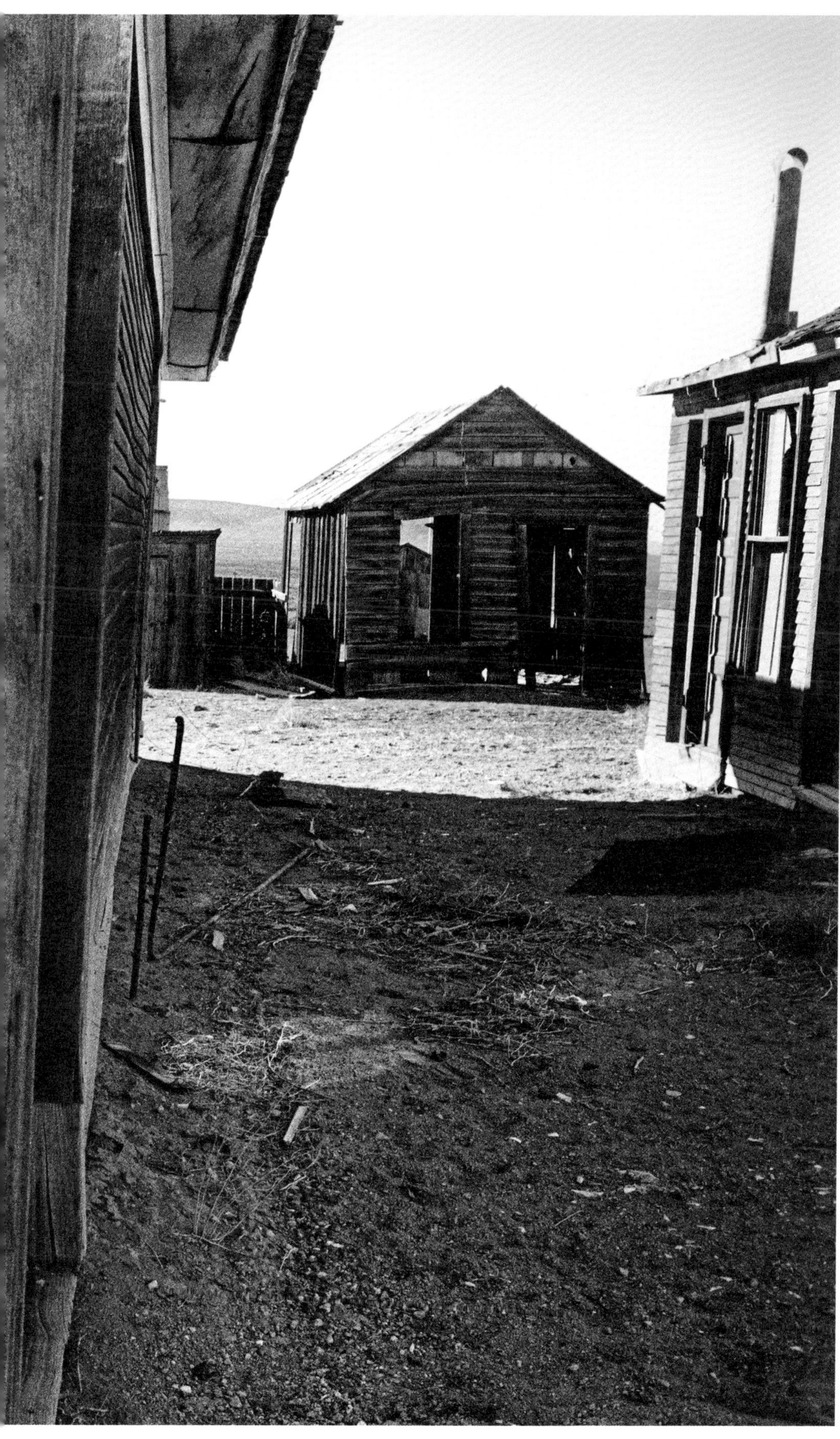

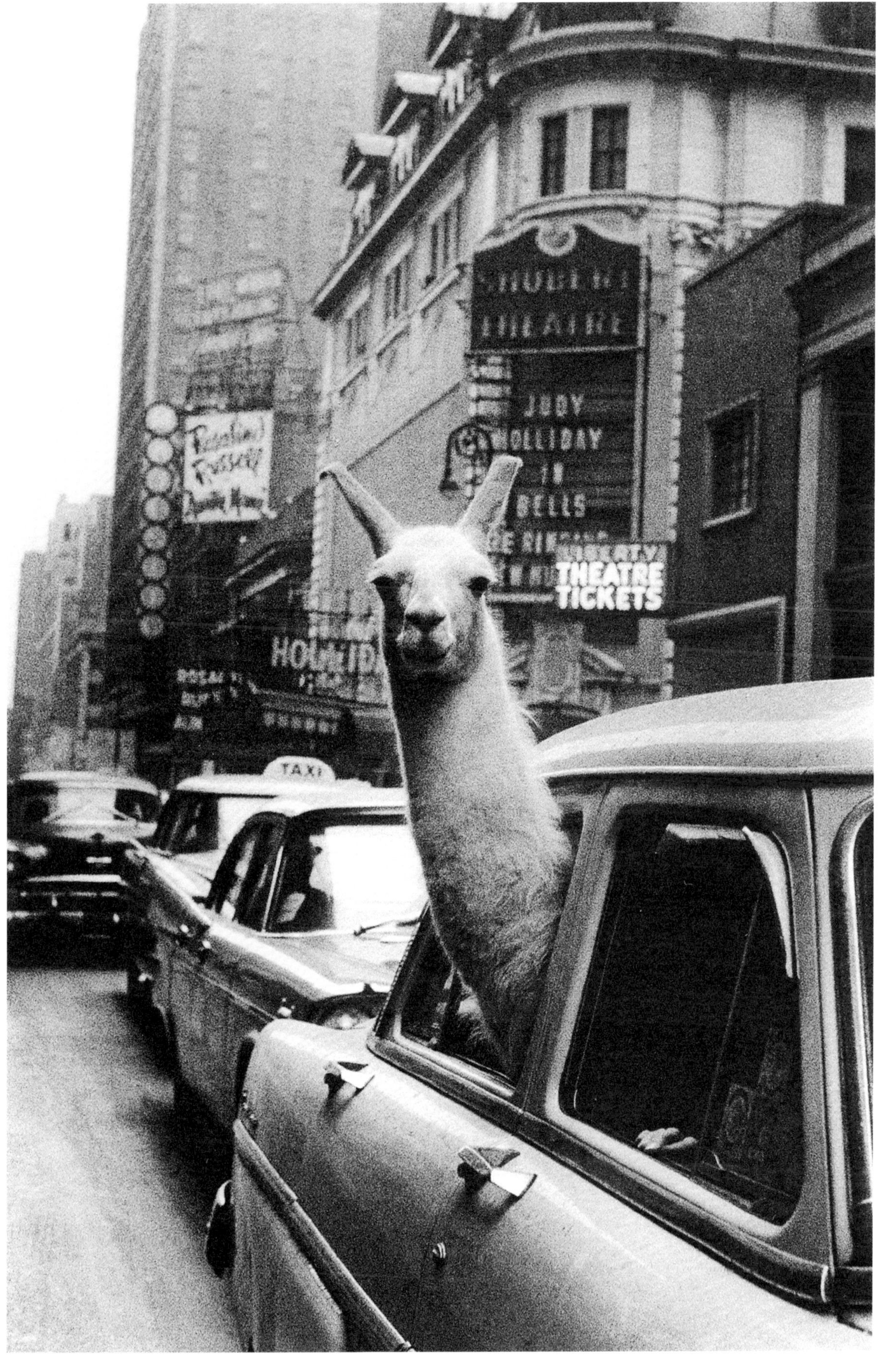
JUDY
OLLIDAY
IN
BELLS
THEATRE
TICKETS
TAXI

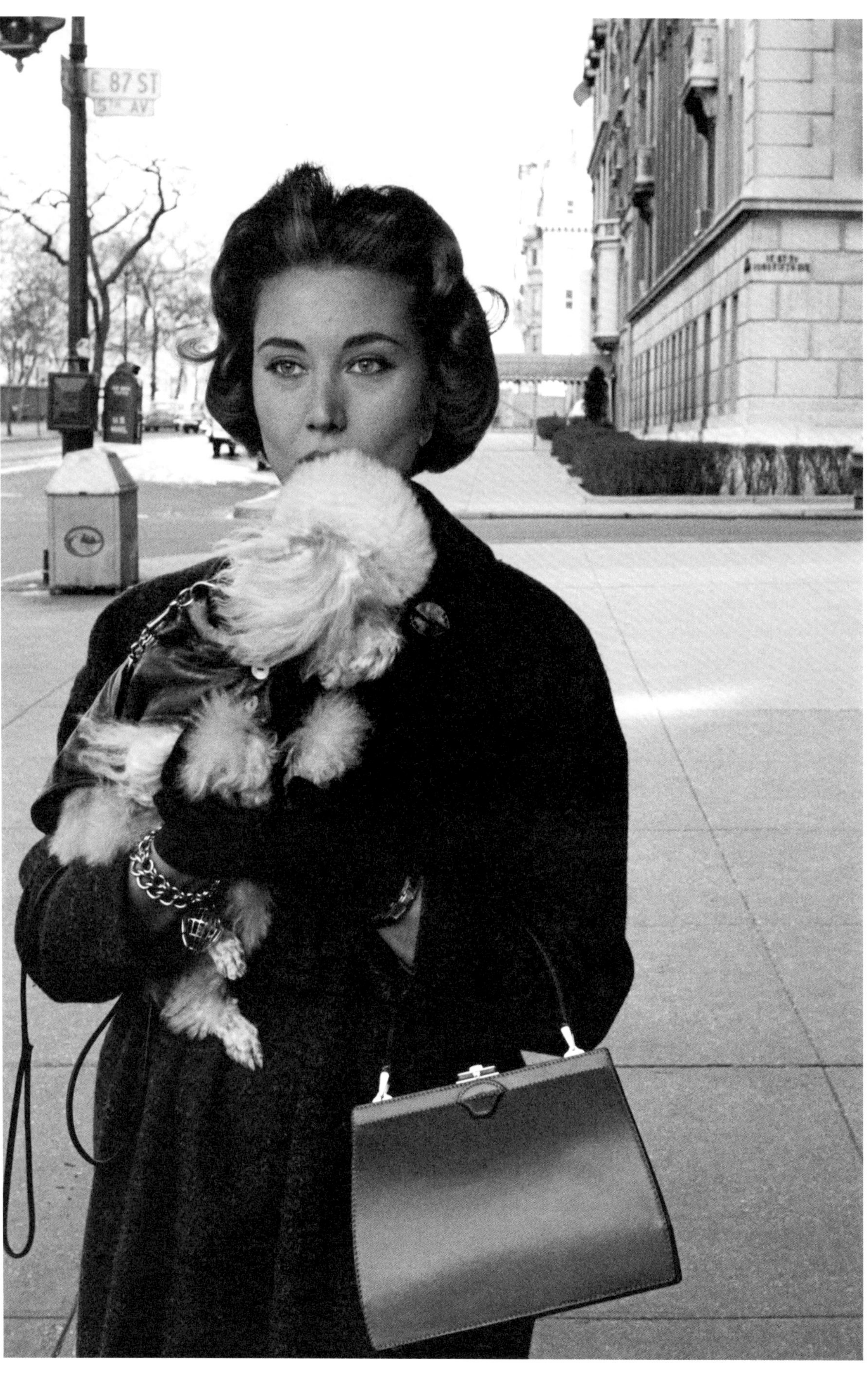
E 87 ST
5TH AV

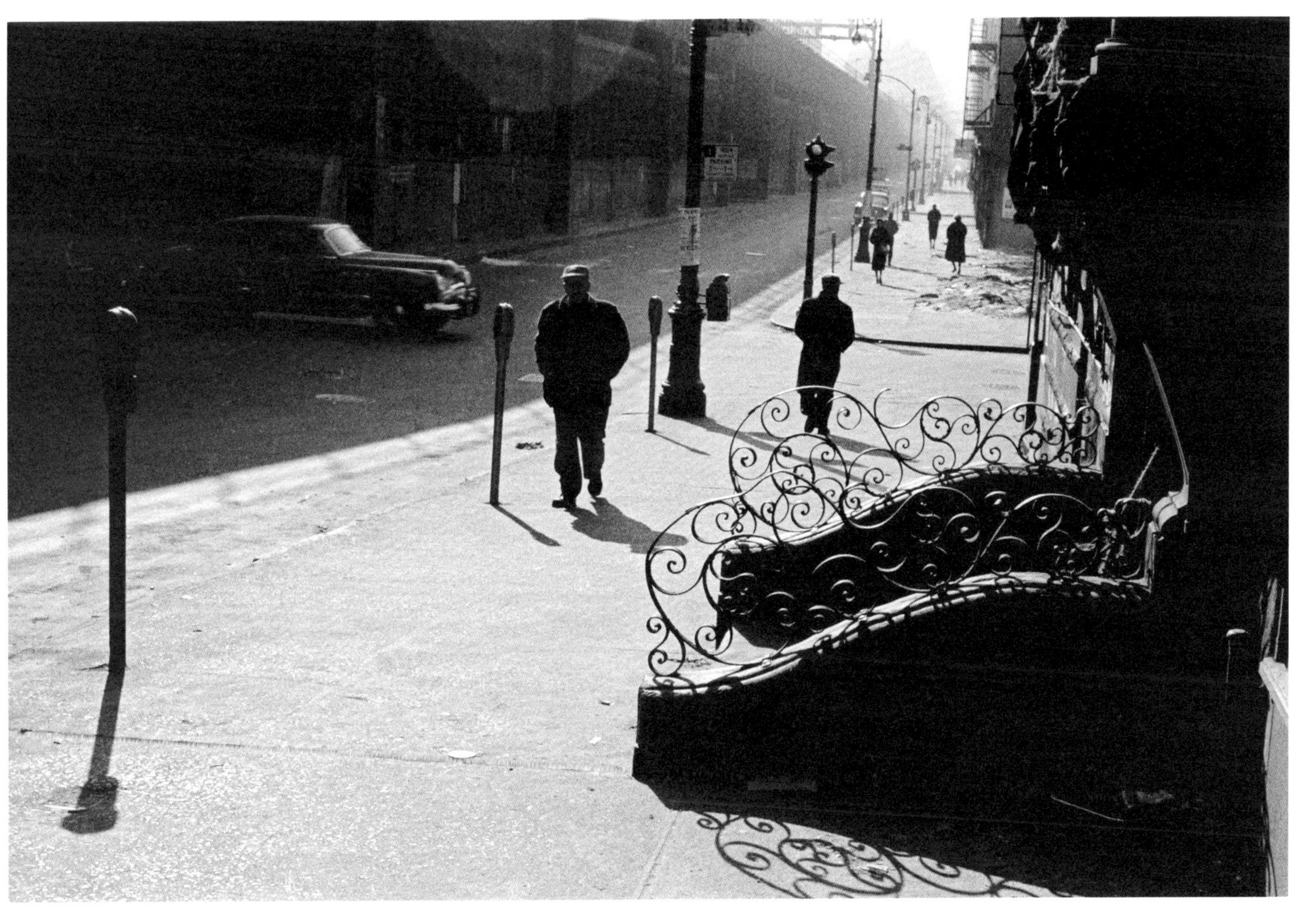

Francia

France

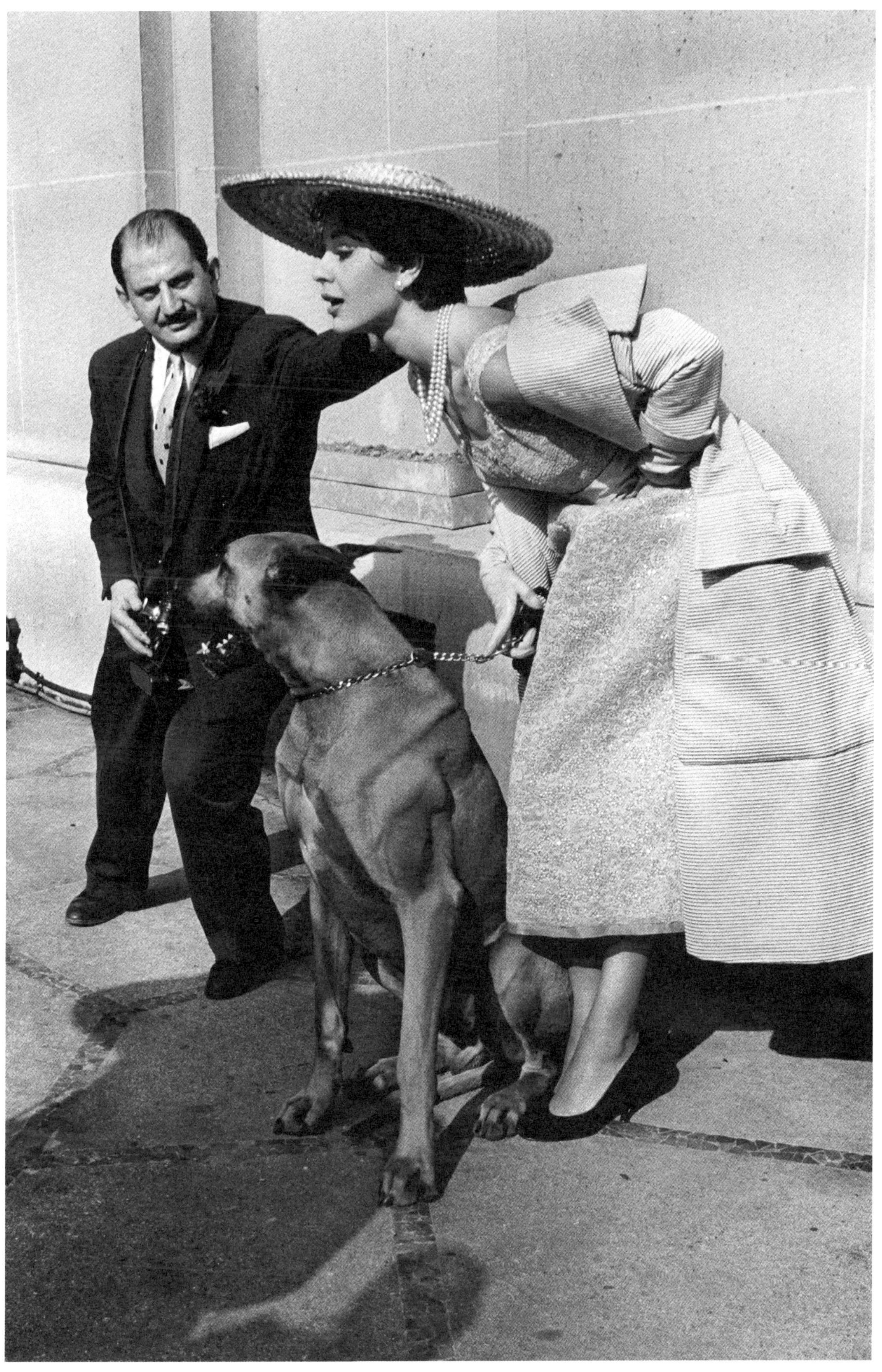

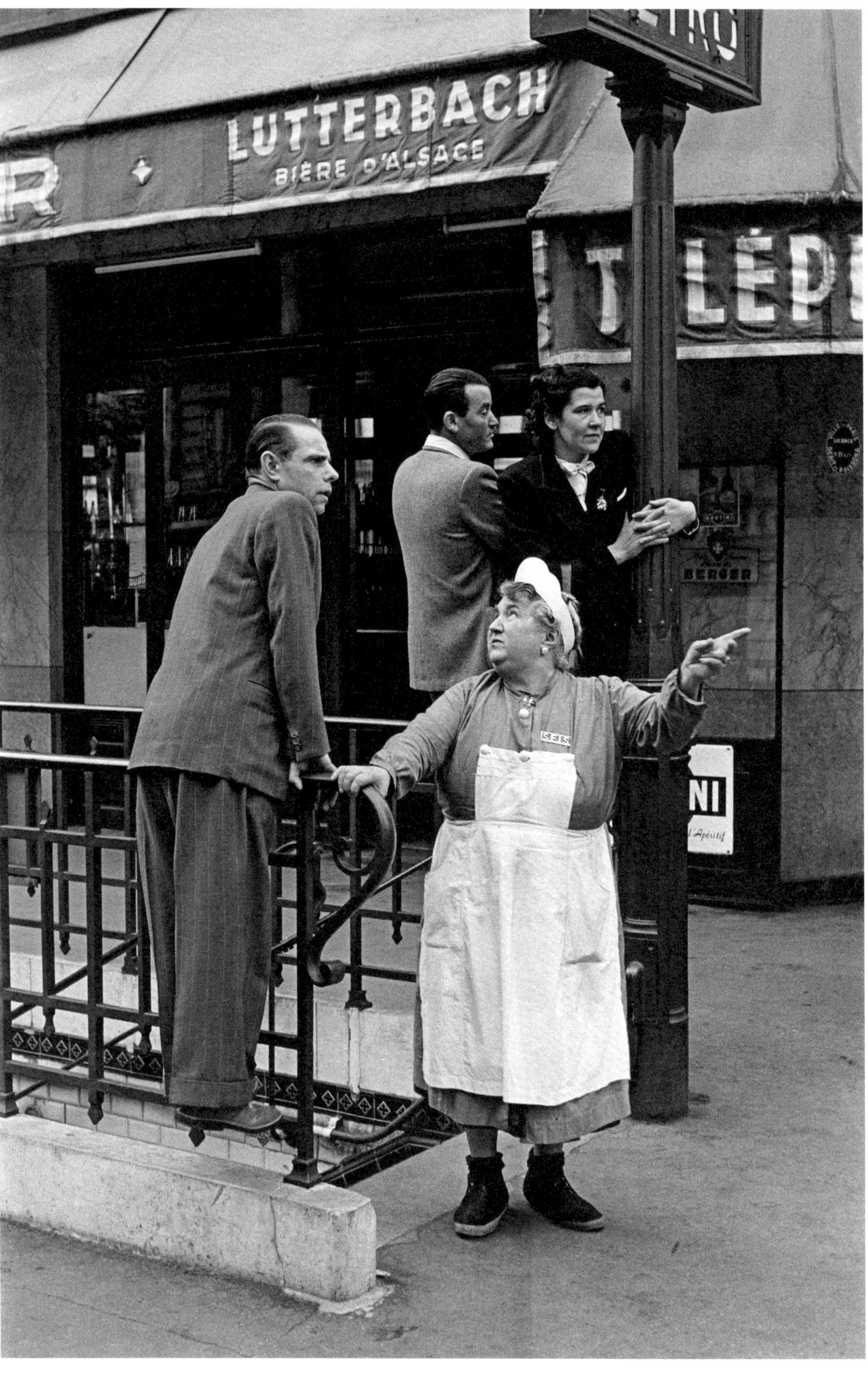
LUTTERBACH
BIÈRE D'ALSACE
BERGER

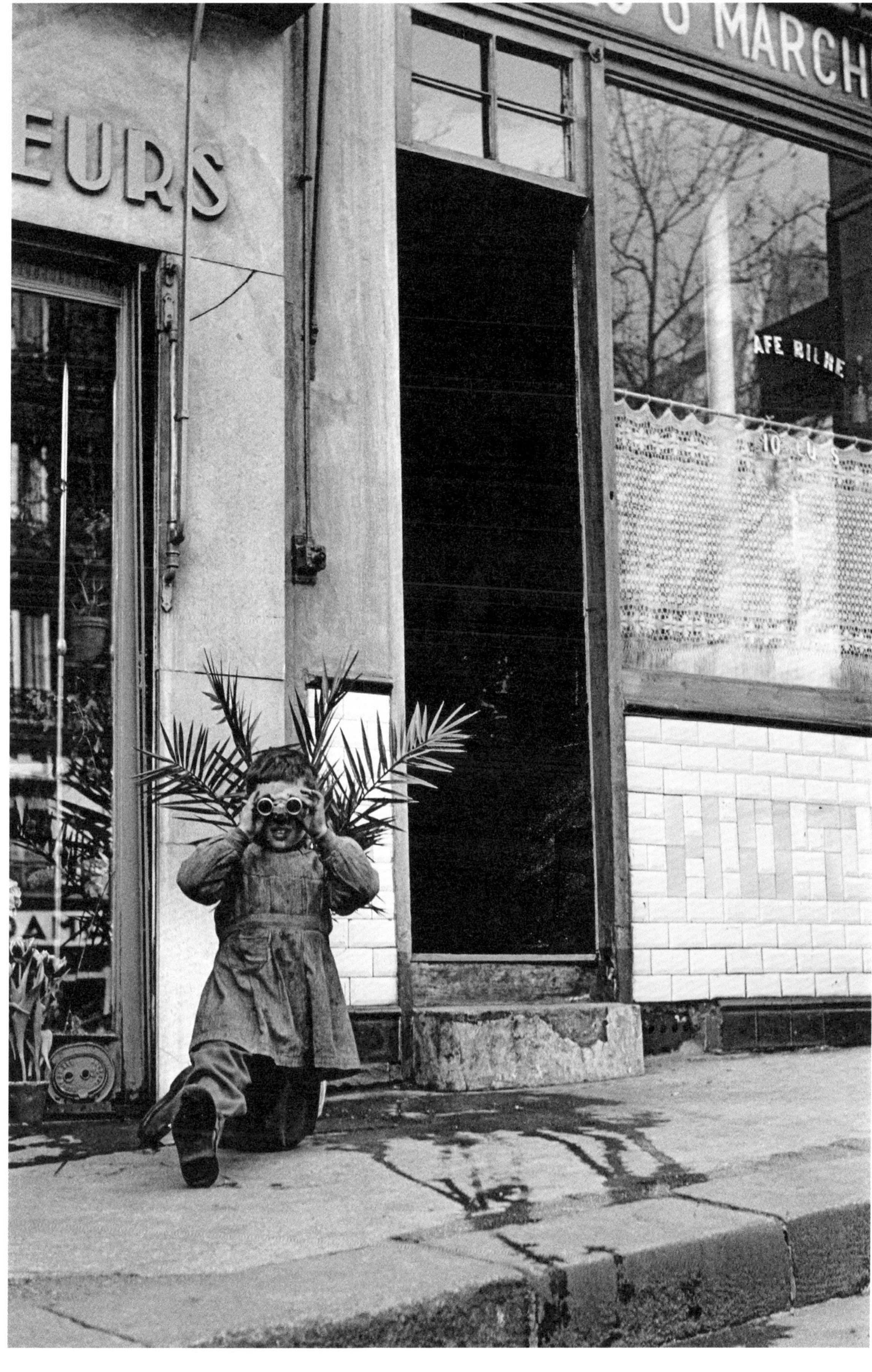
EURS
MARCH

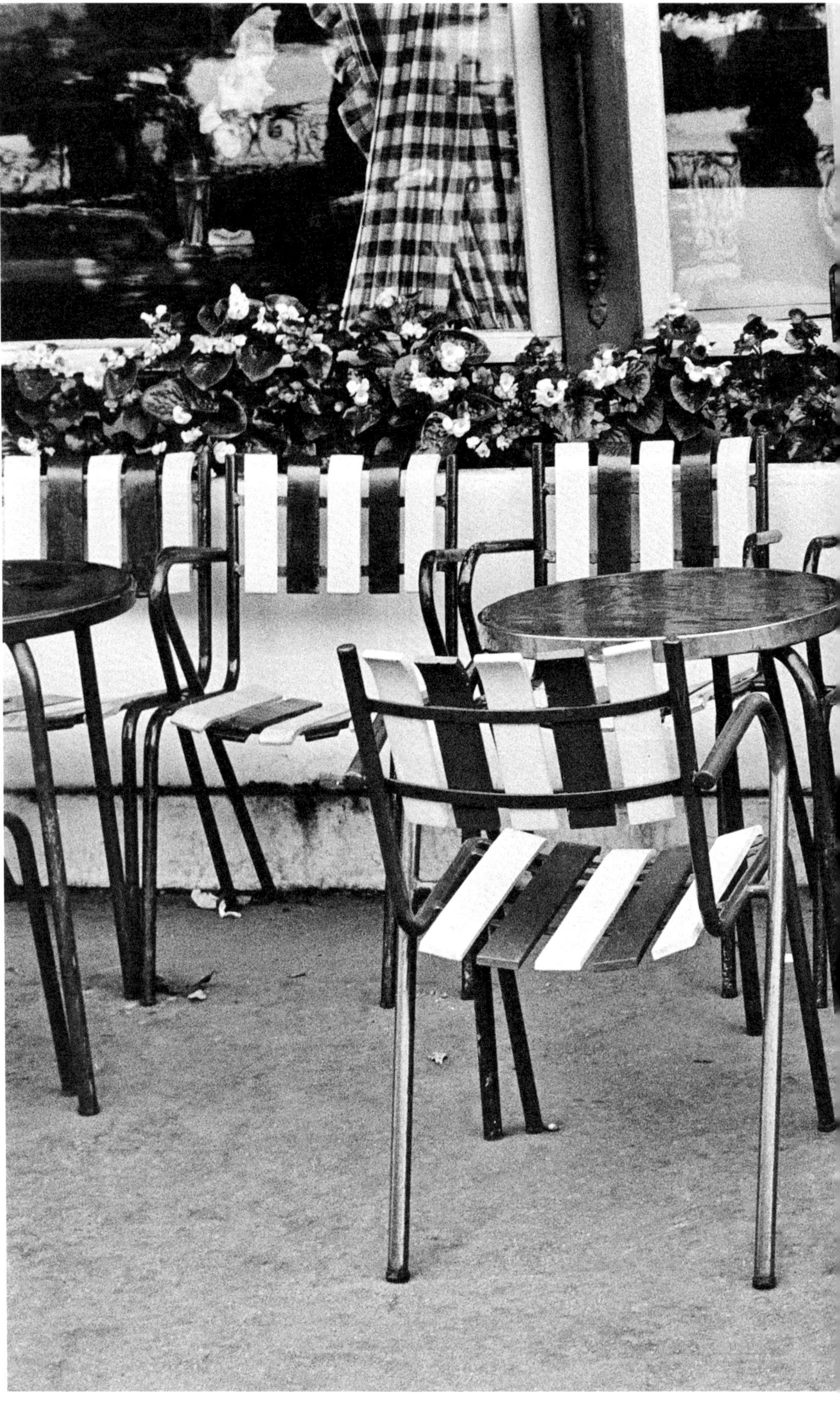

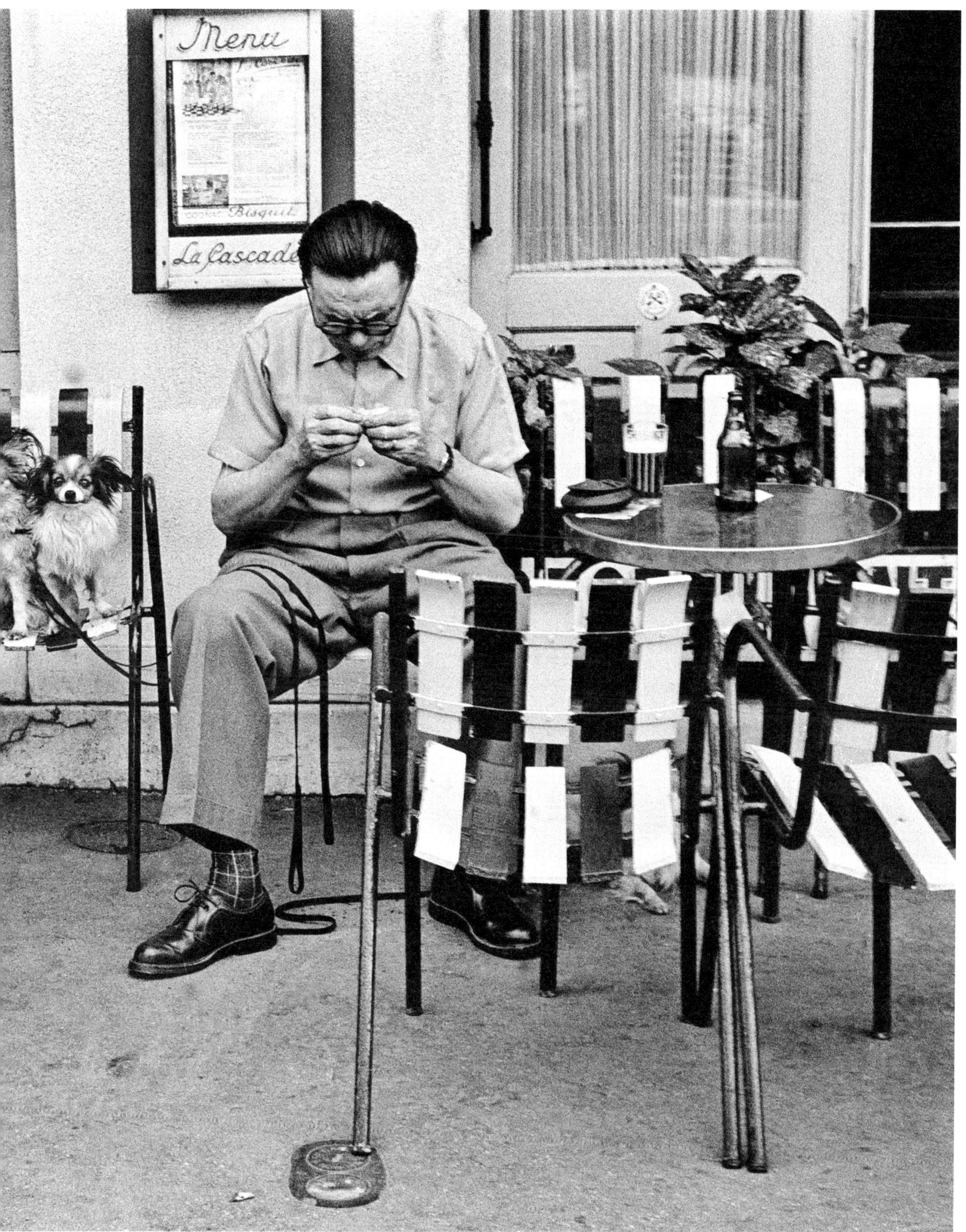
Menu
COGNAC Bisquit
La Cascade

Romania

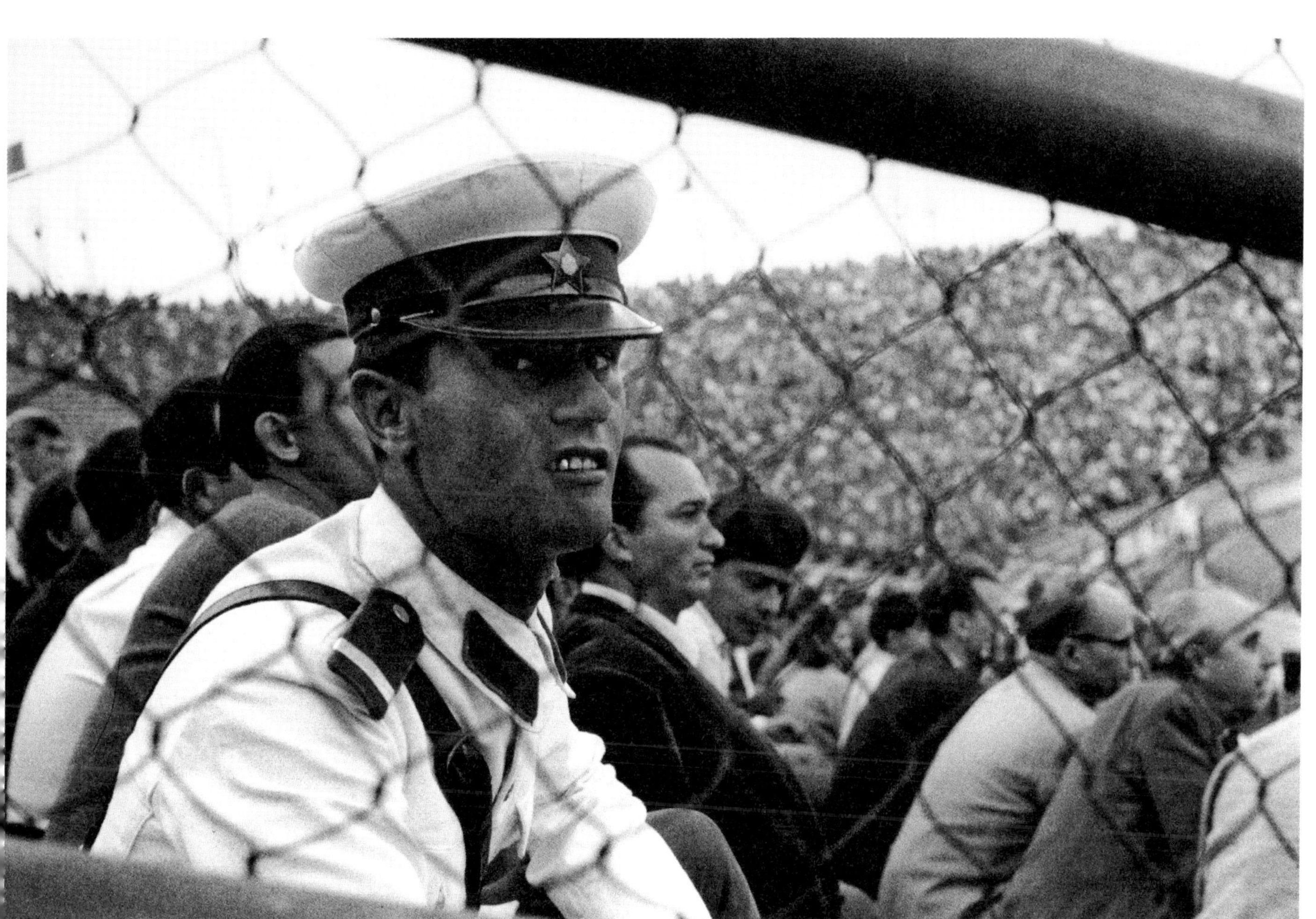

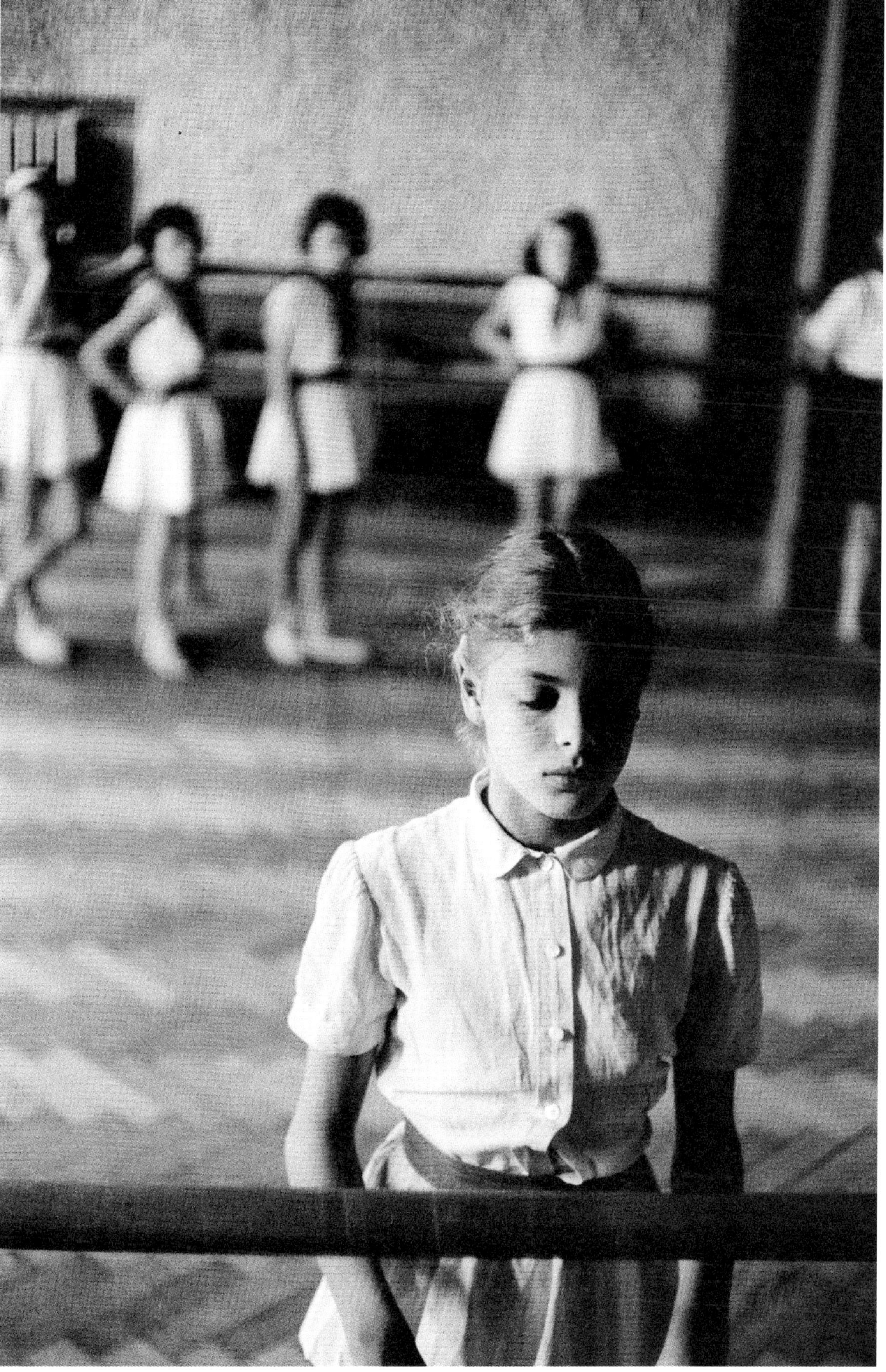

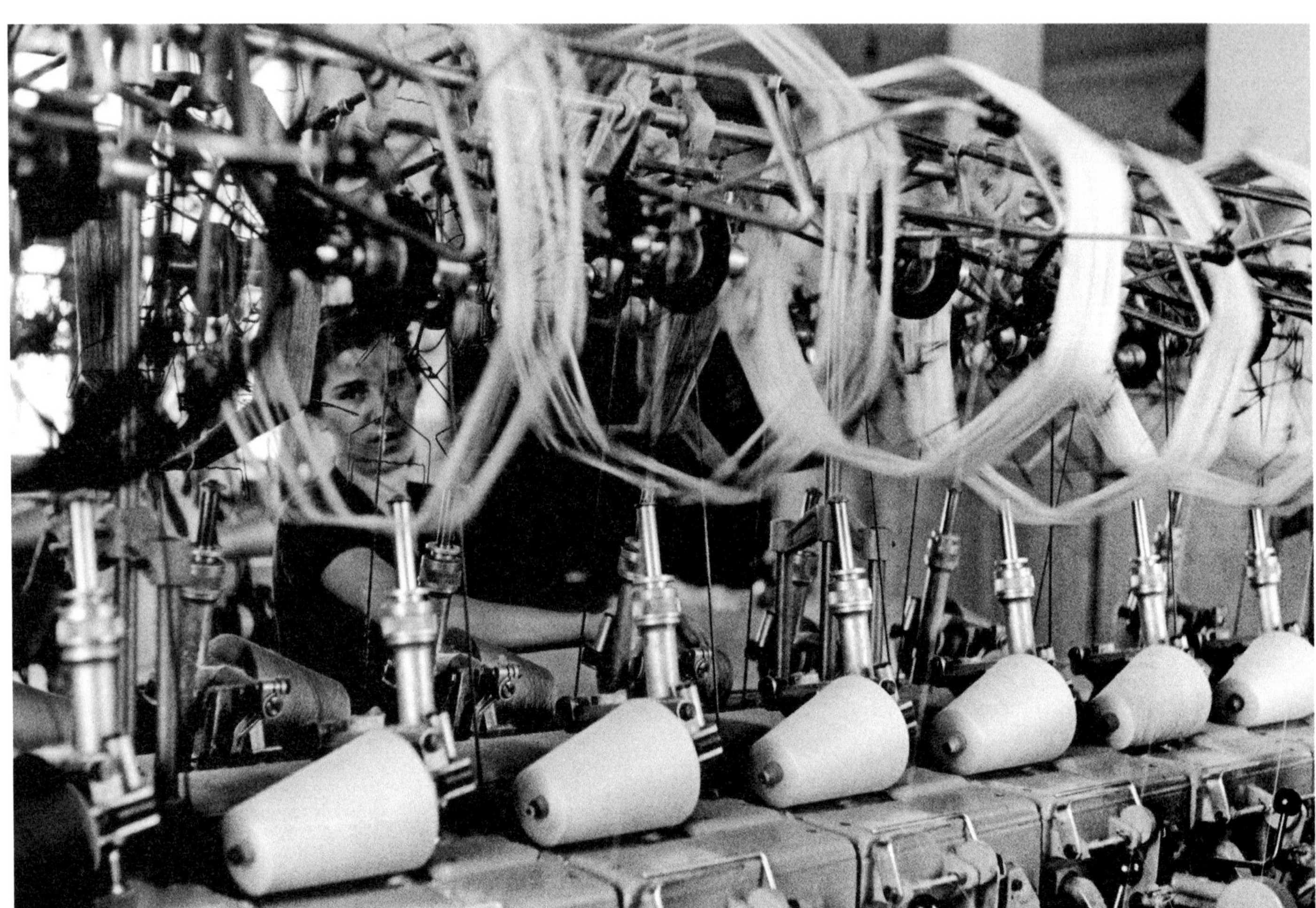

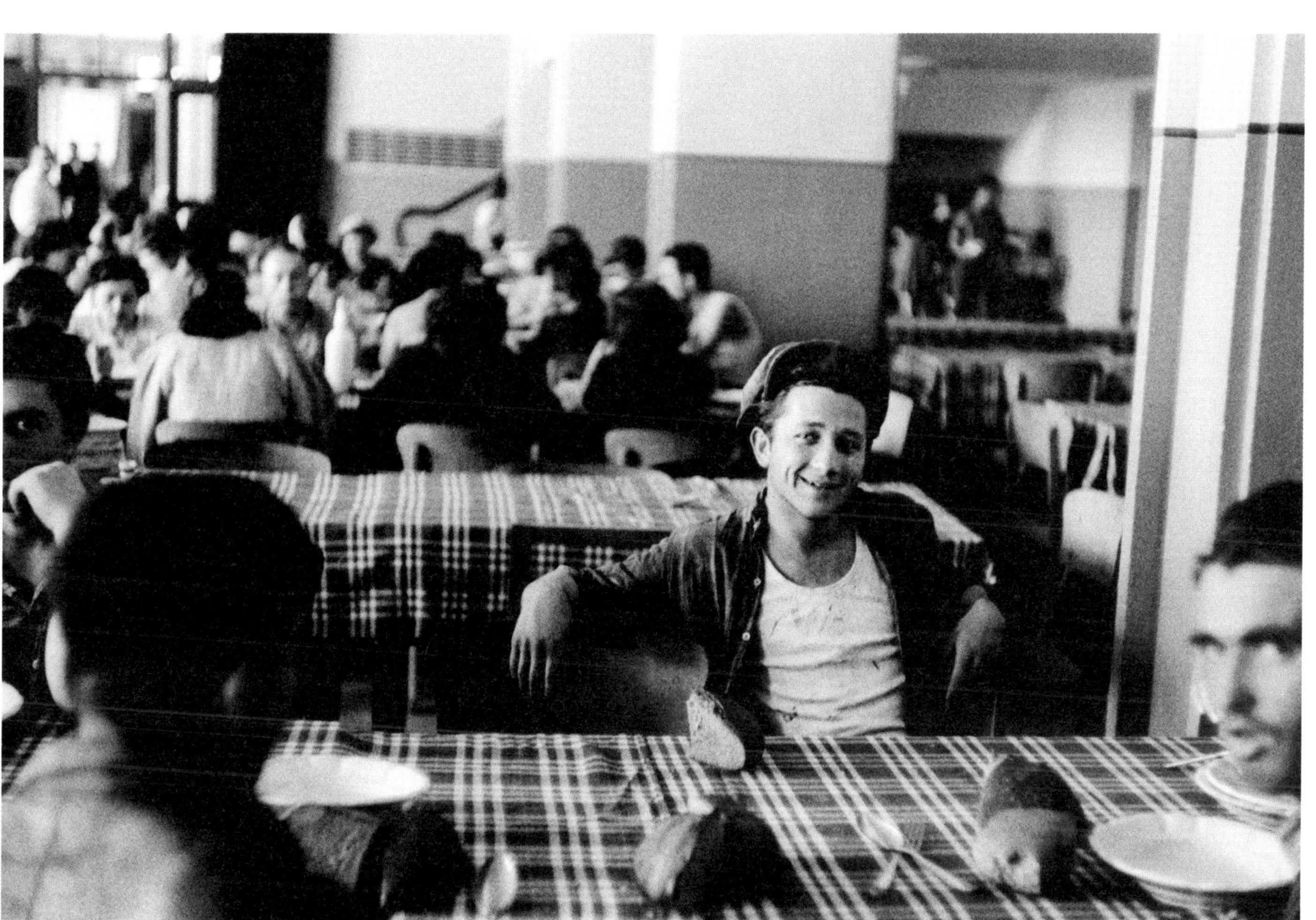

Austria

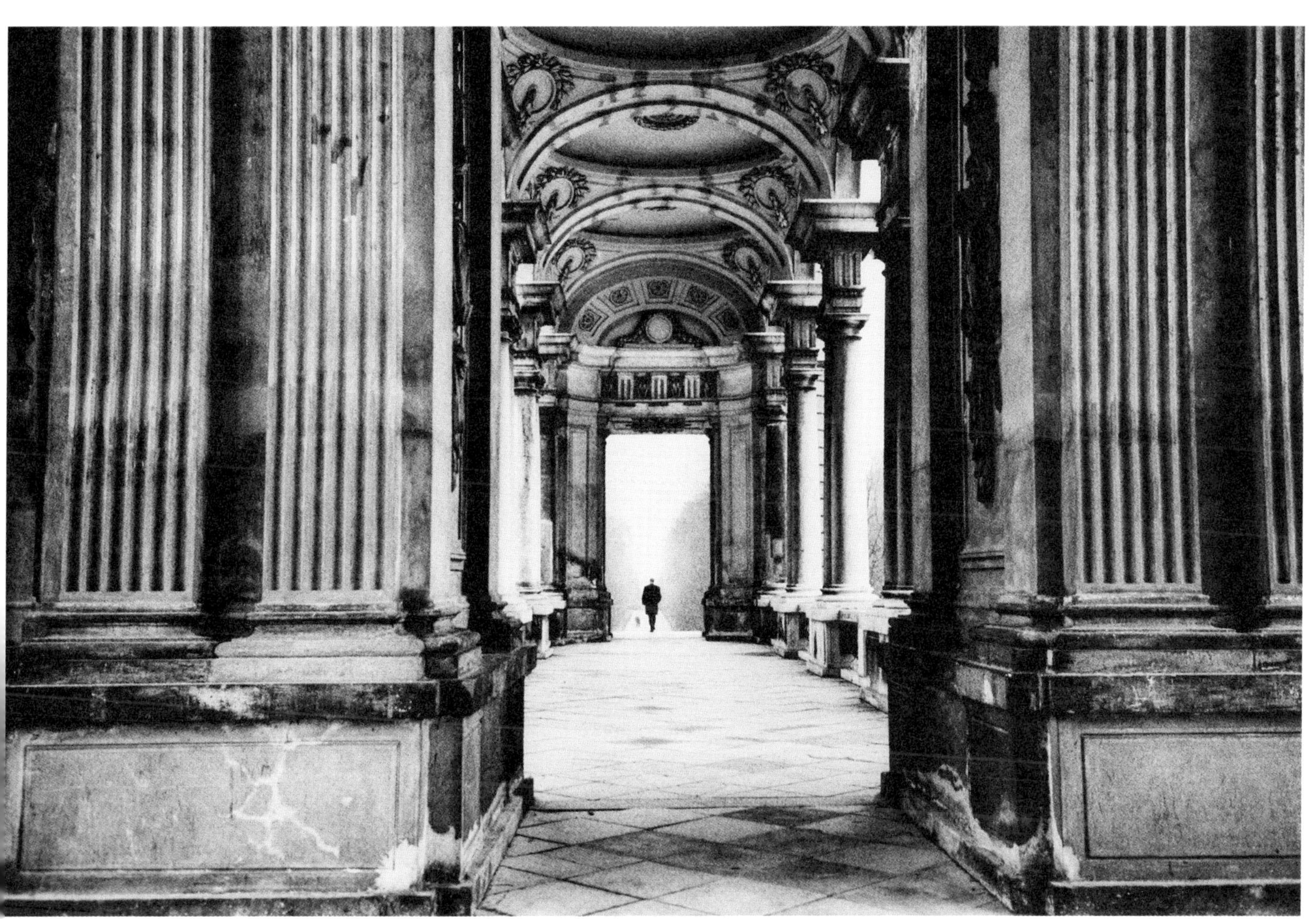

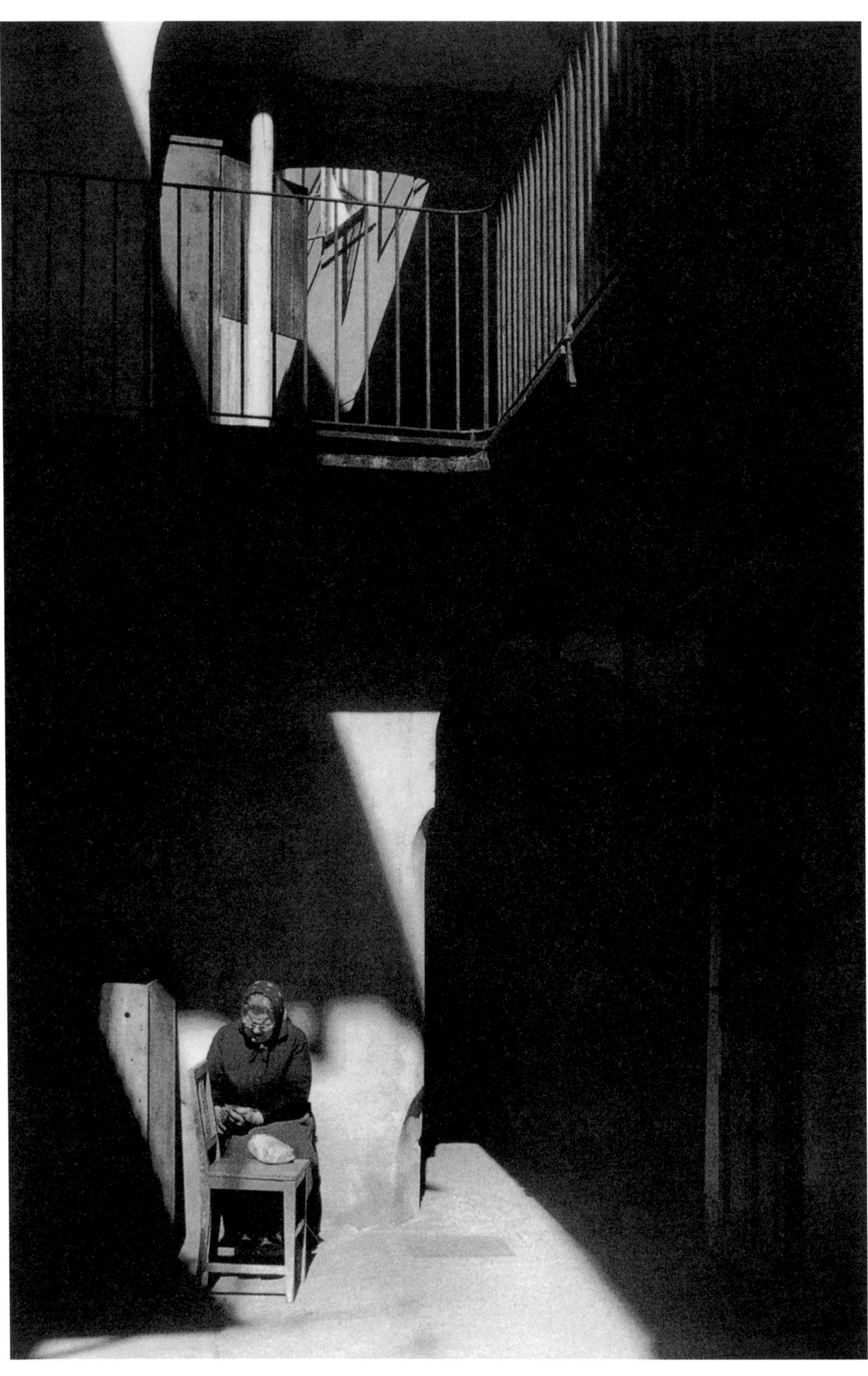

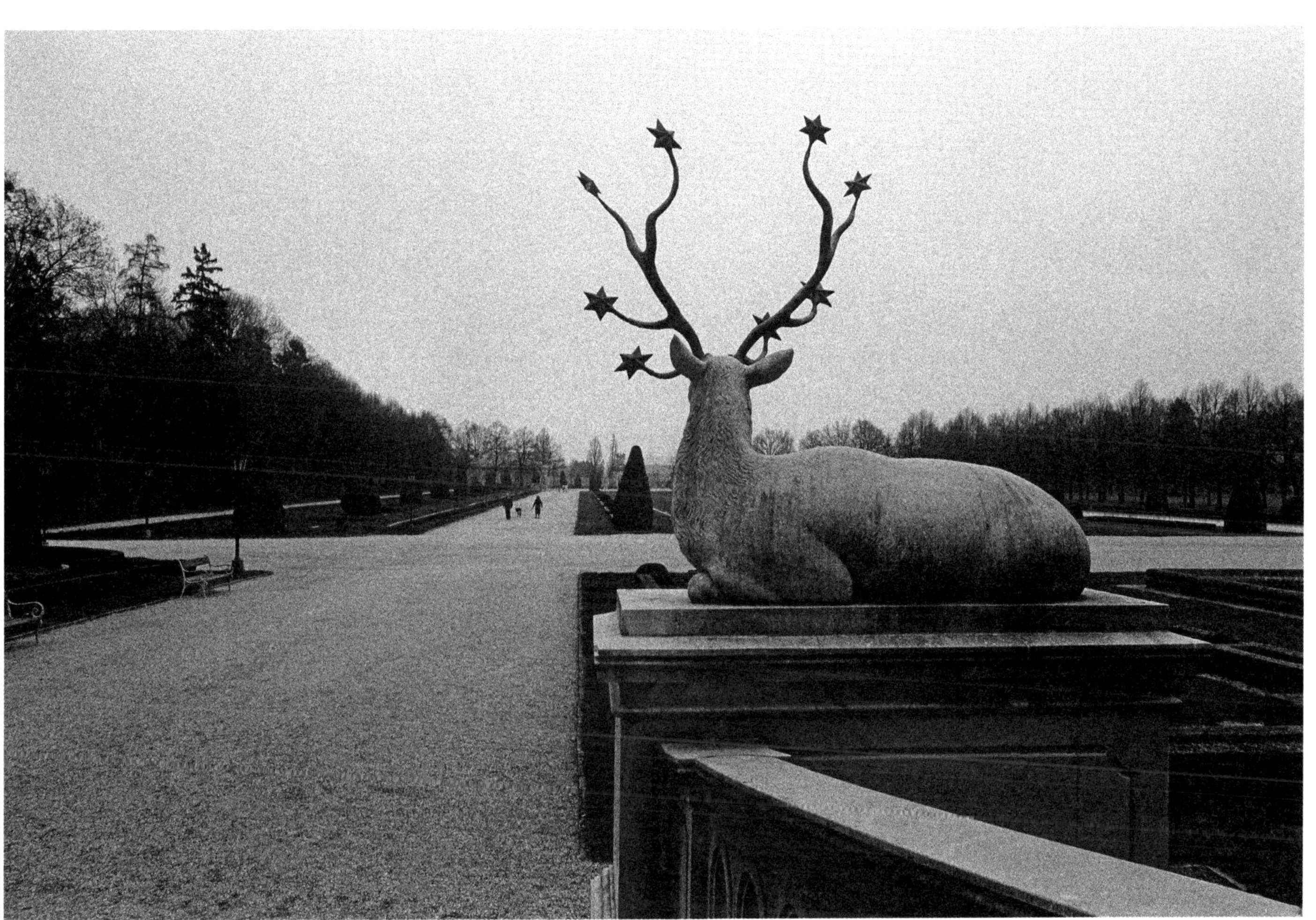

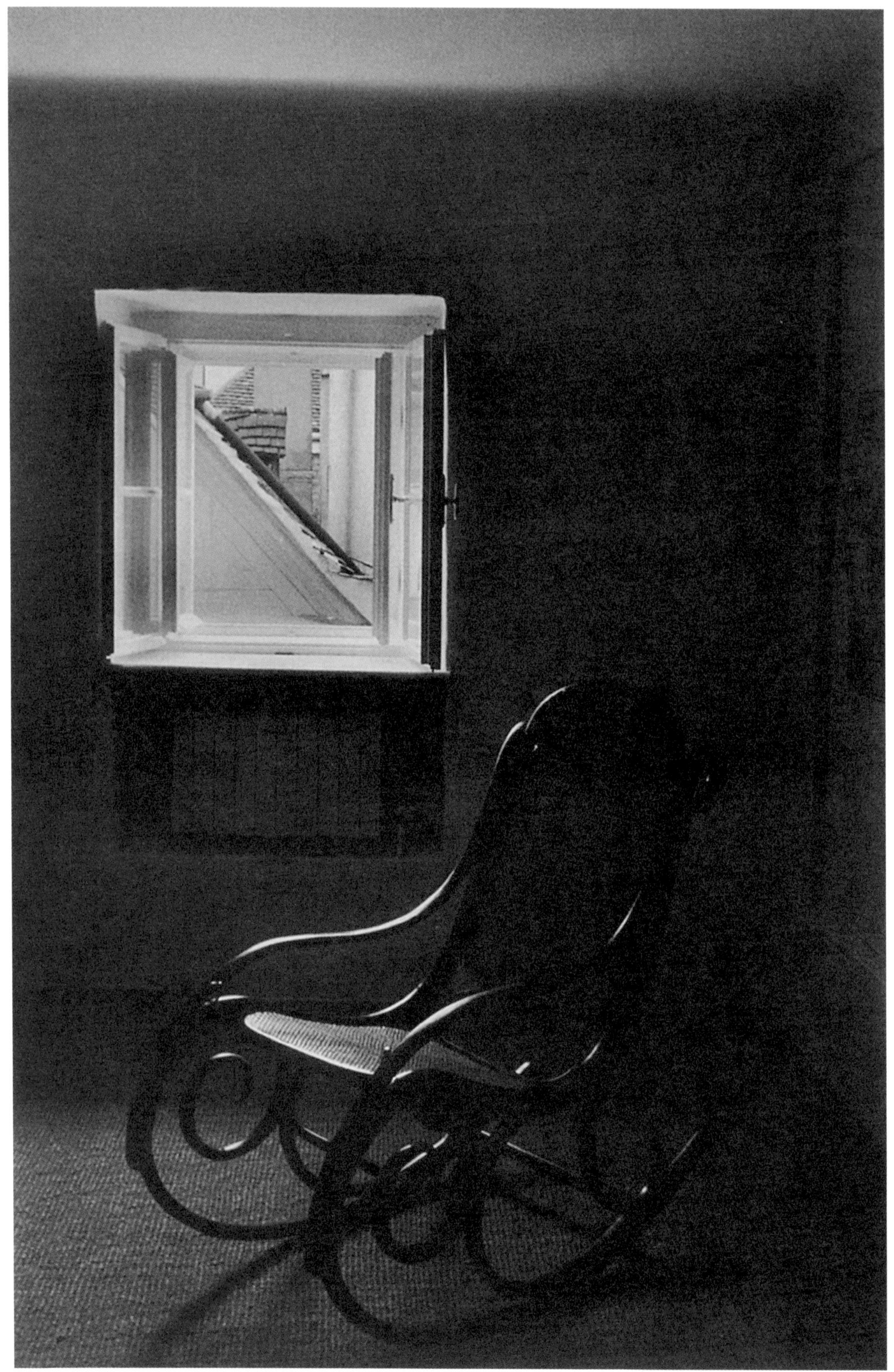

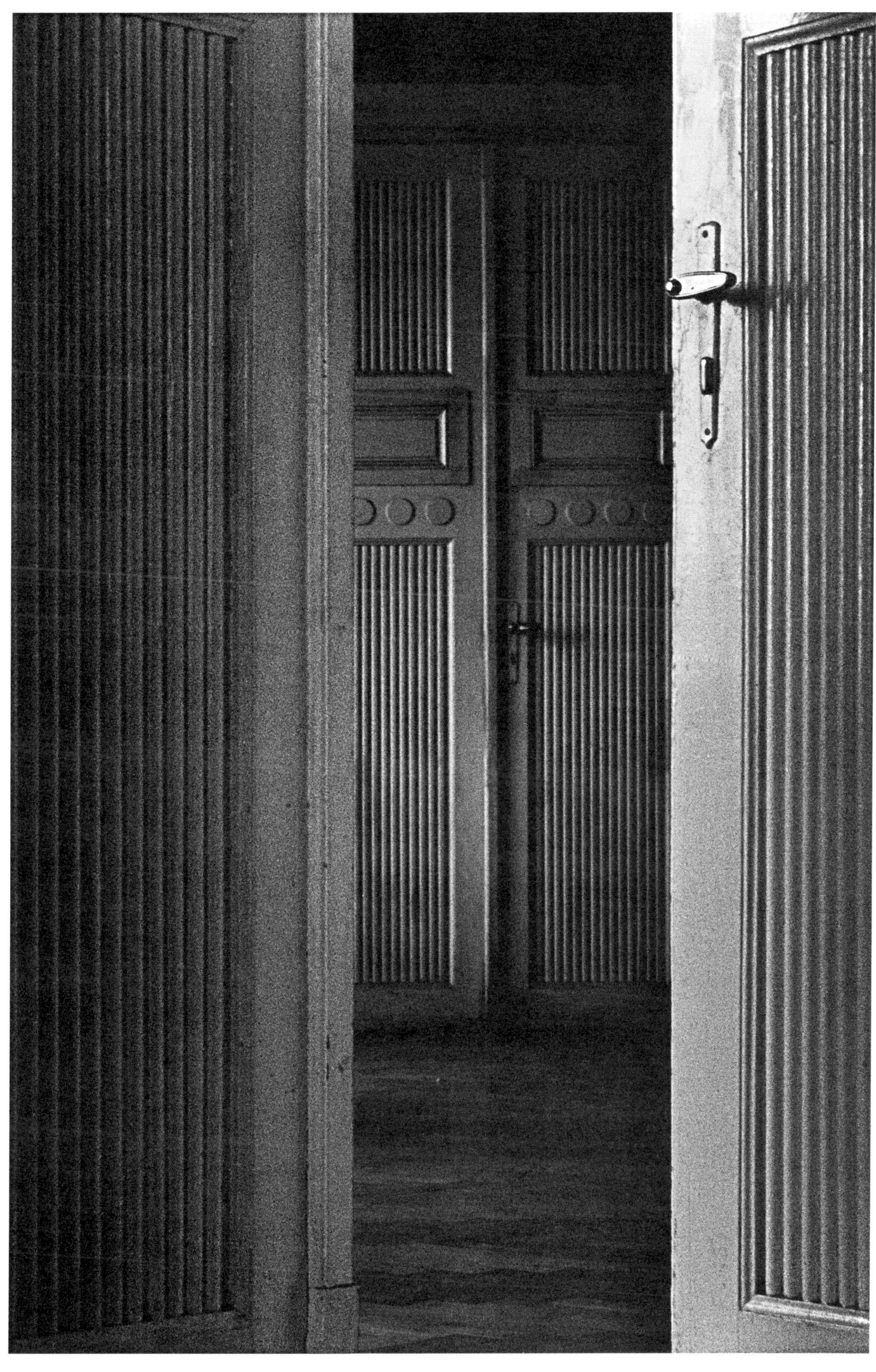

Regno Unito / Irlanda

United Kingdom / Ireland

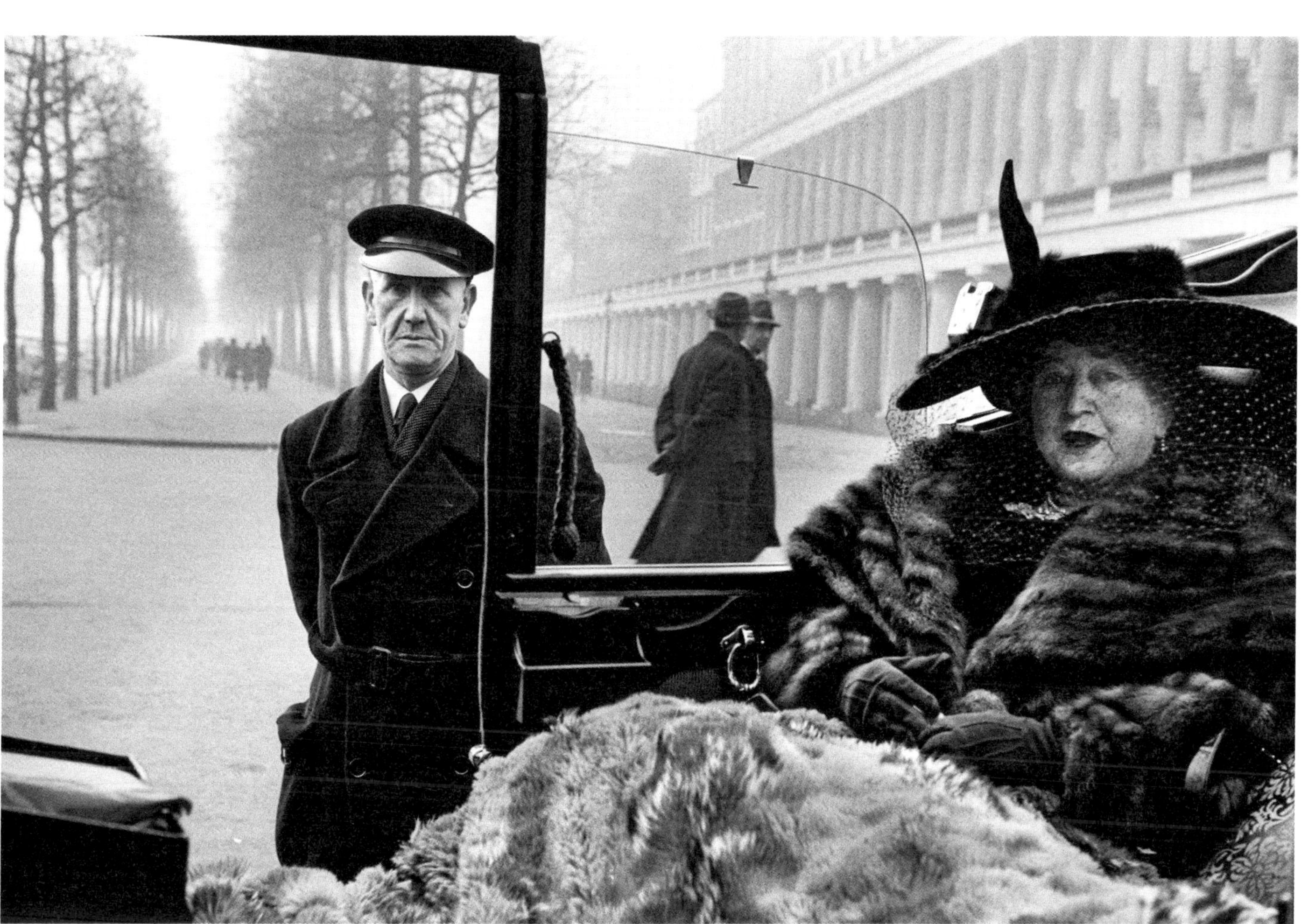

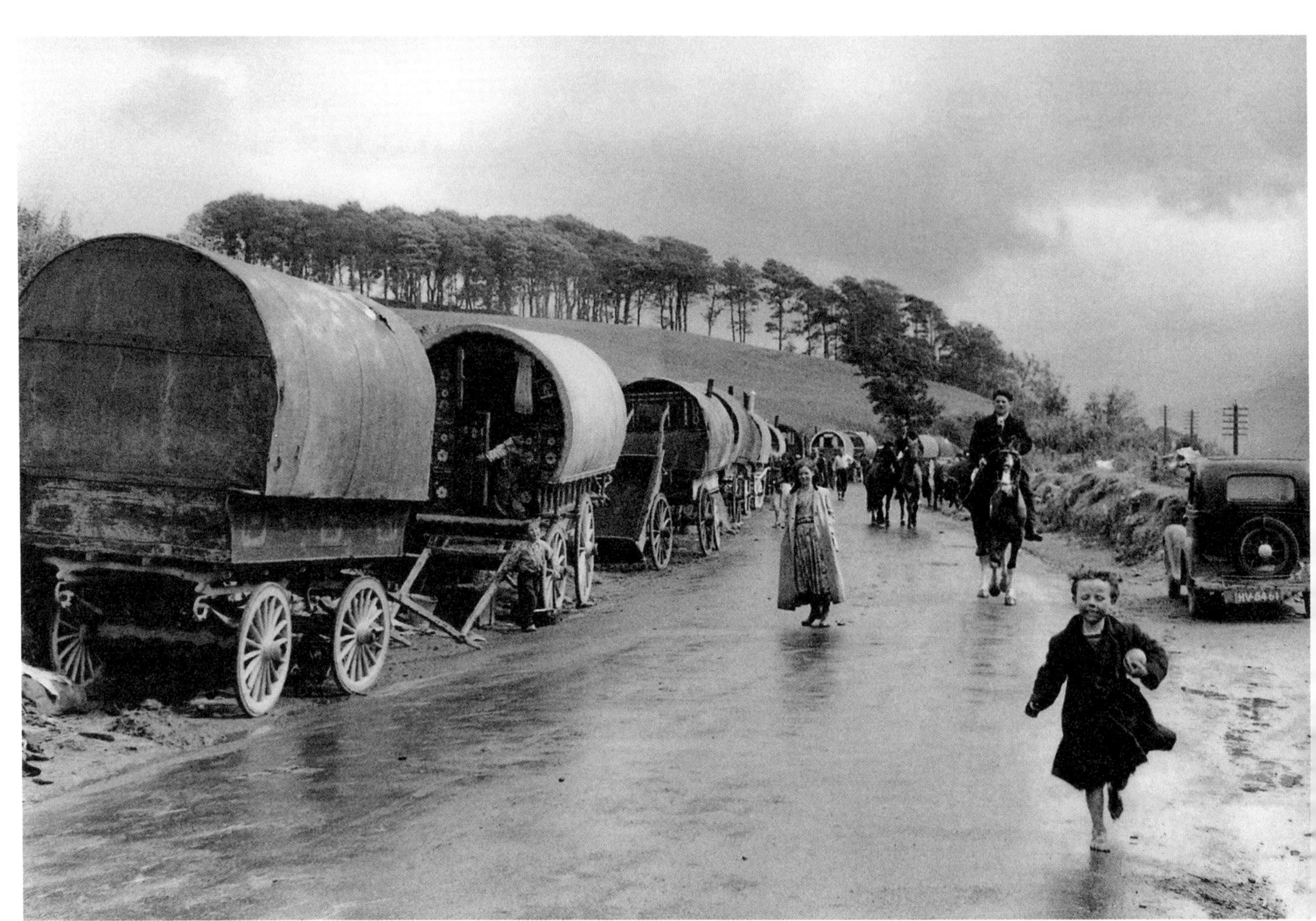

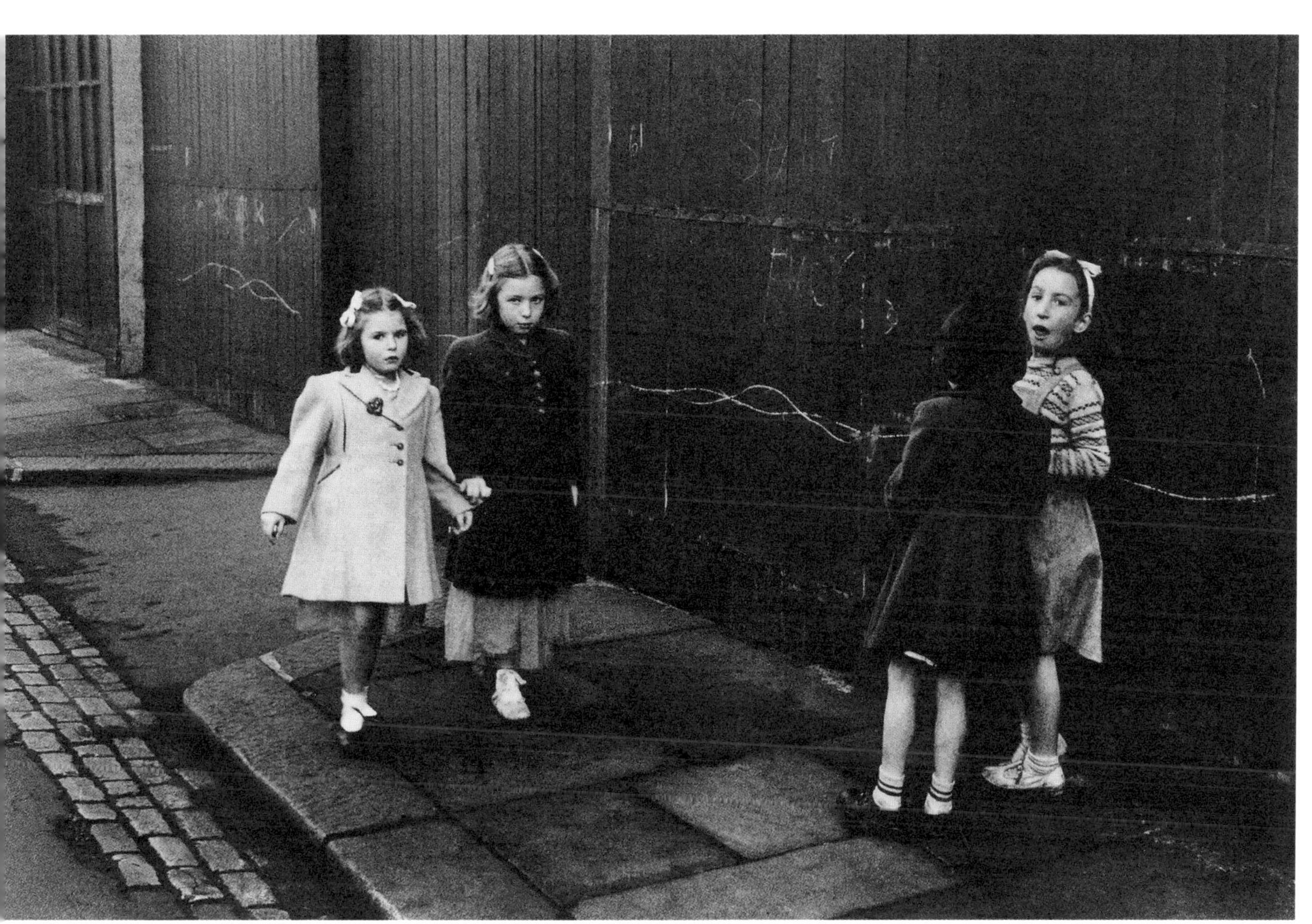

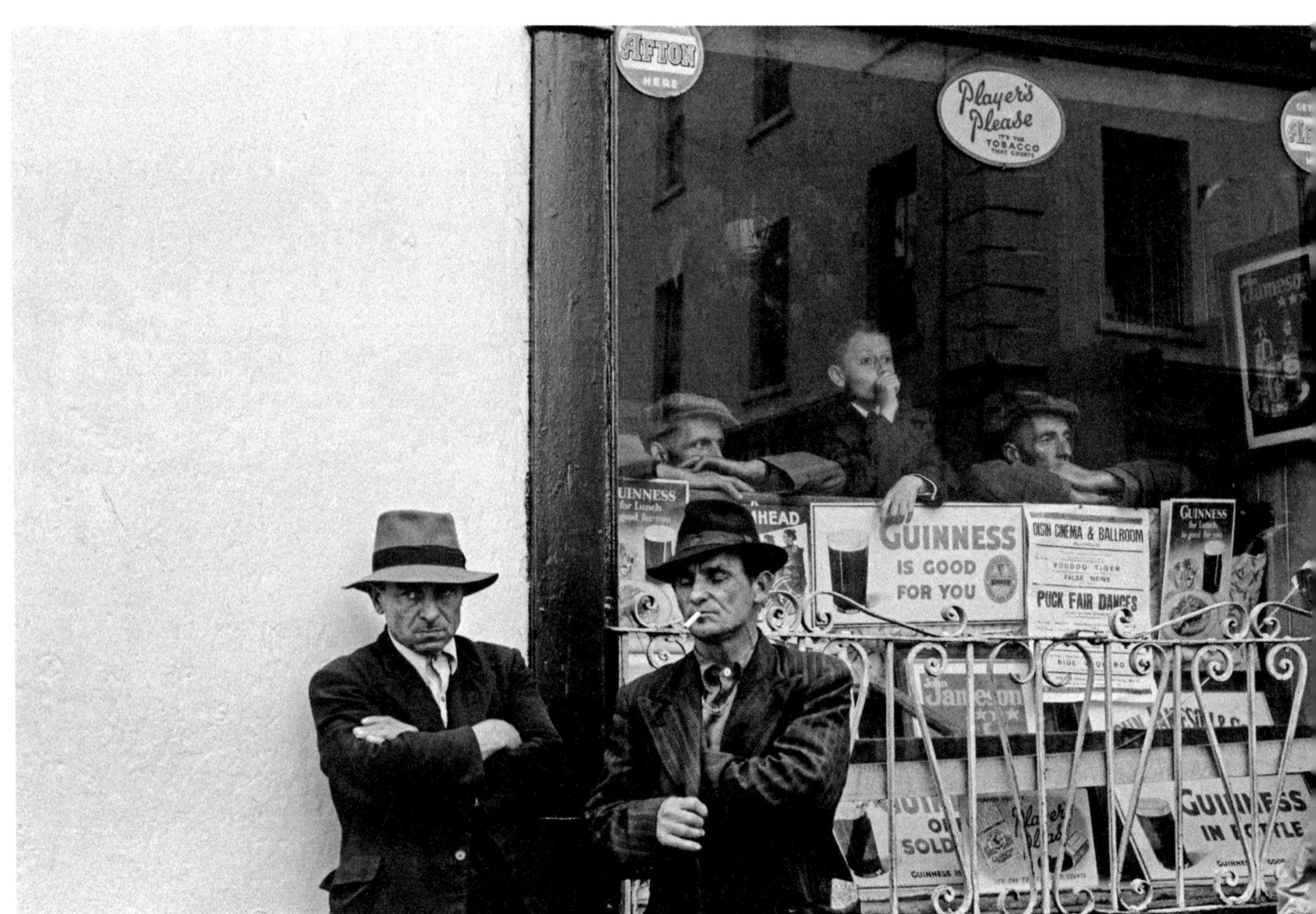

AFTON
HERE
Player's Please
IT'S THE TOBACCO THAT COUNTS
GUINNESS IS GOOD FOR YOU
OISIN CINEMA & BALLROOM
VOODOO TIGER
FALSE NEWS
PUCK FAIR DANCES
GUINNESS for Lunch is good for you
IN BOTTLE

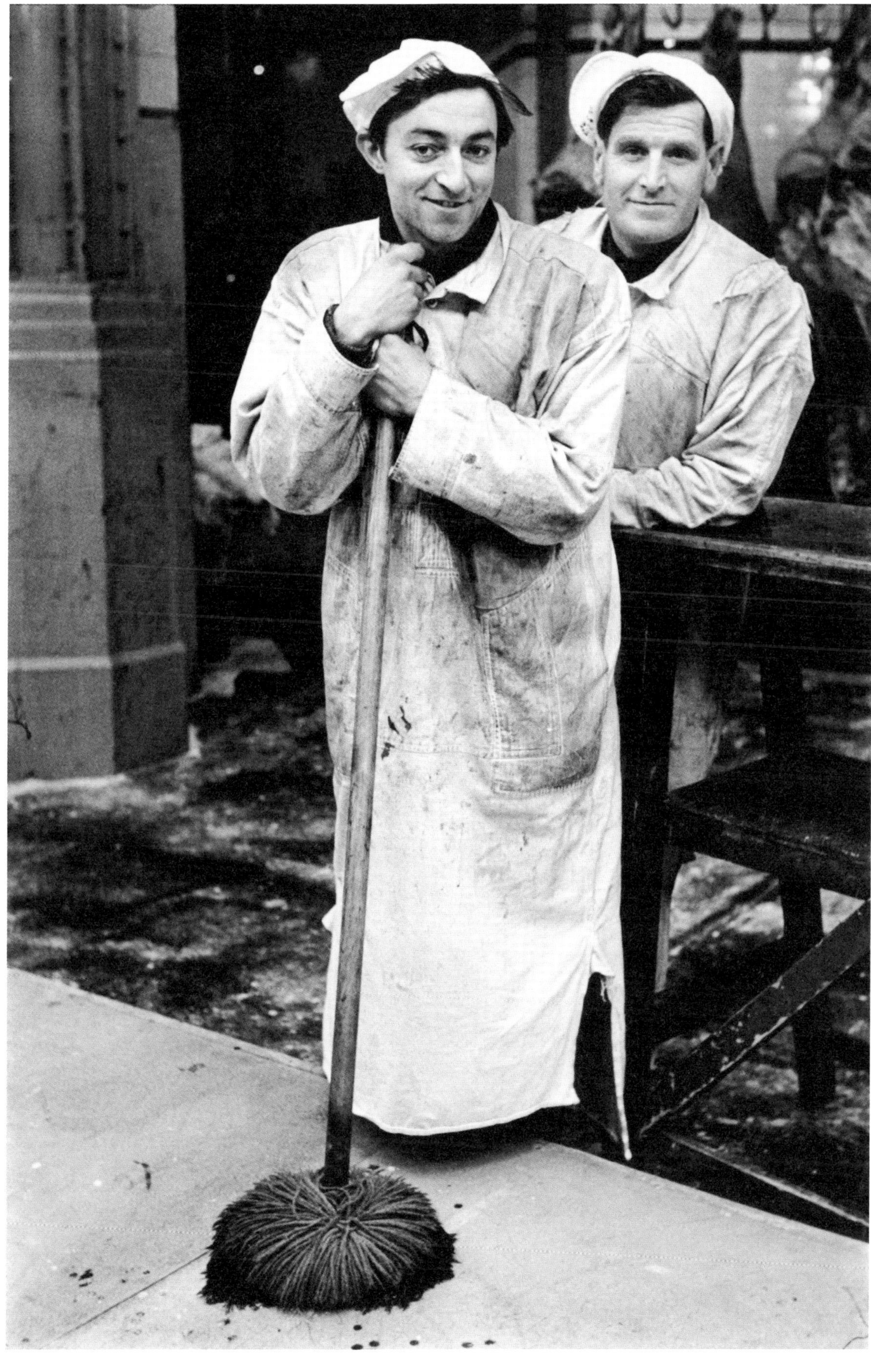

Russia

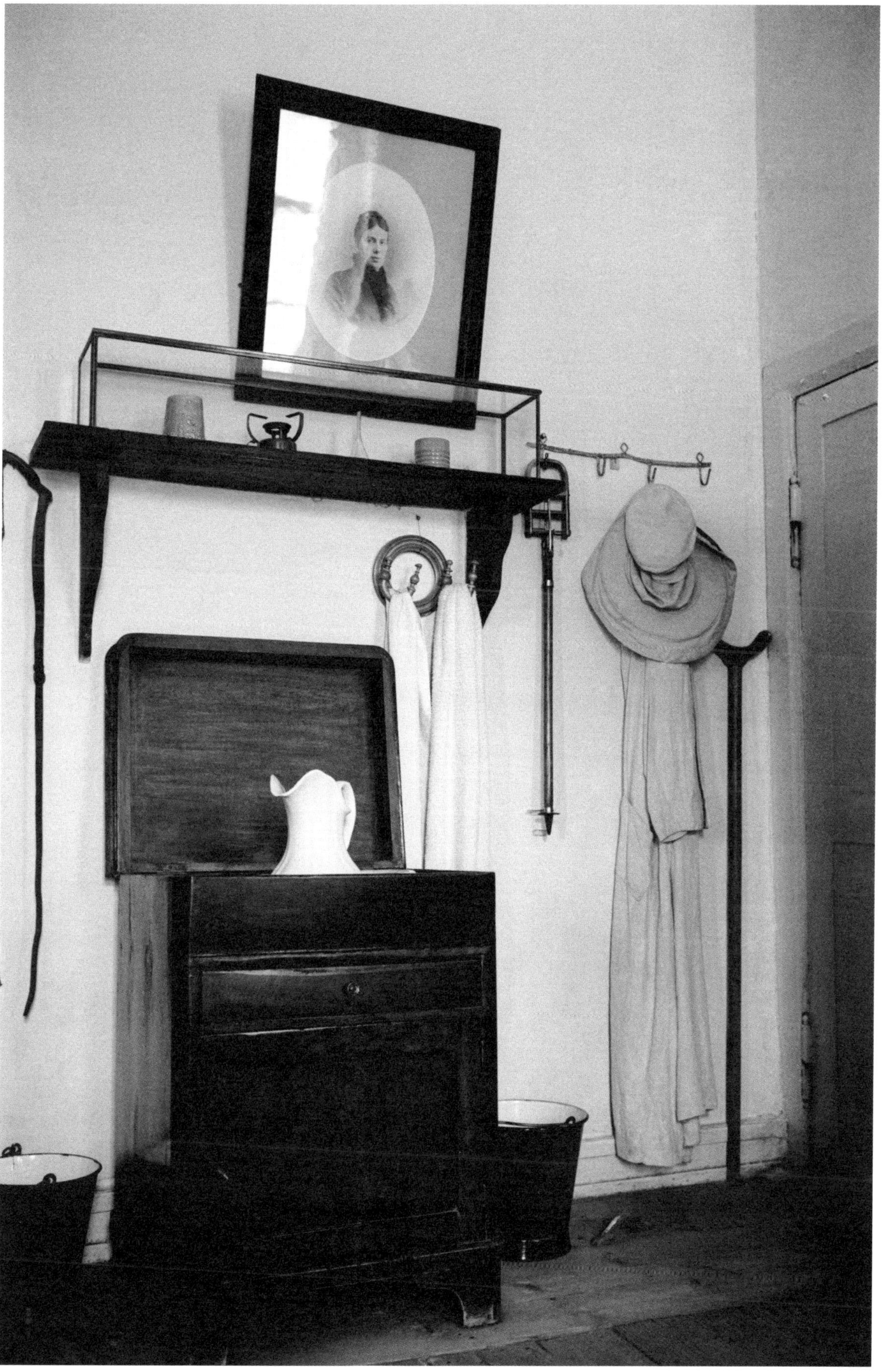

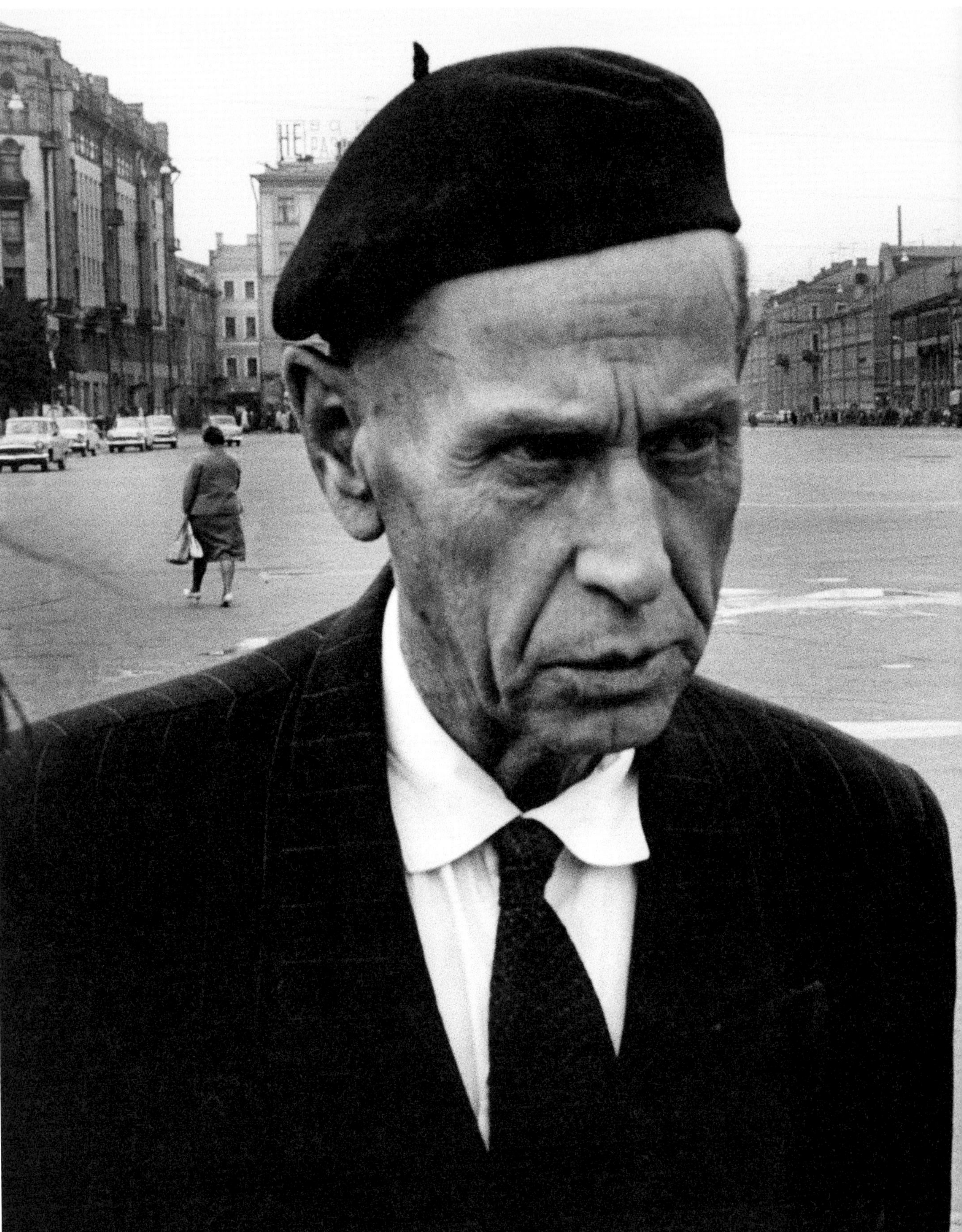

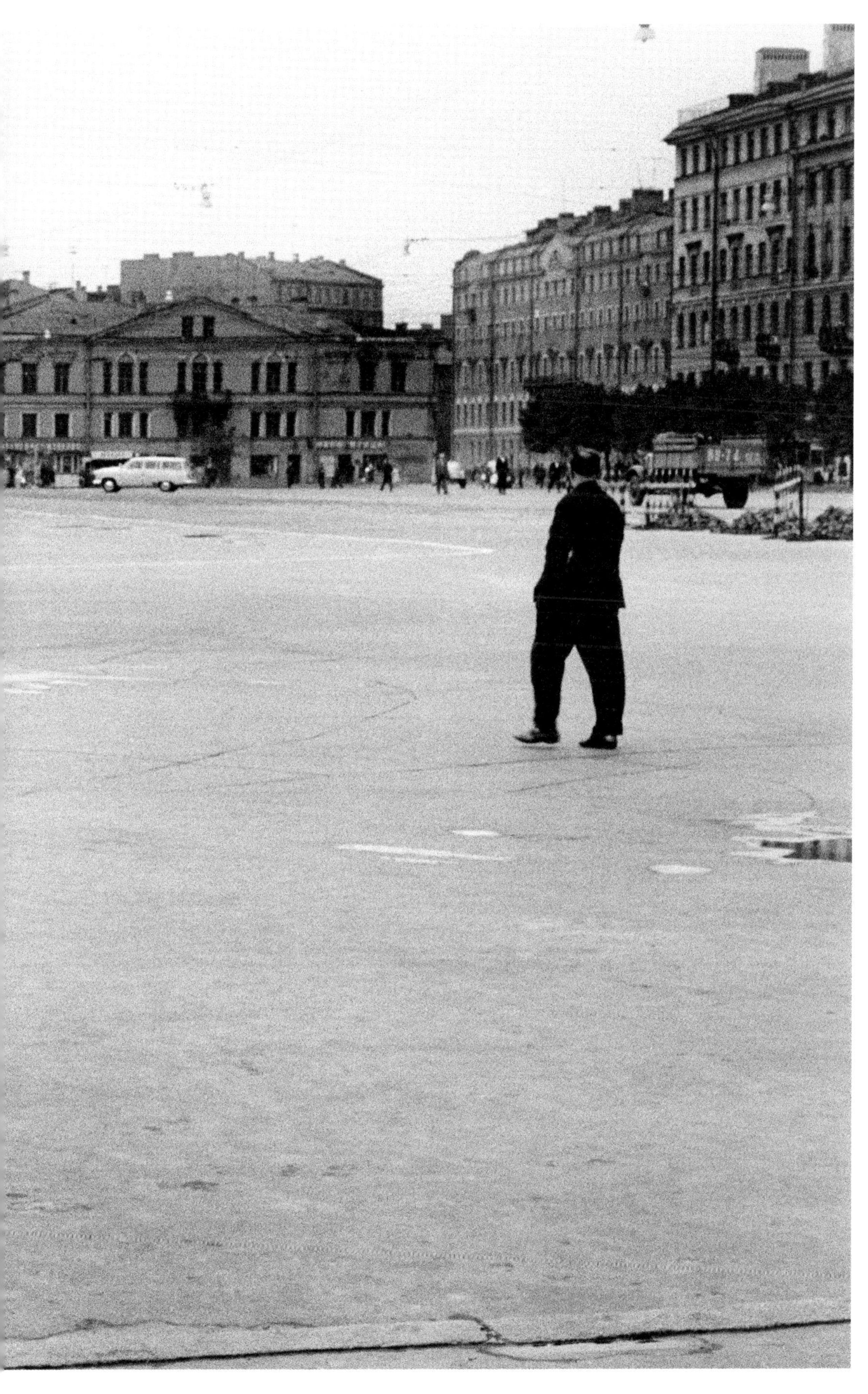

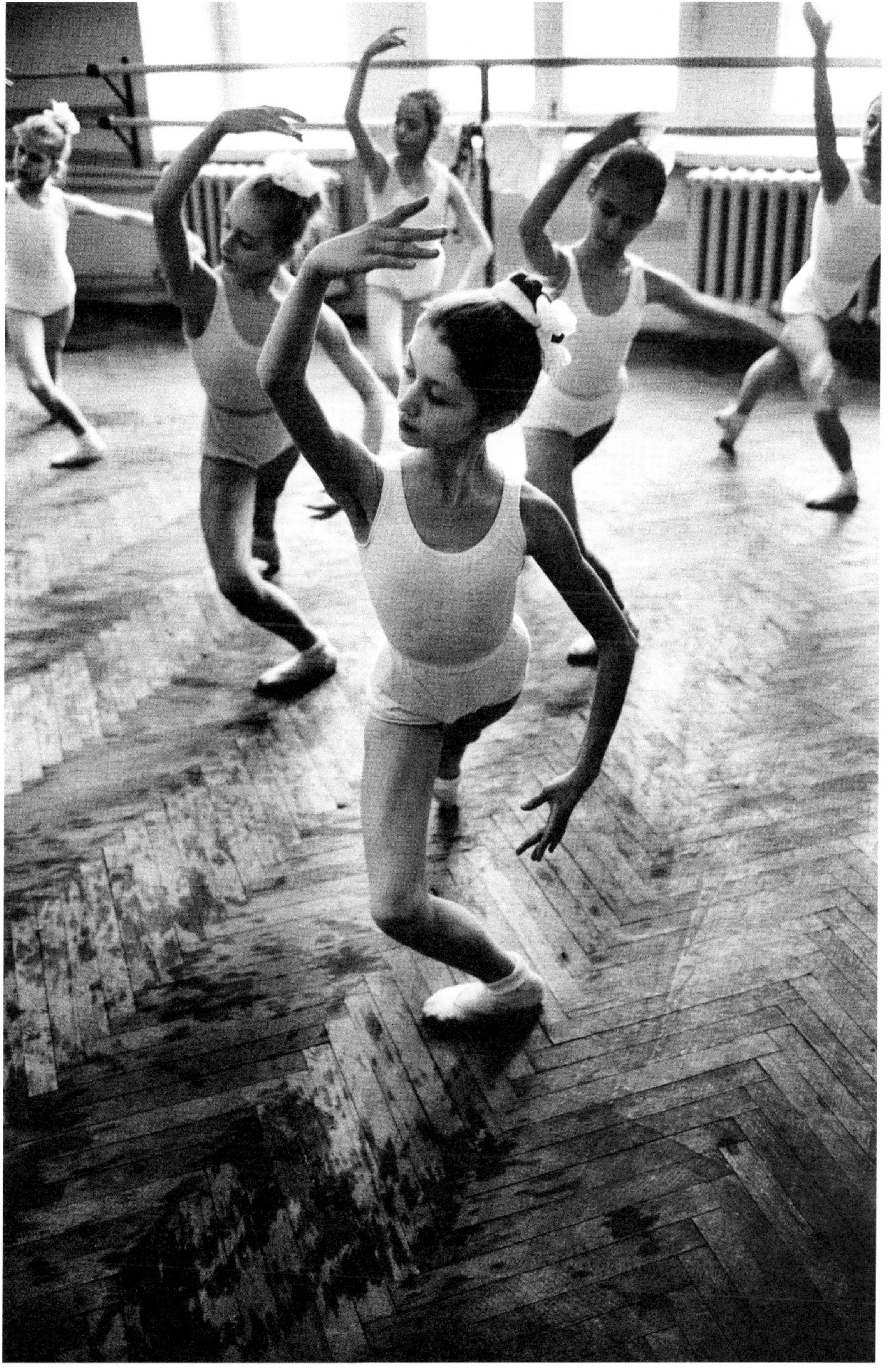

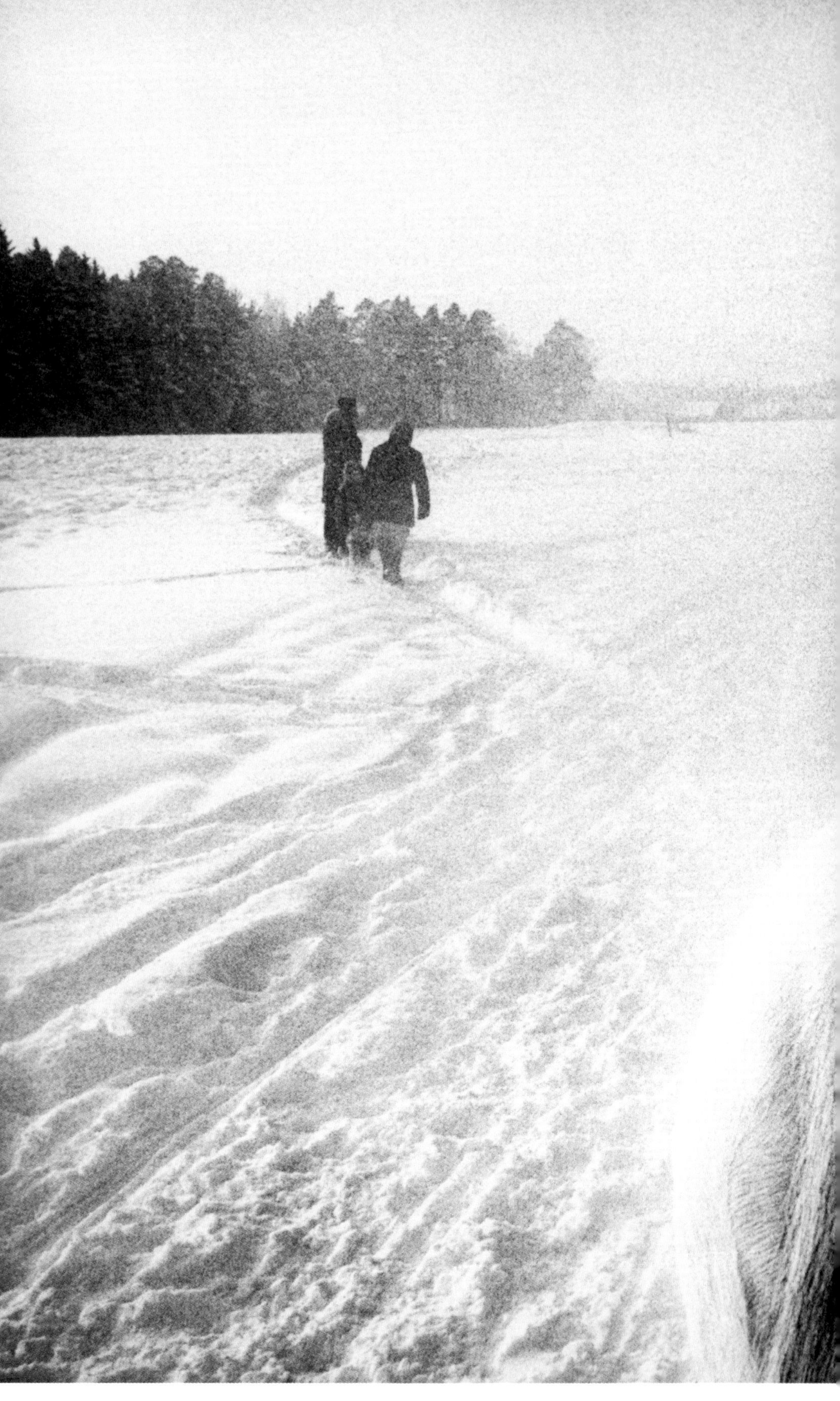

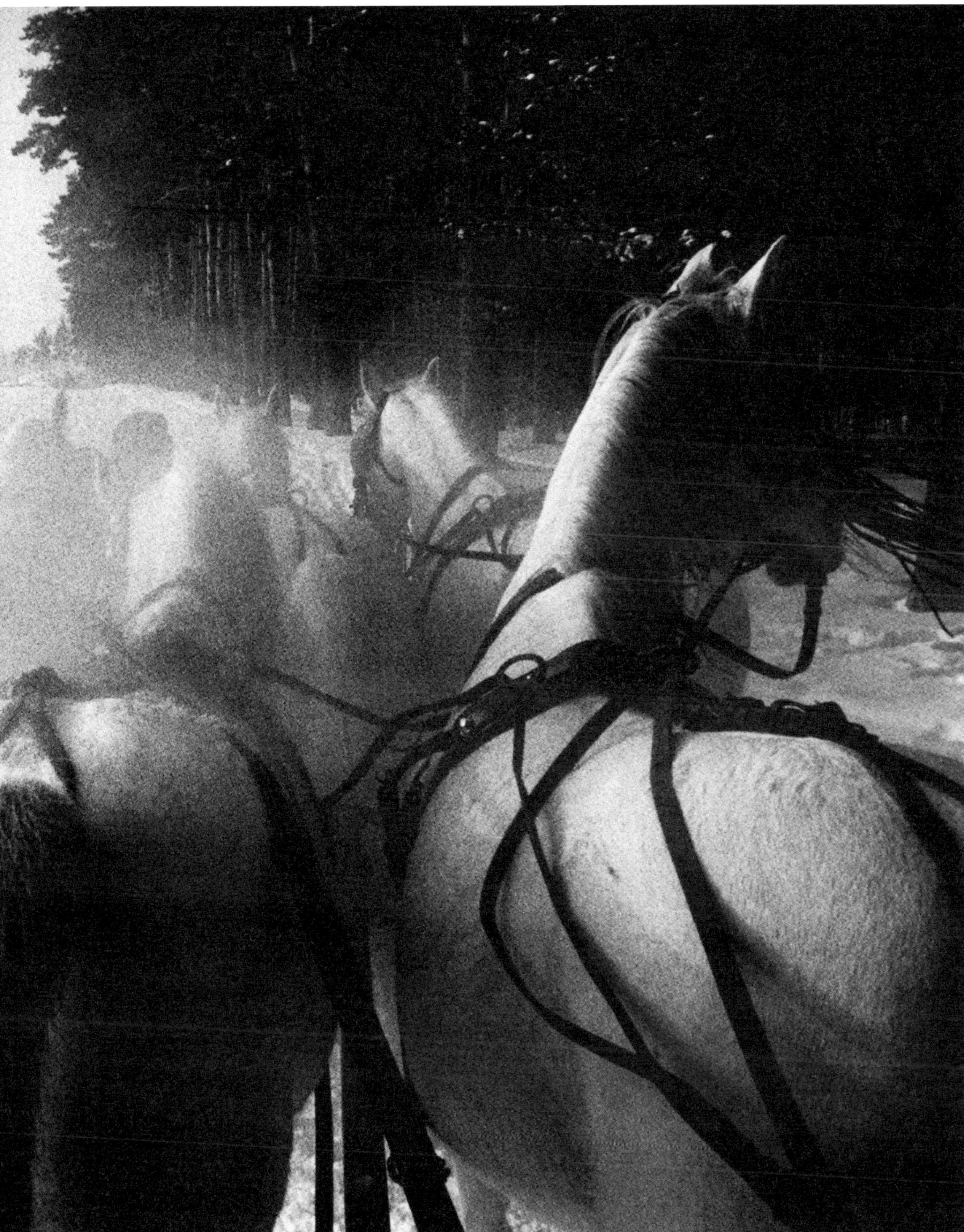

Cina
China

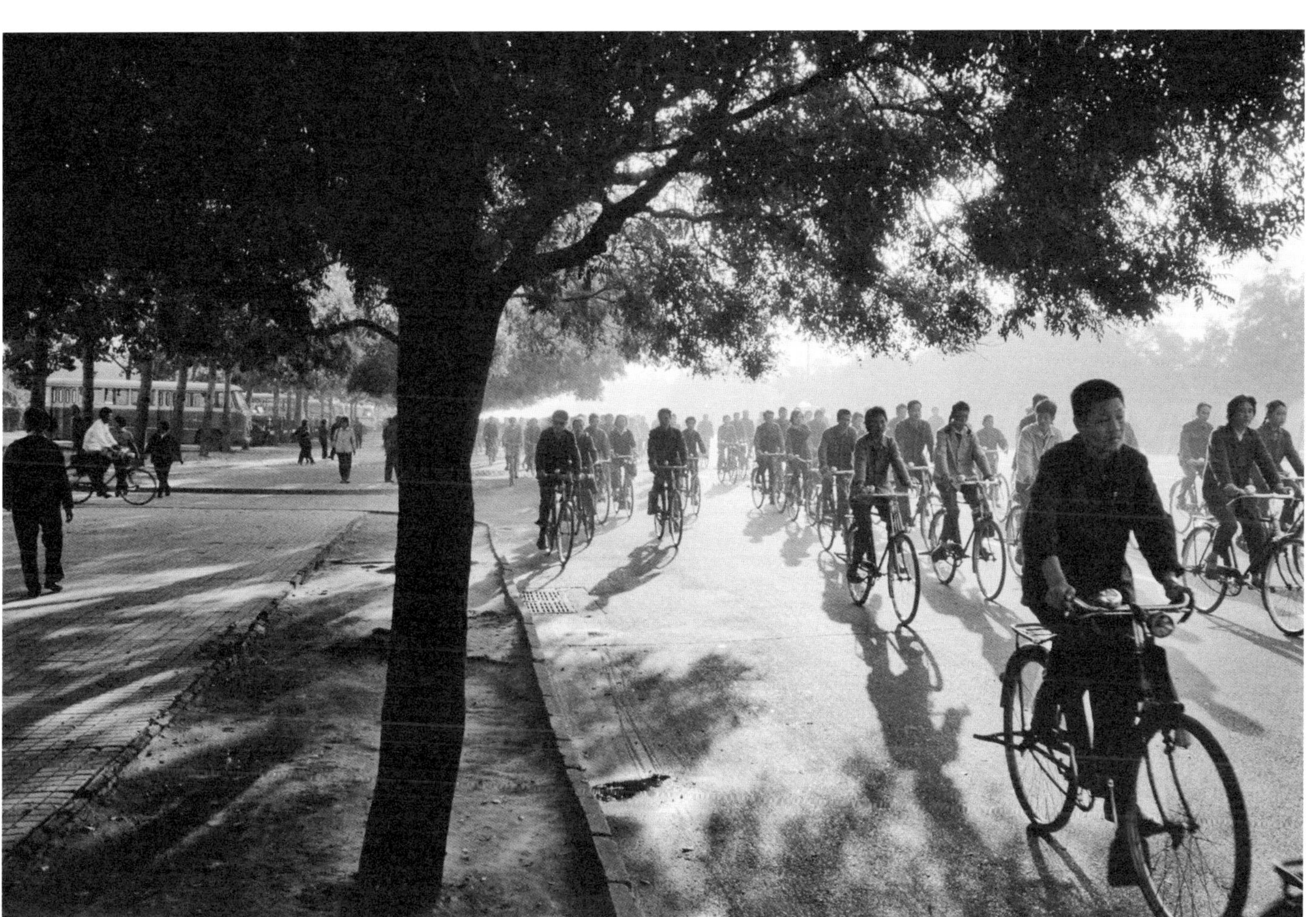

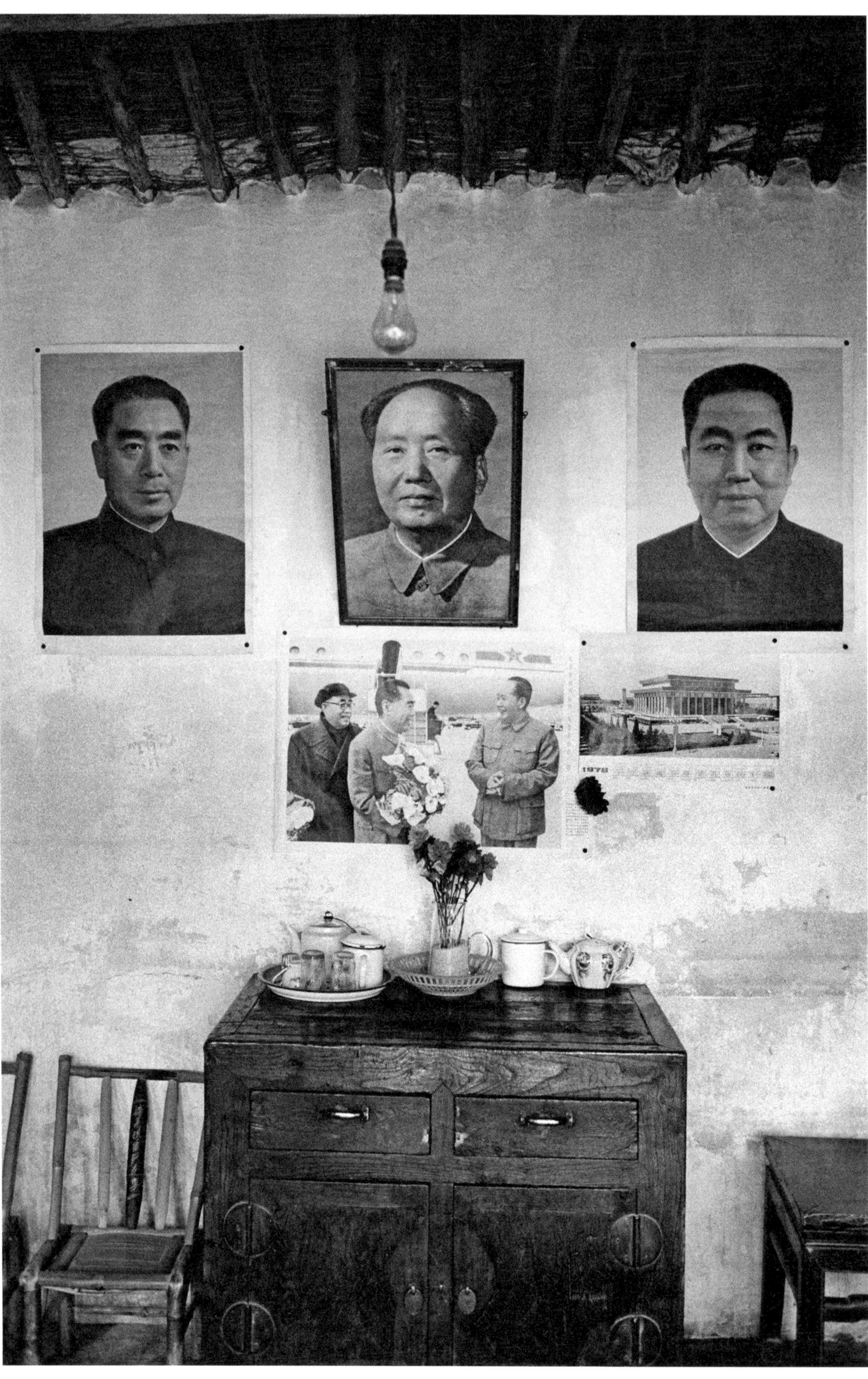
1978

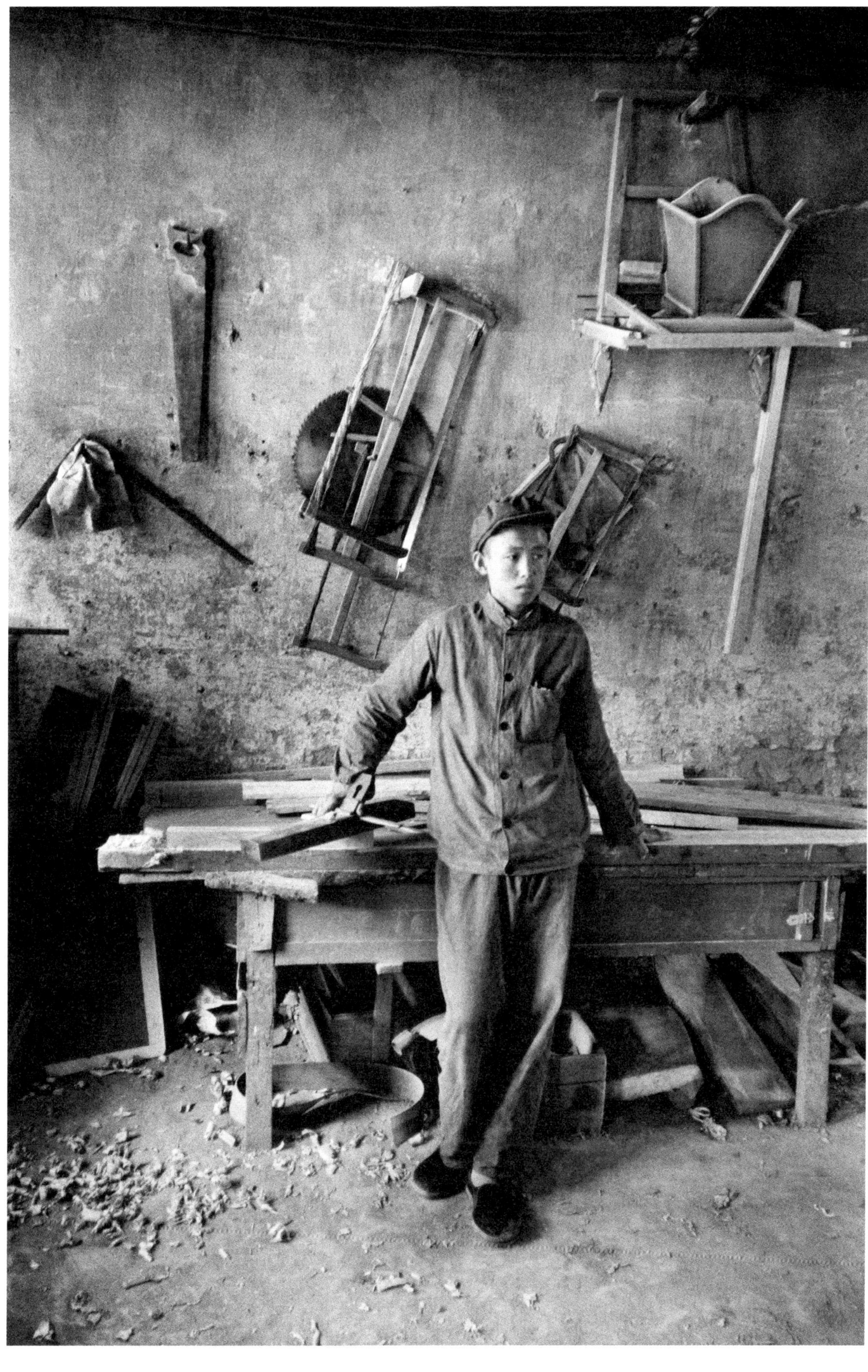

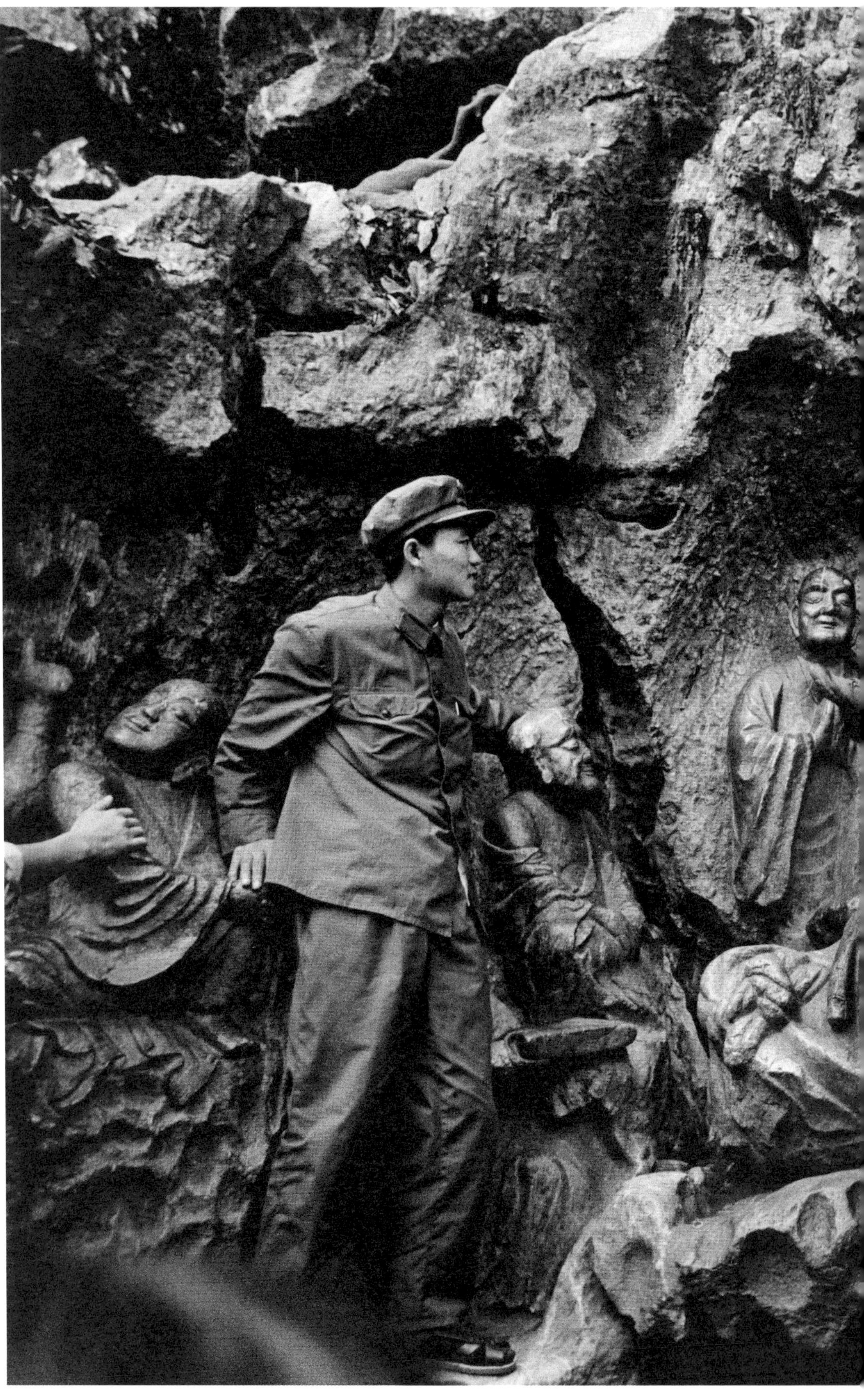

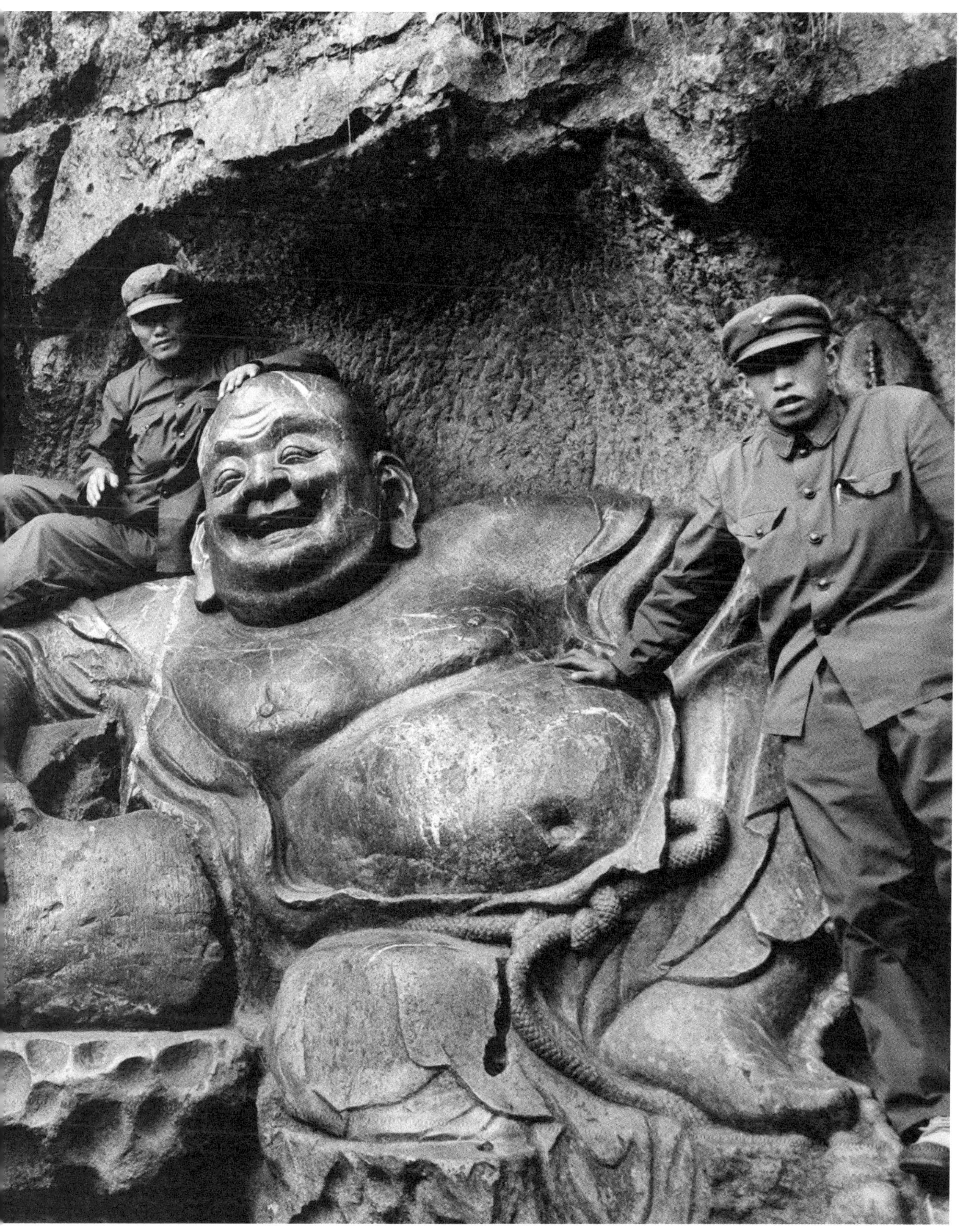

Ritratti

Portraits

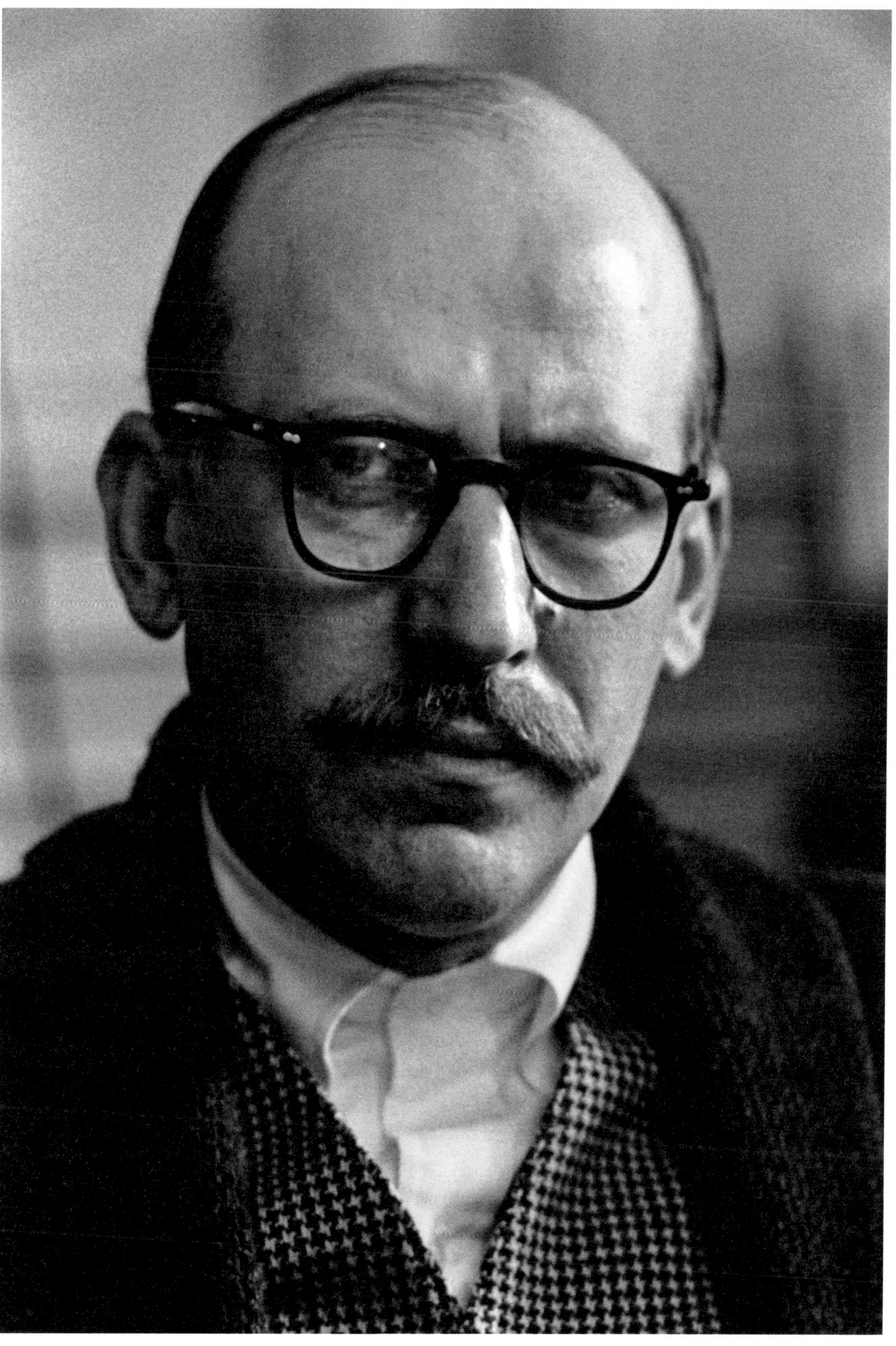

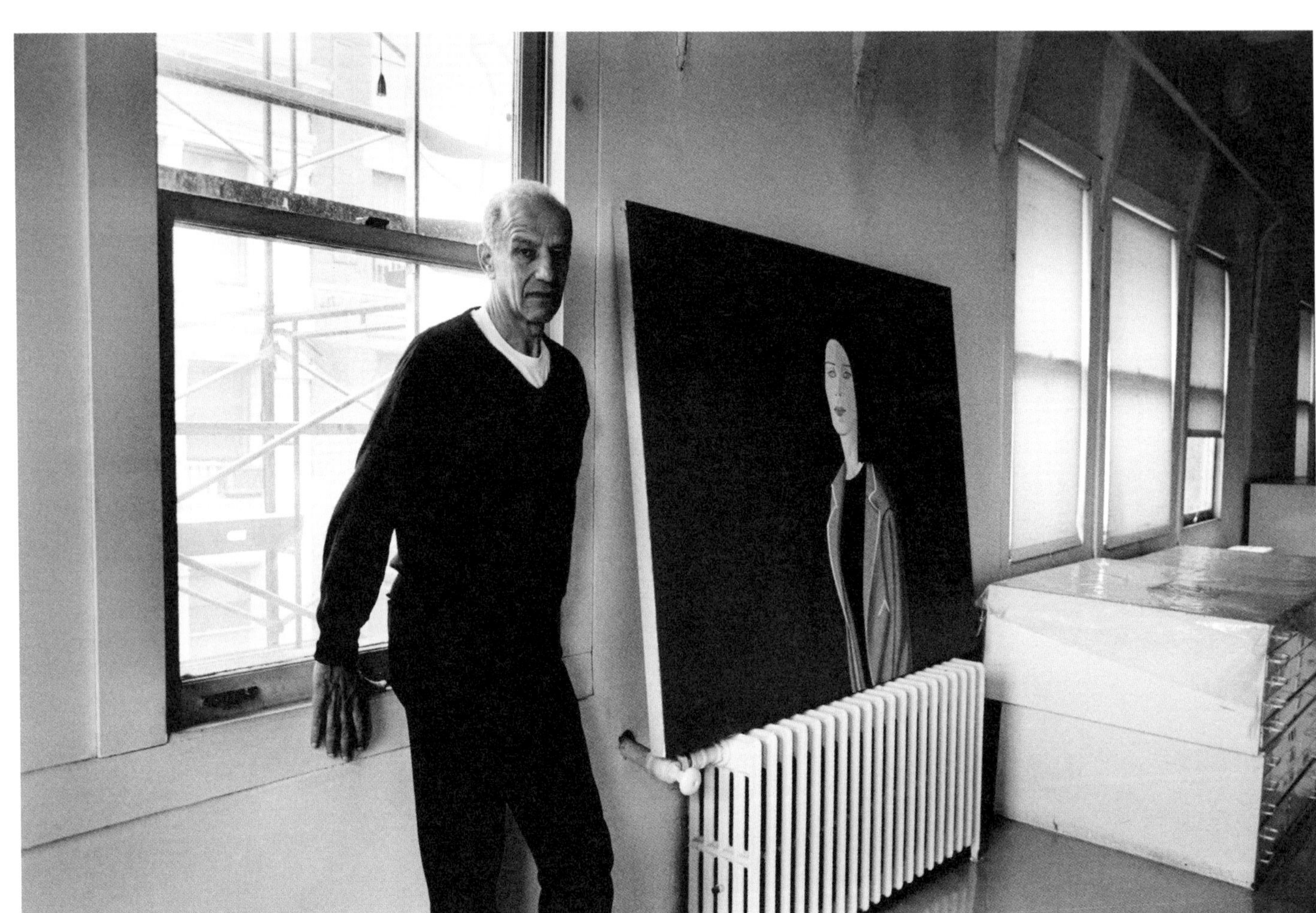

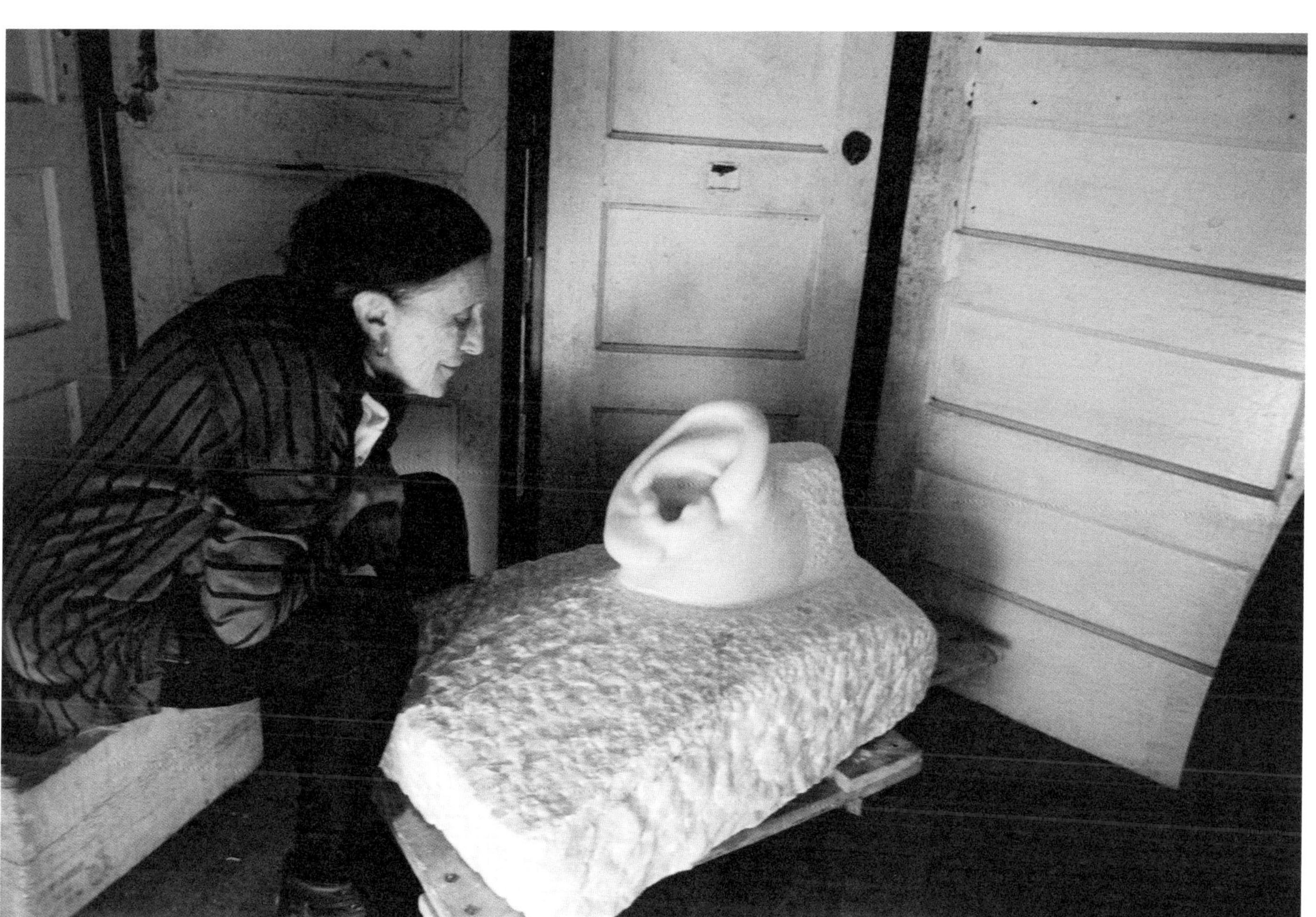

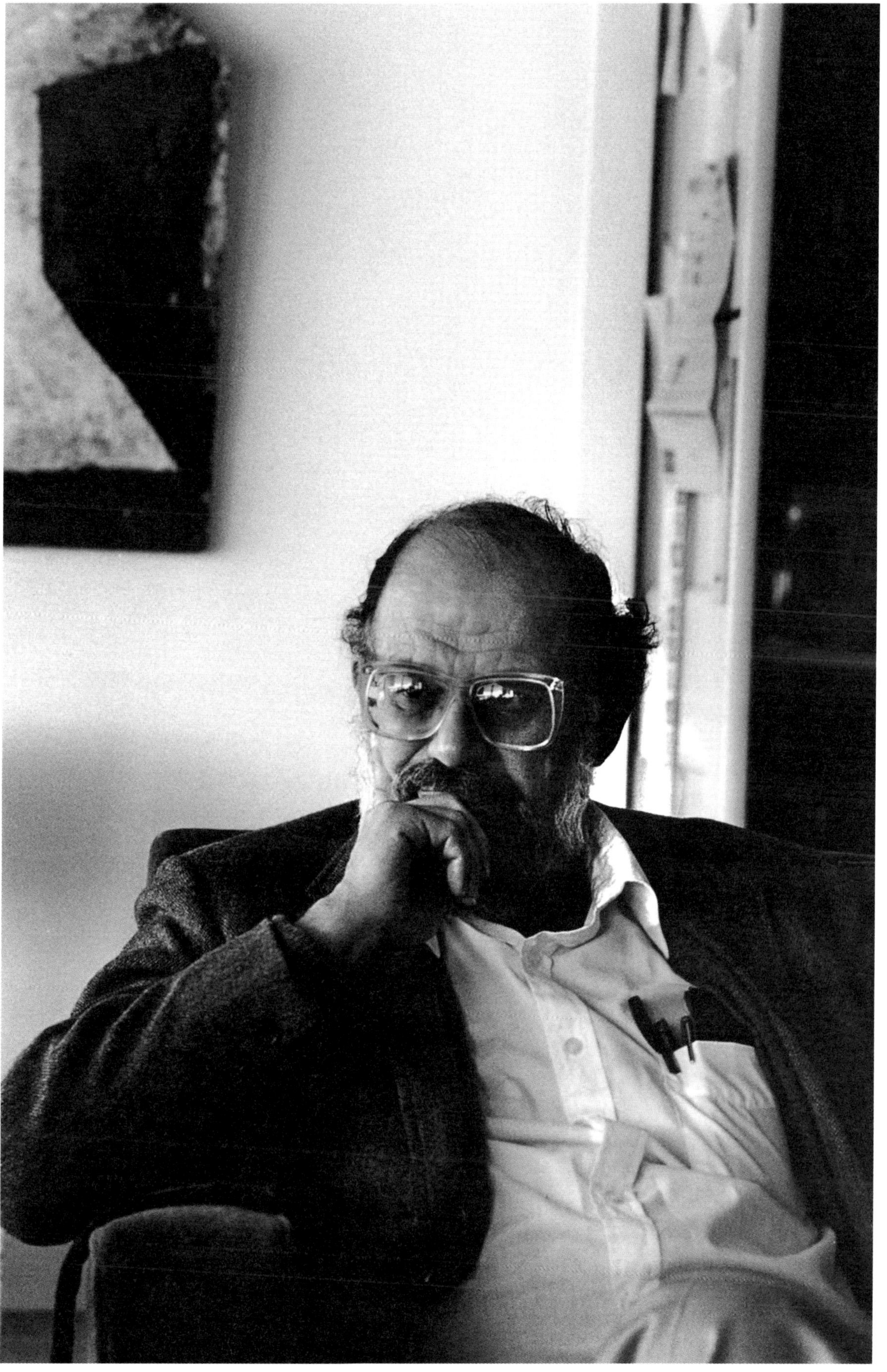

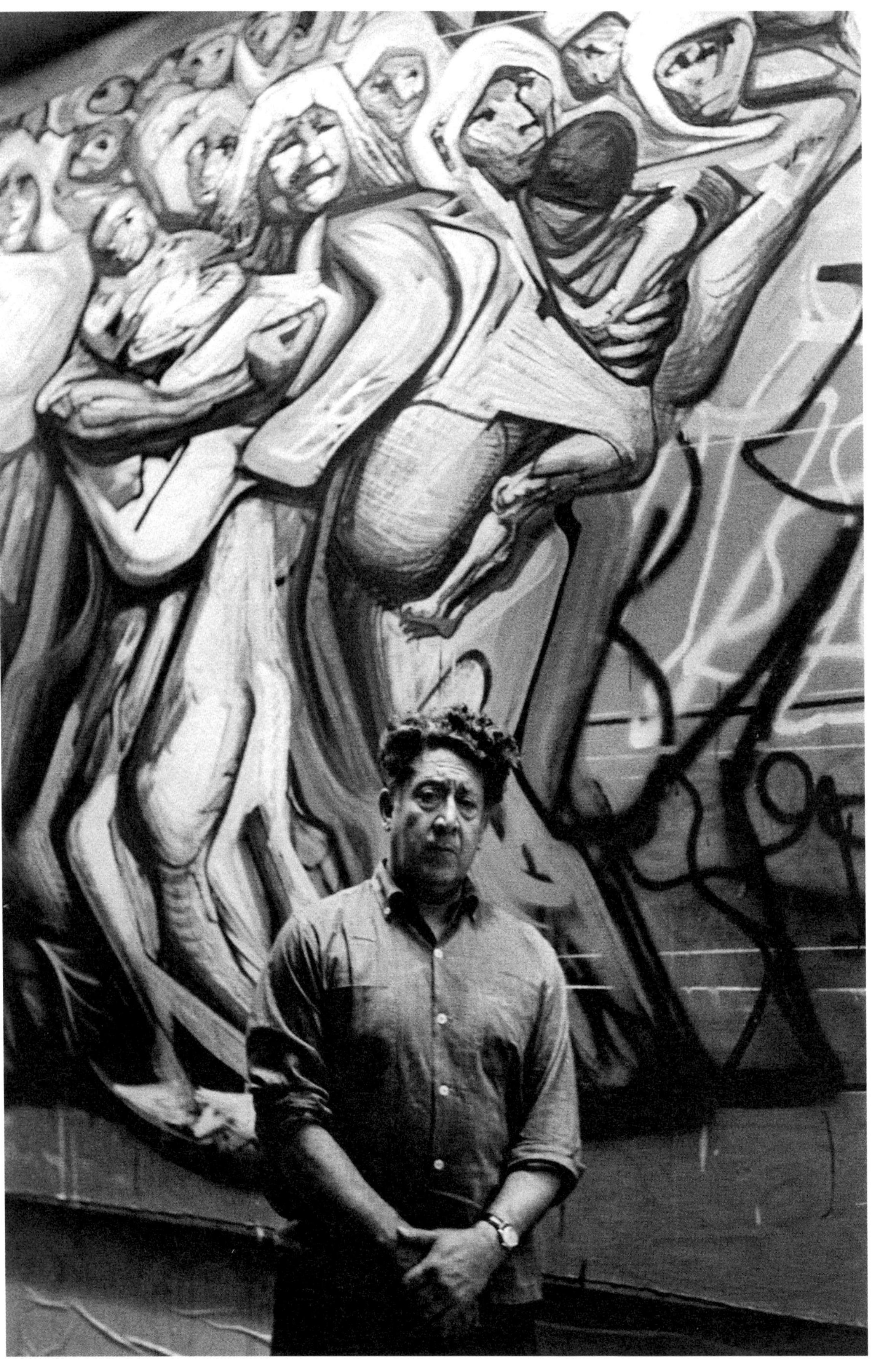

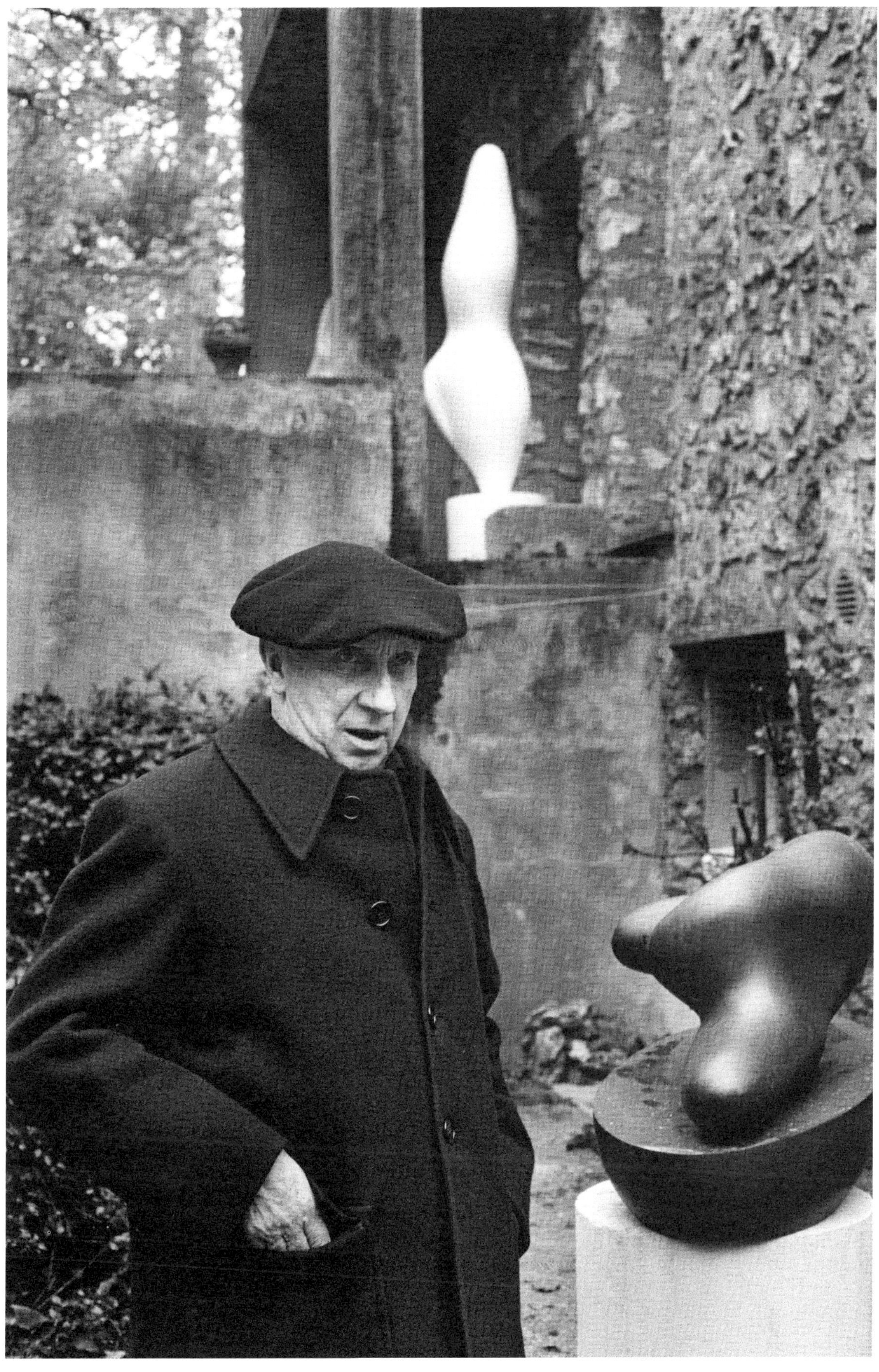

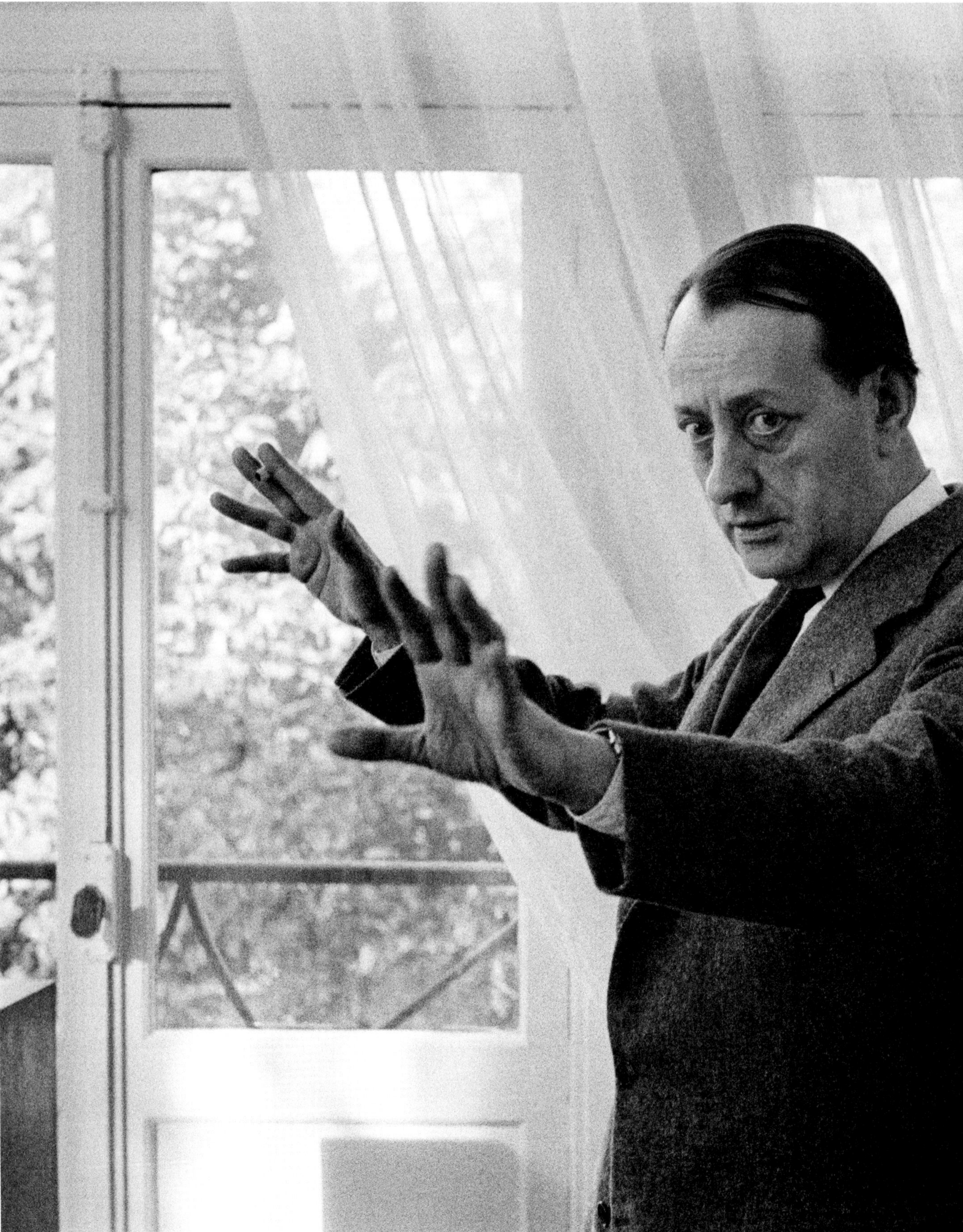

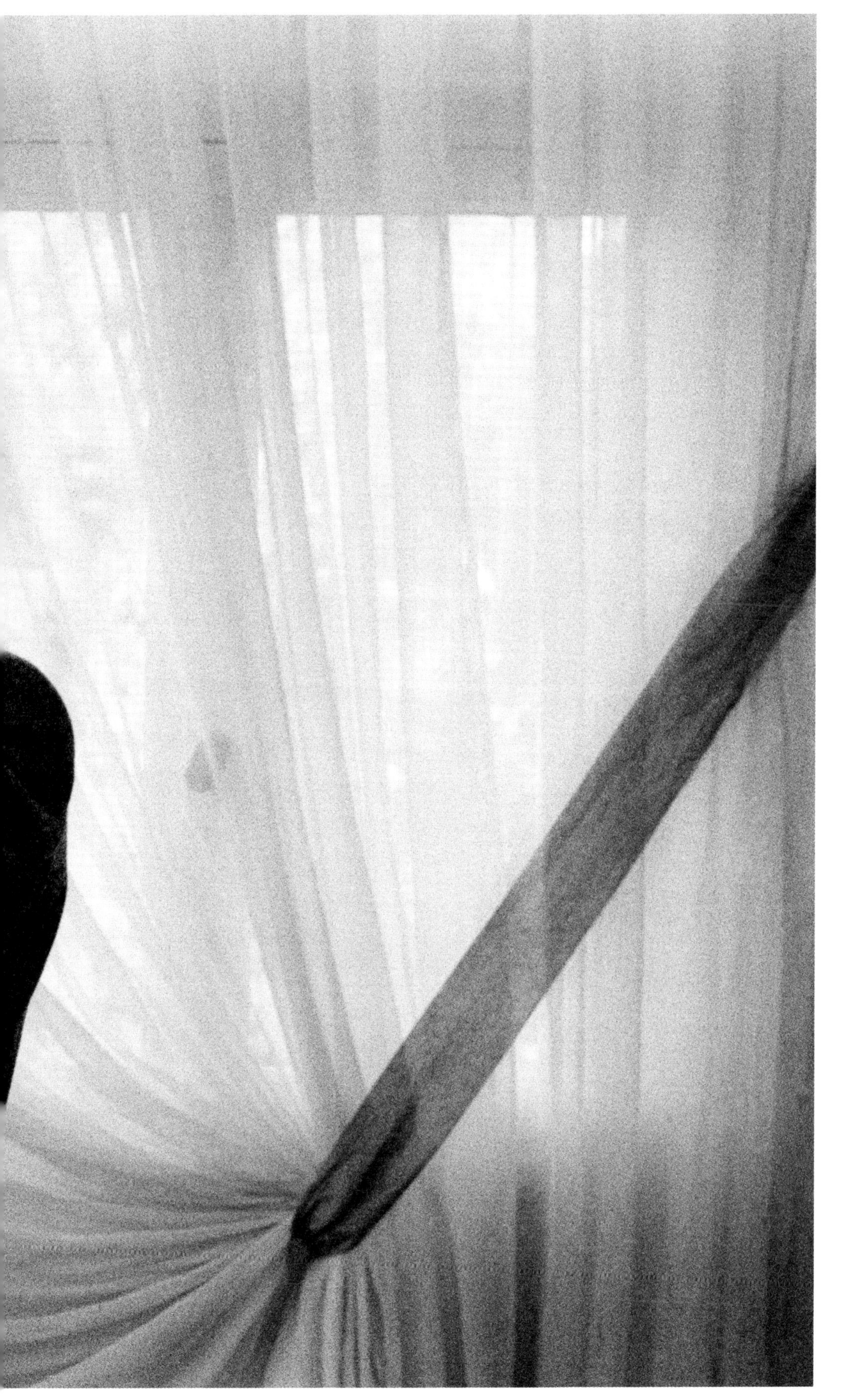

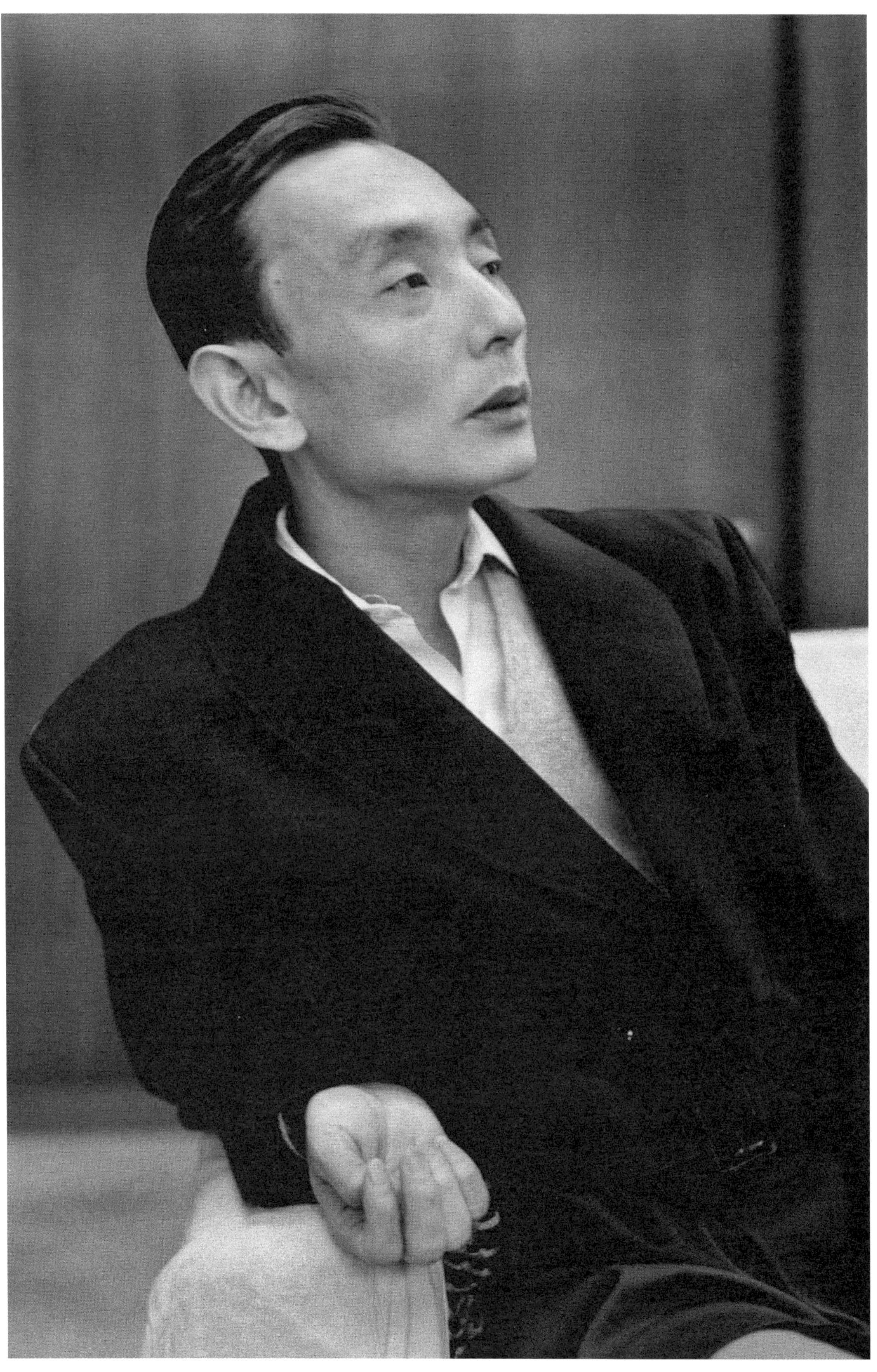

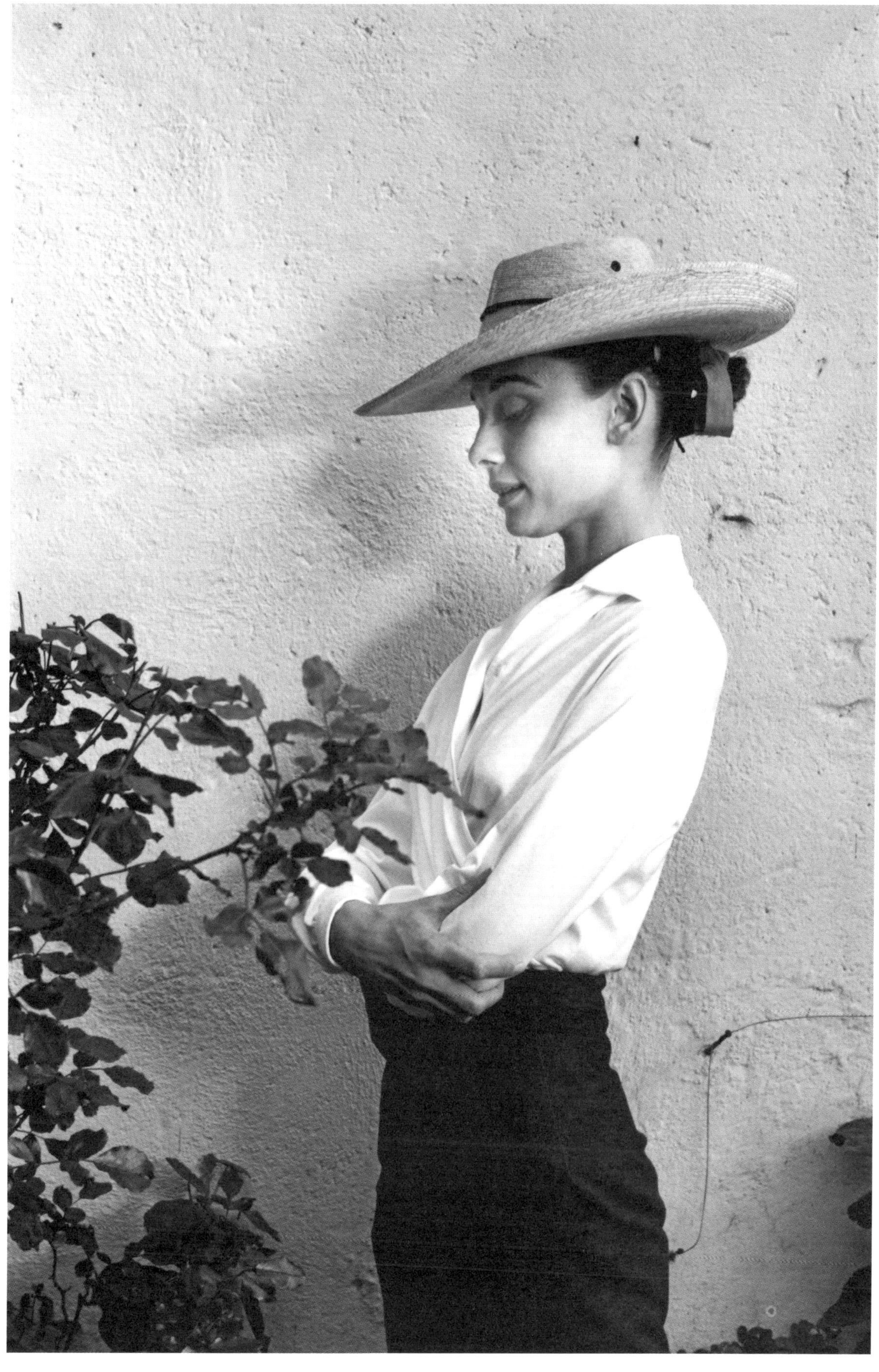

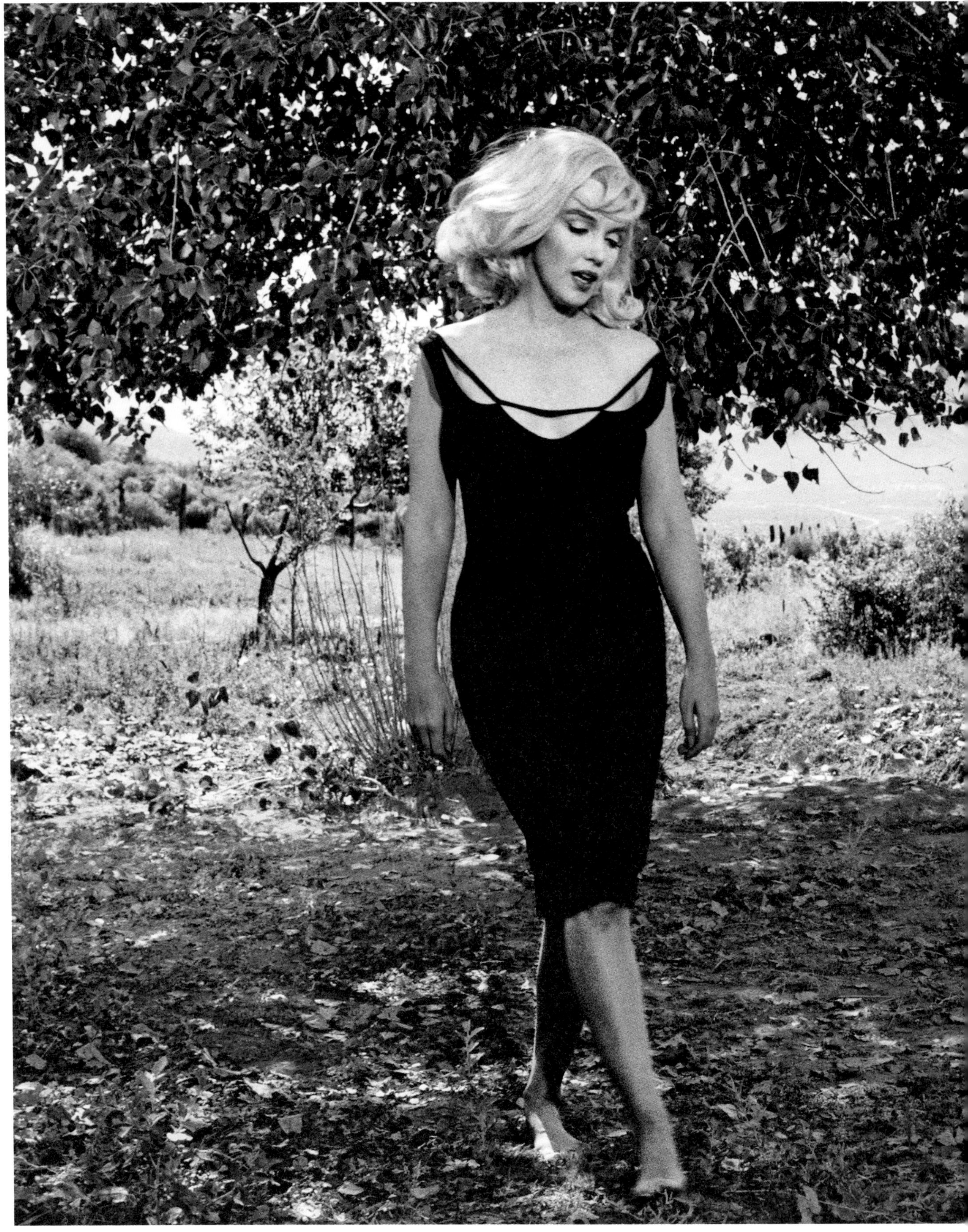

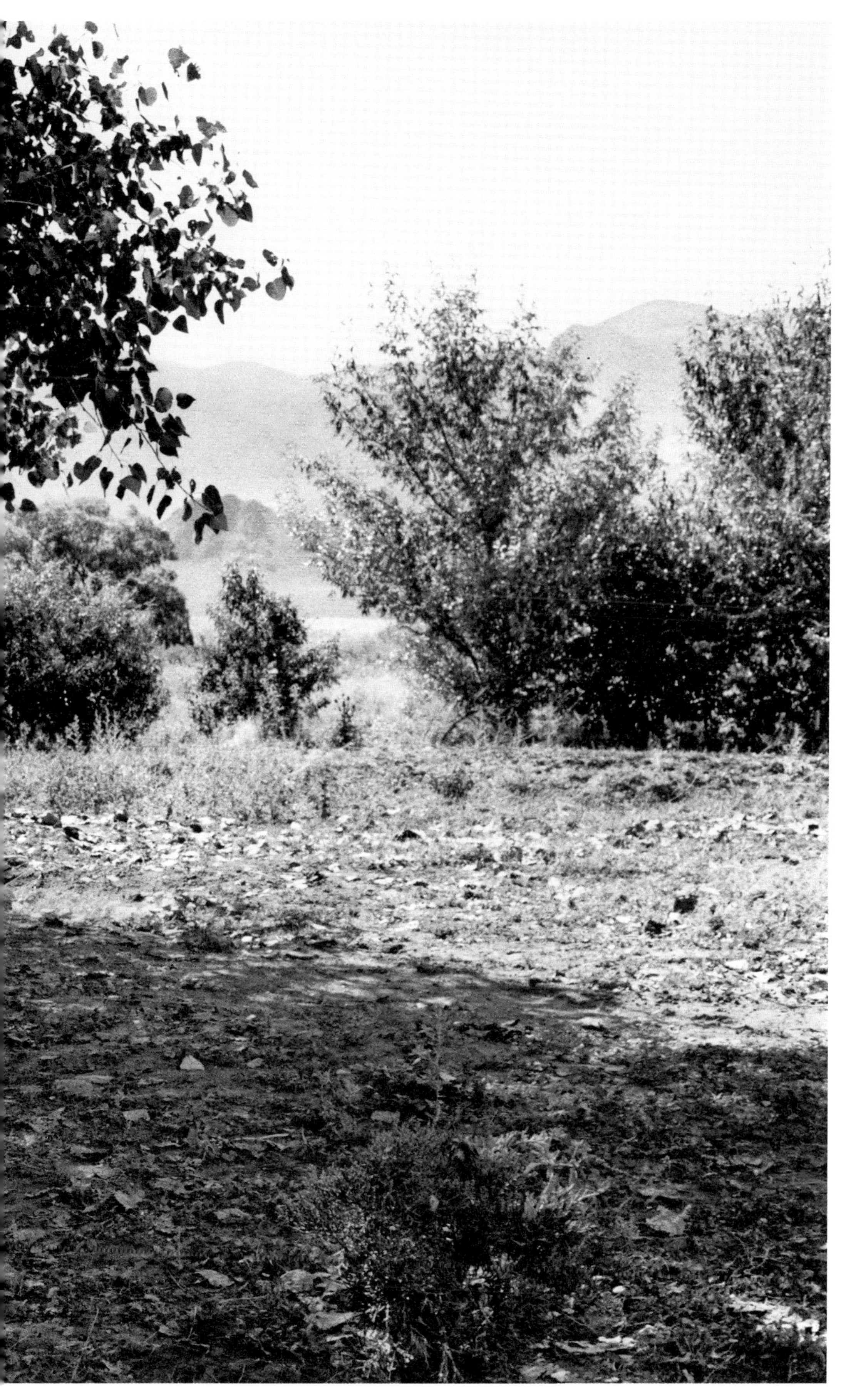

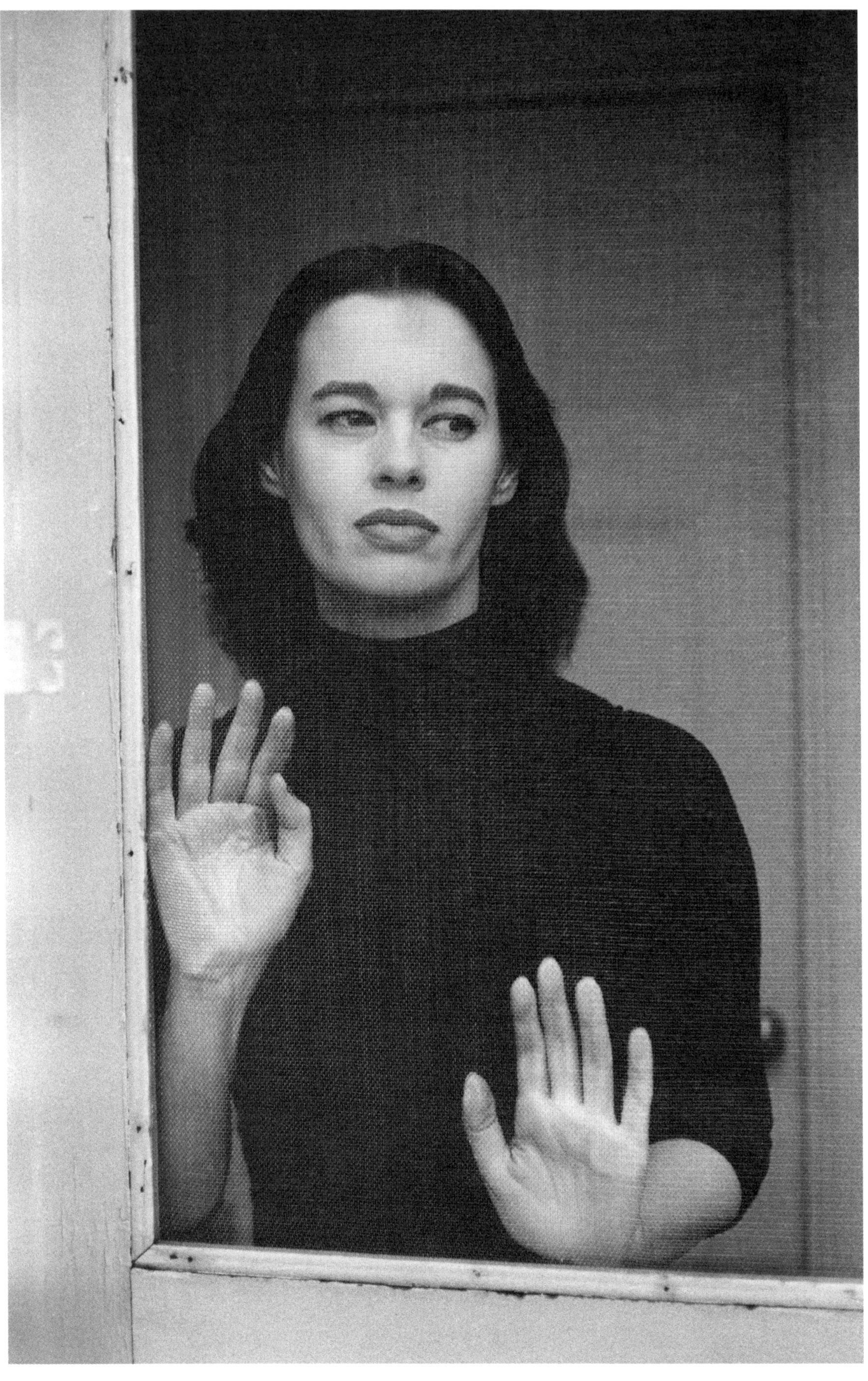

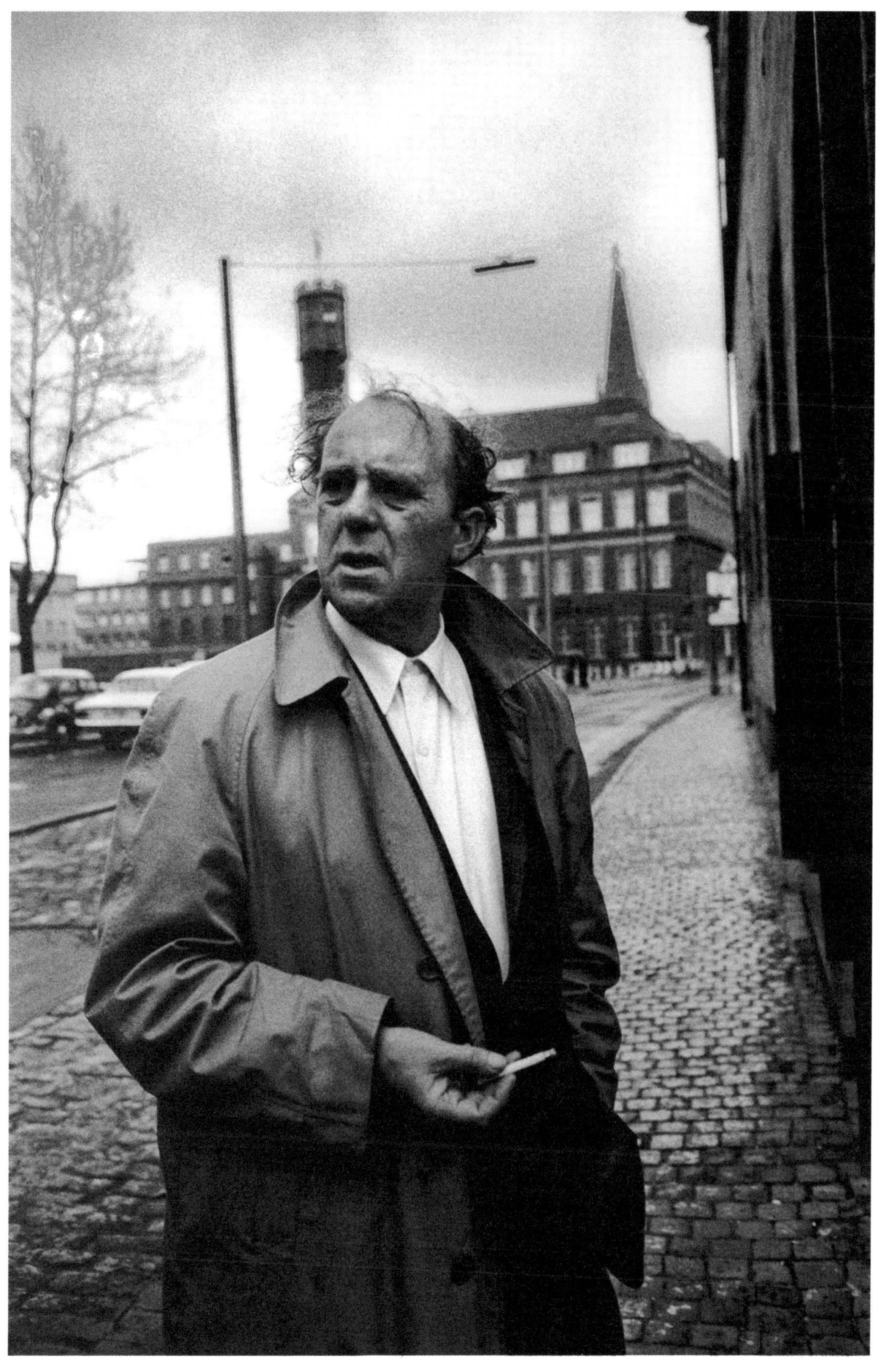

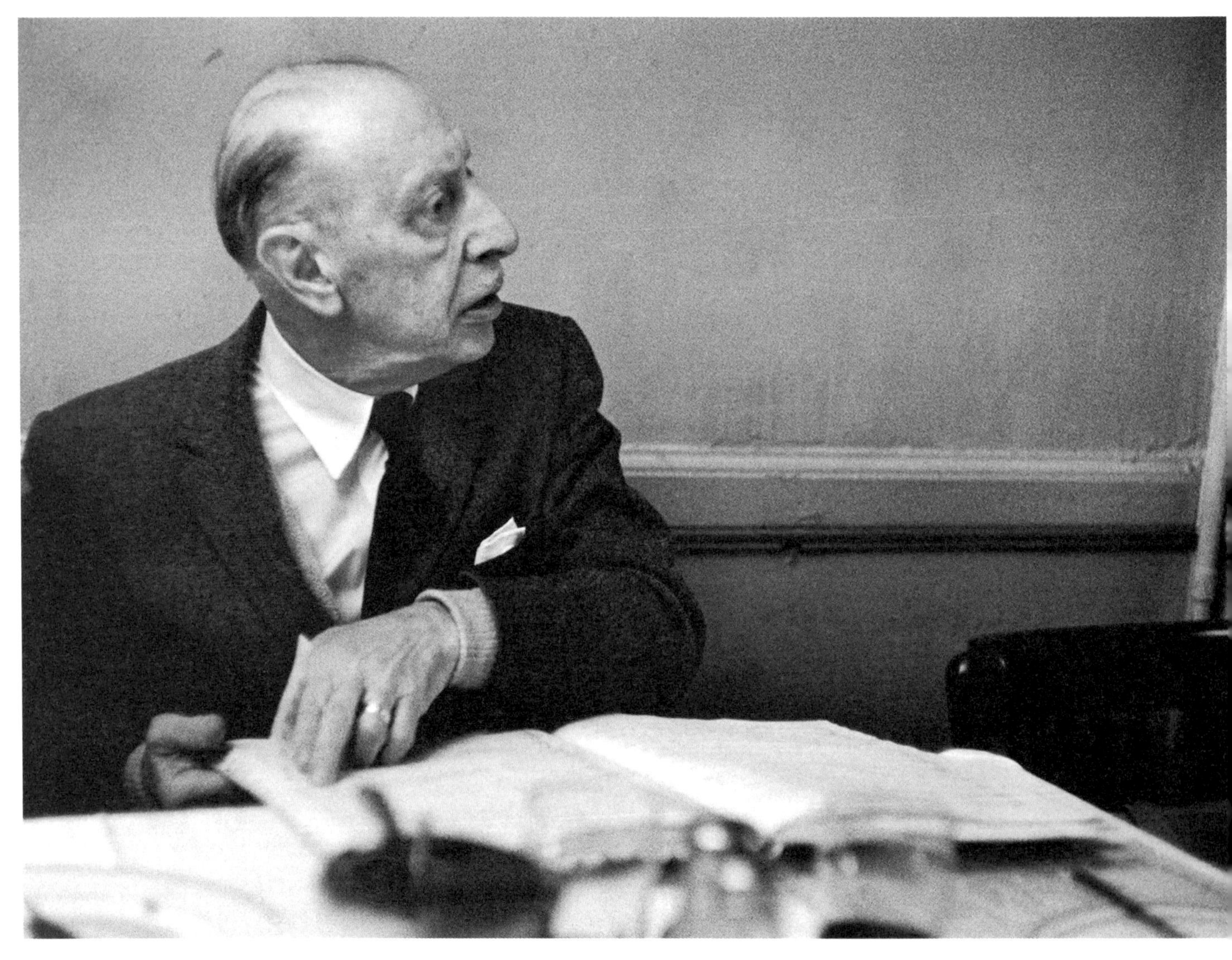

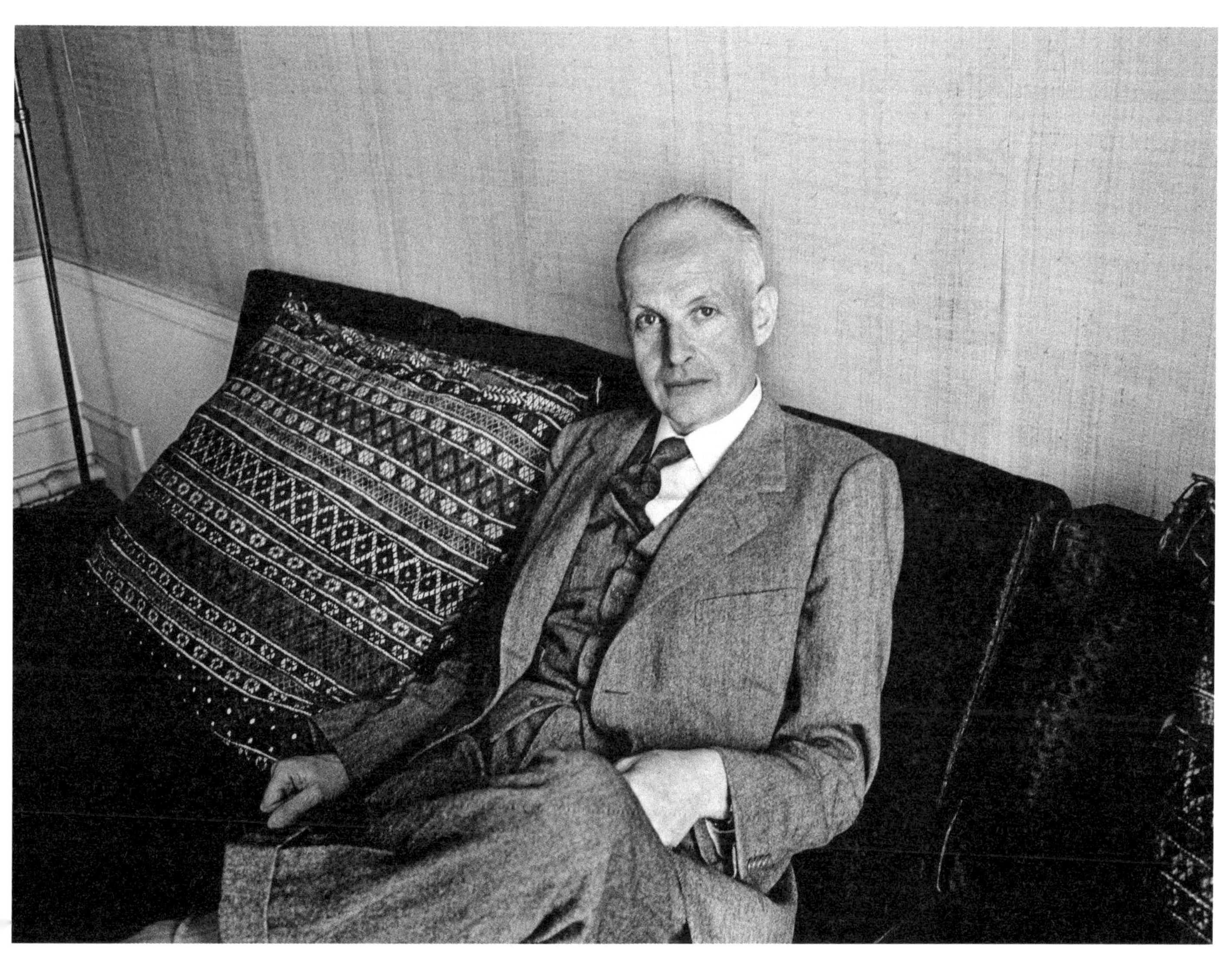

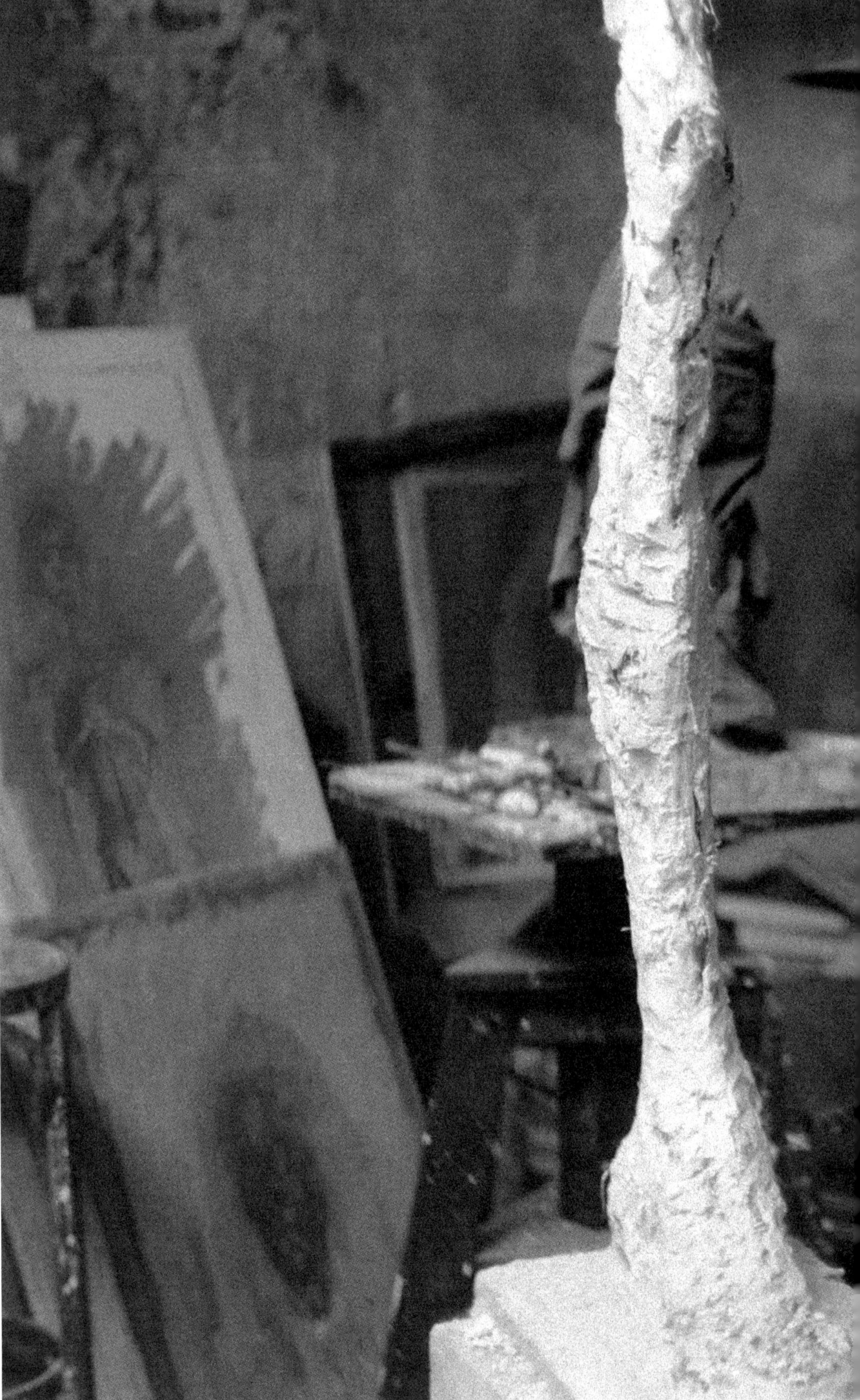

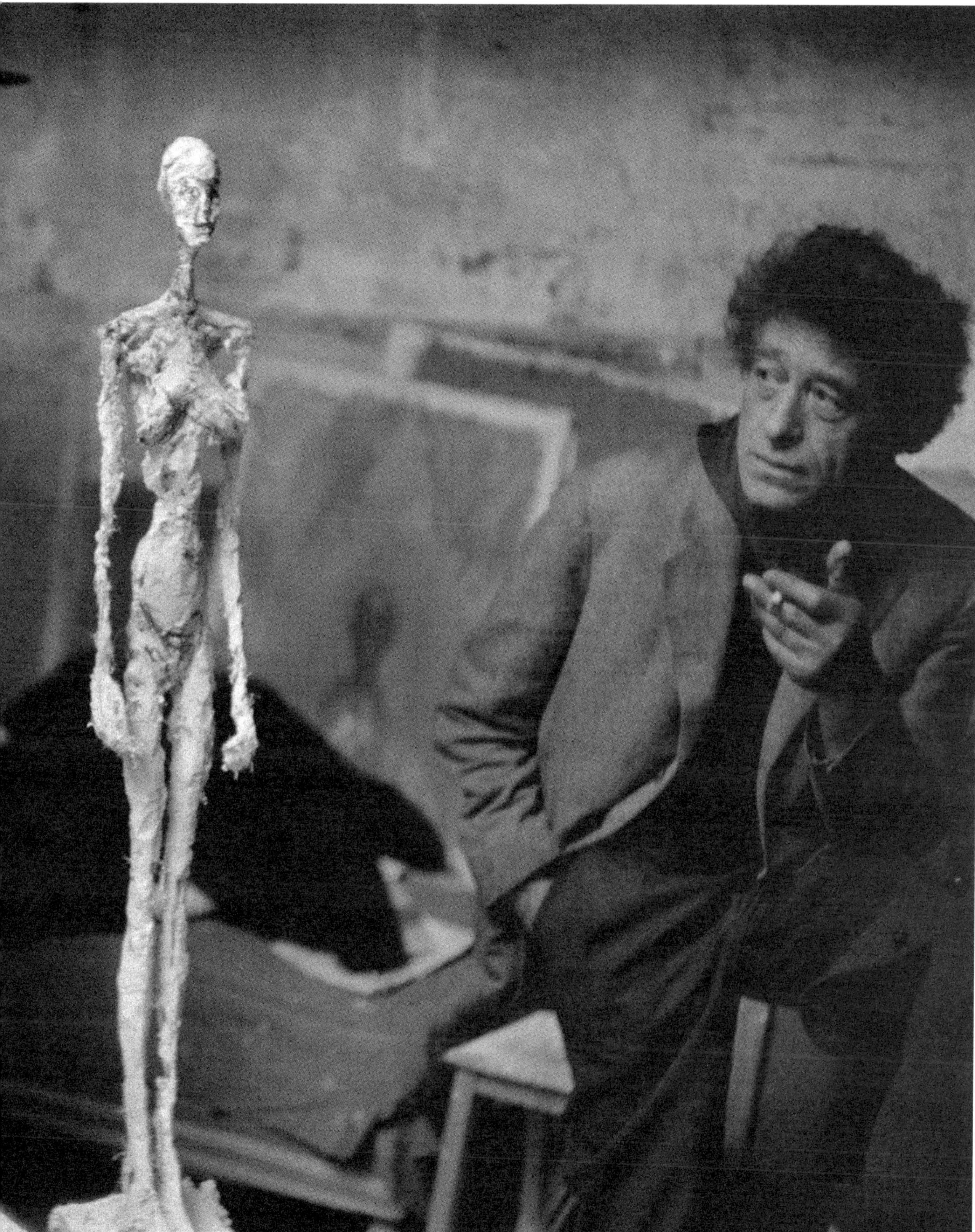

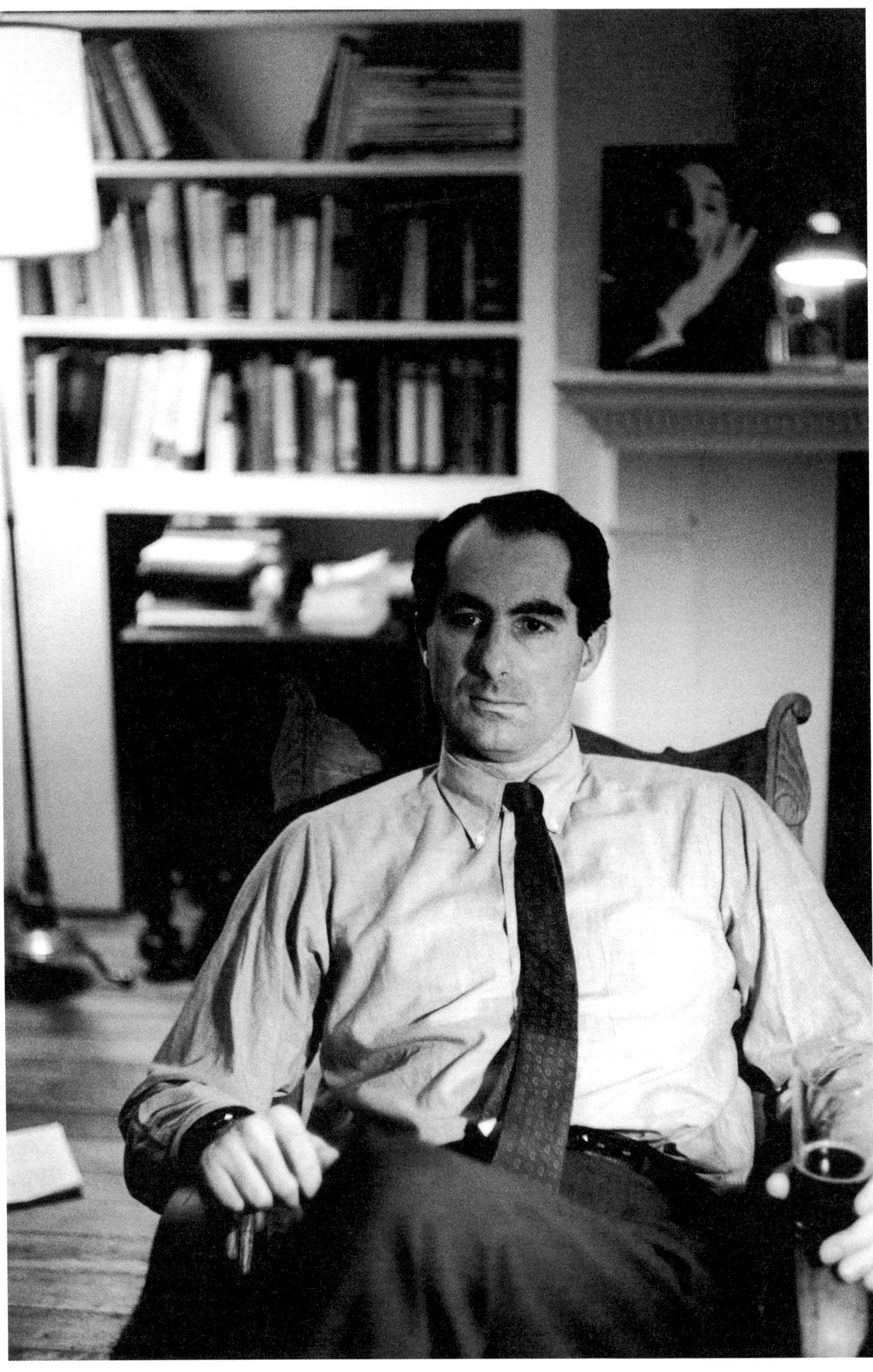

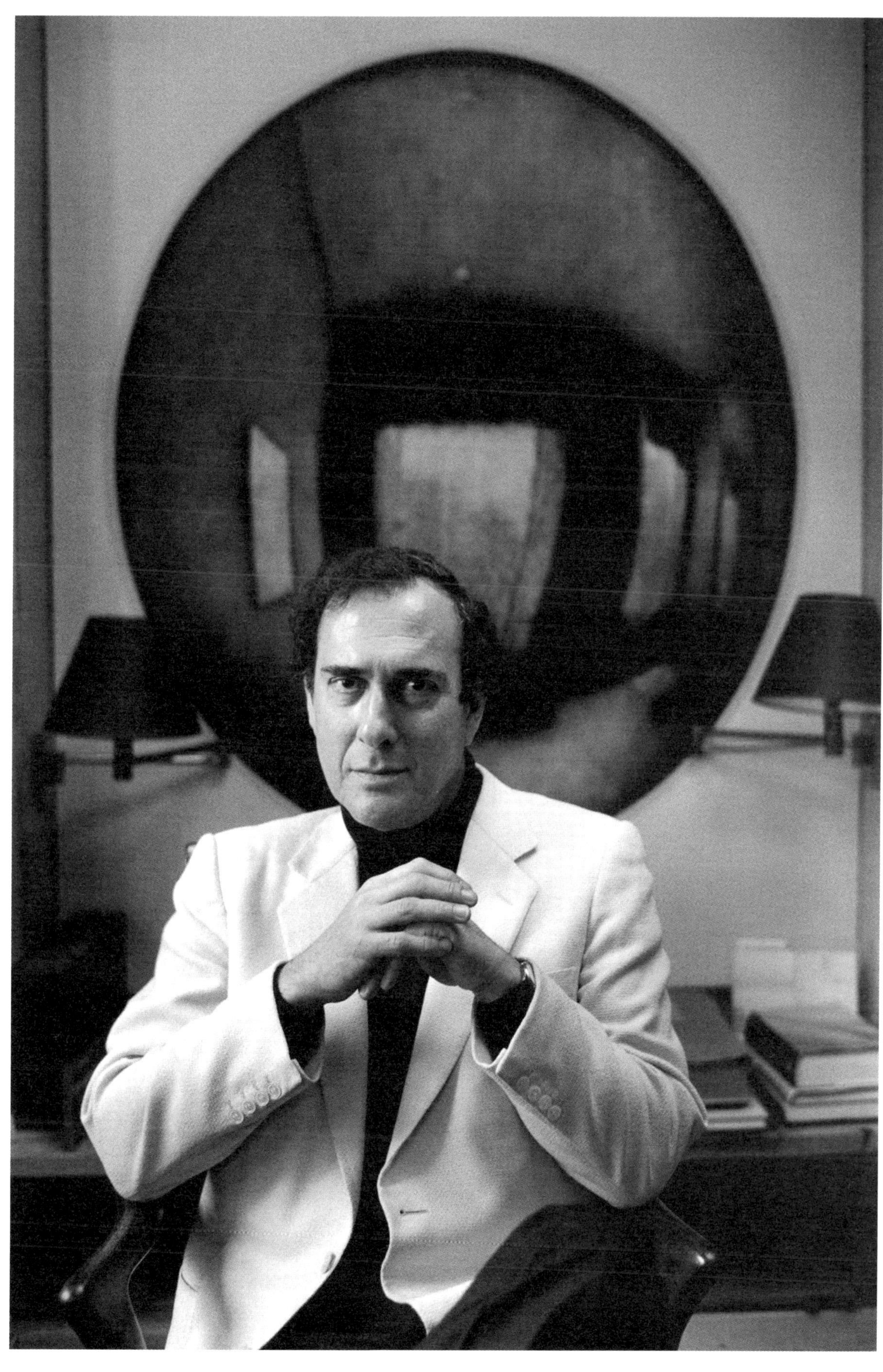

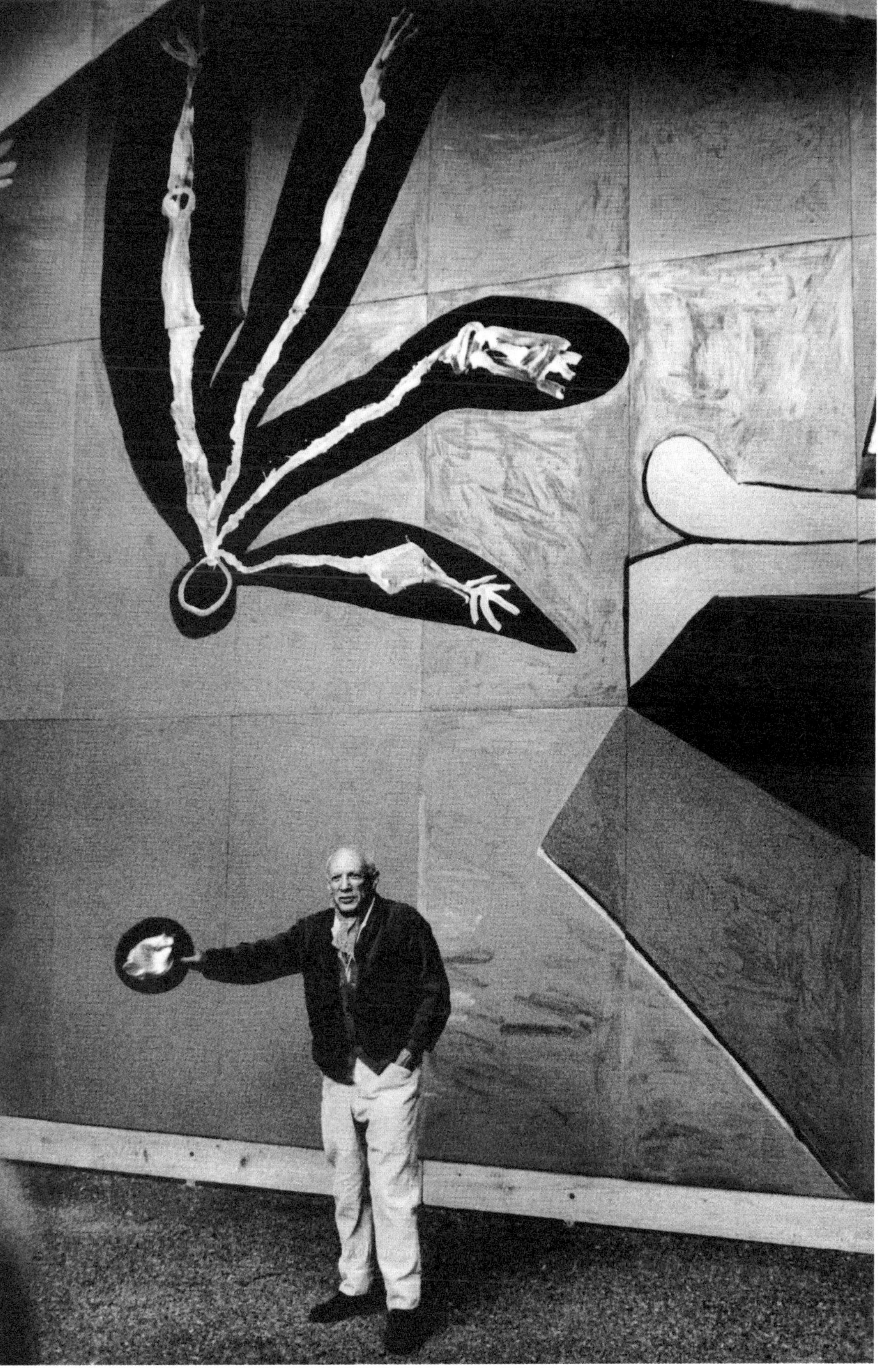

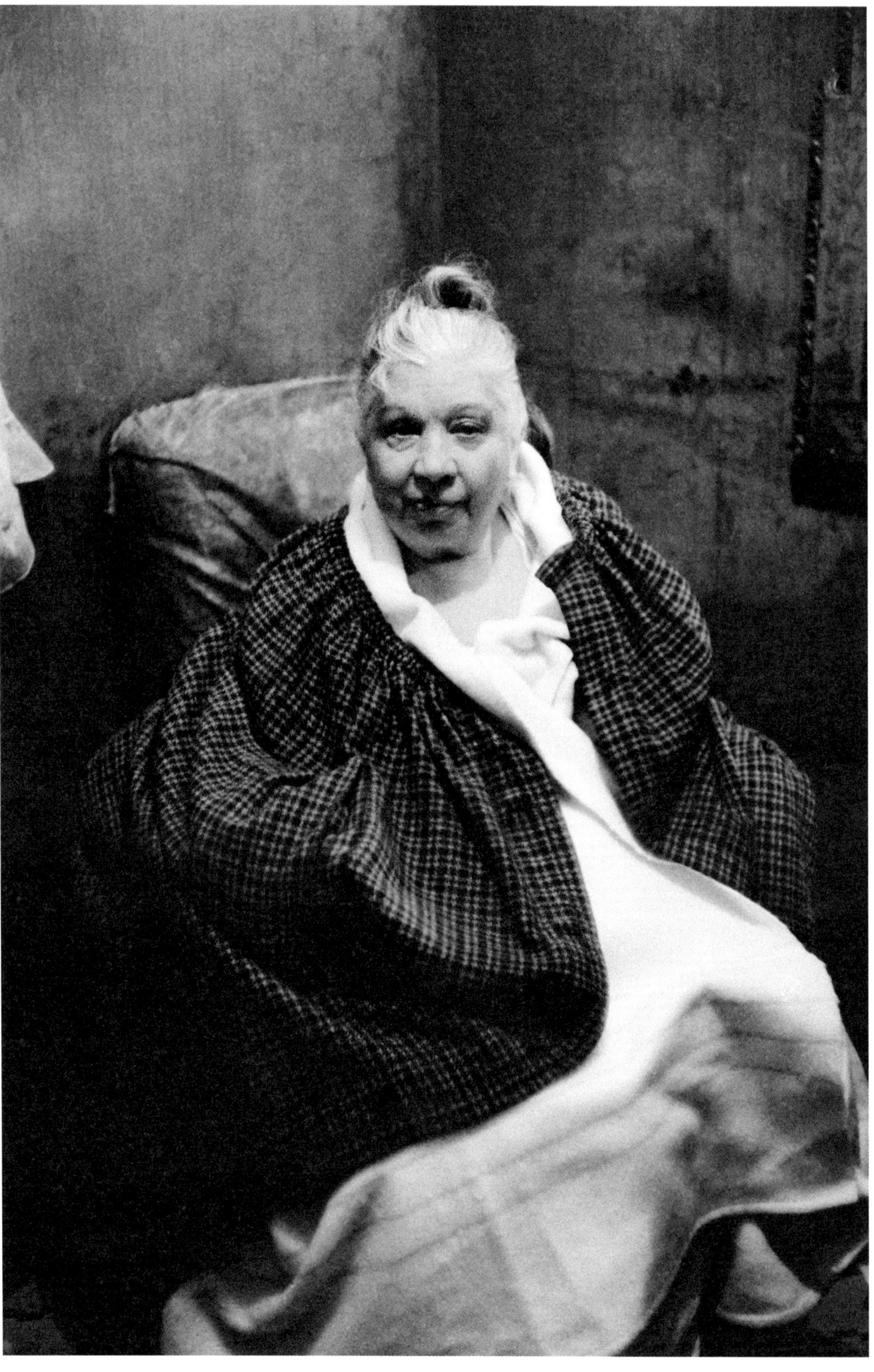

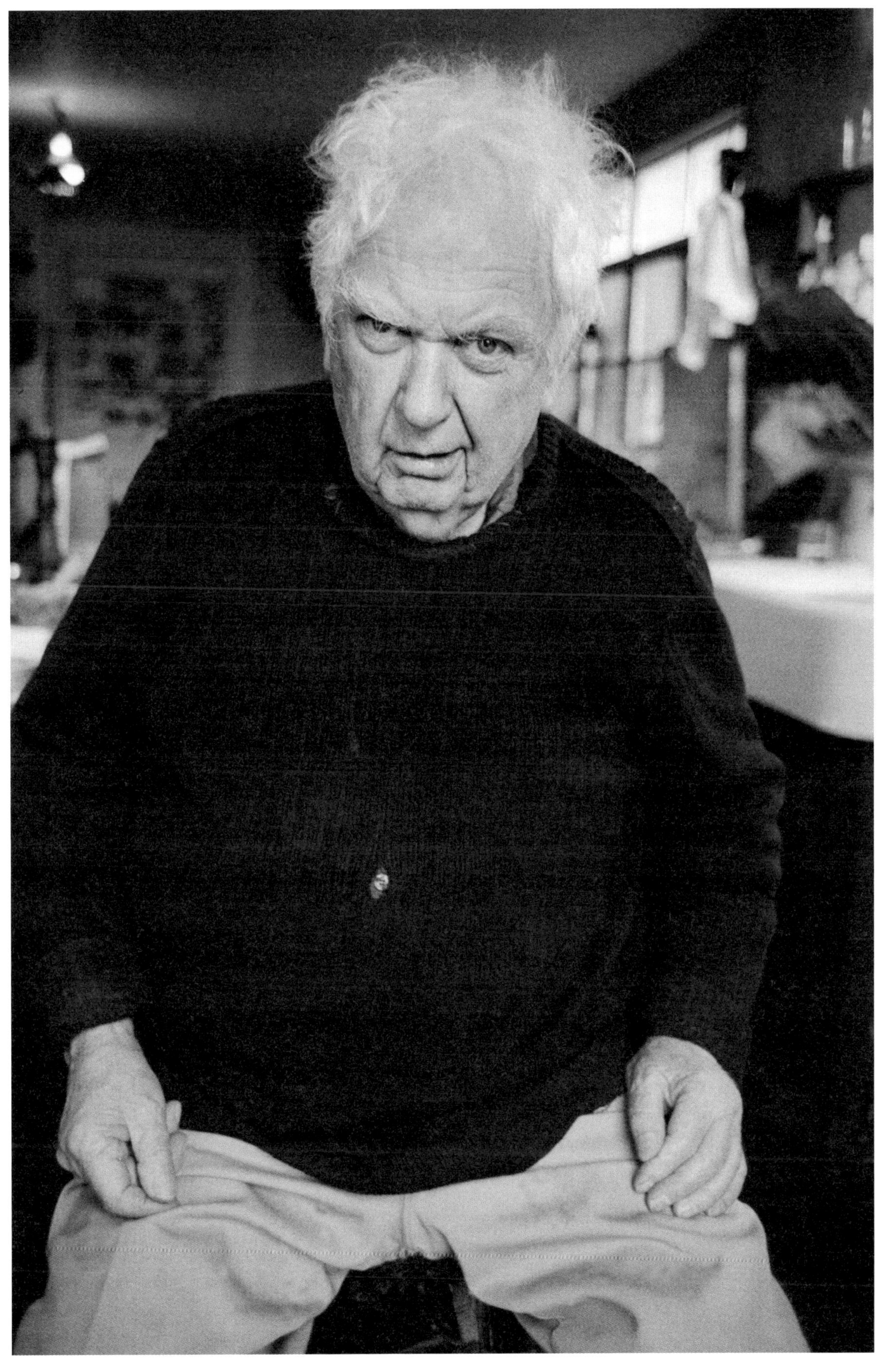

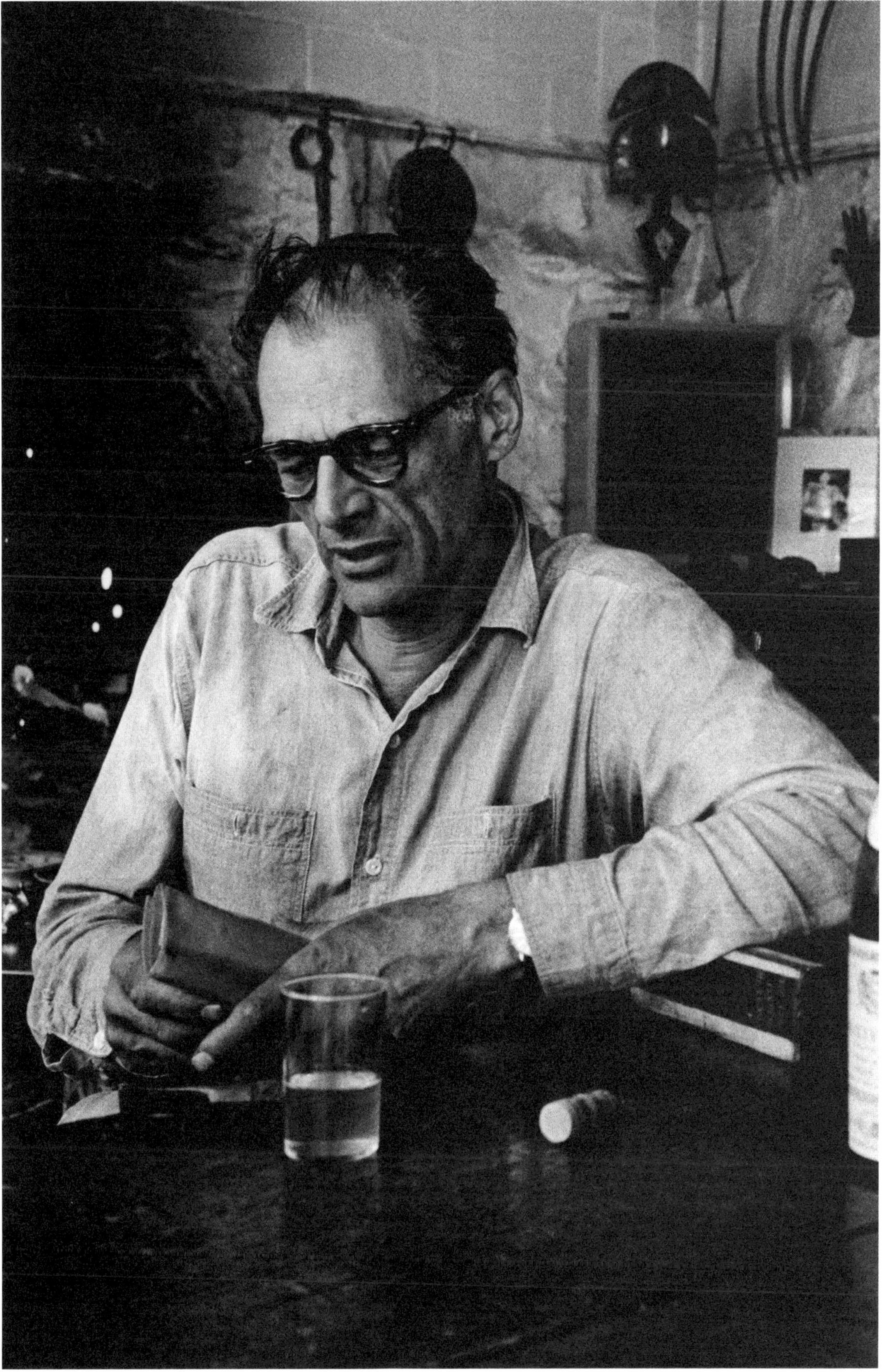

Didascalie

Captions

Venezia Venice

75
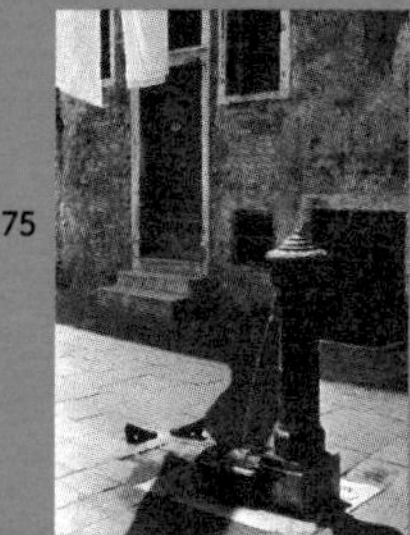
Scarpe dimenticate
Forgotten shoes
Italia, 1955

76
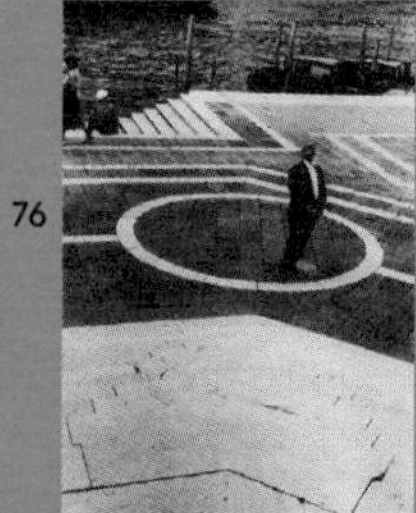
Davanti alla Chiesa di Santa Maria della Salute
In front of the church of Santa Maria della Salute
Italia, 1955

77
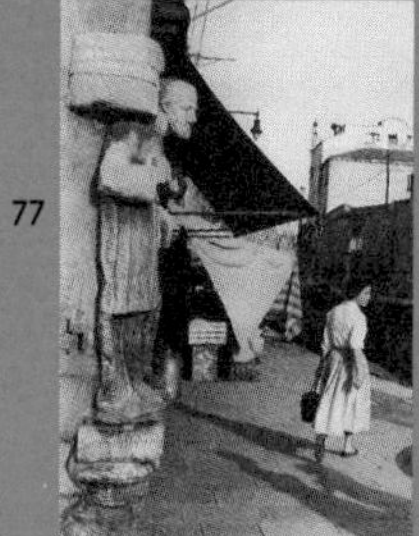
Campo dei Mori
Italia, 1955

78
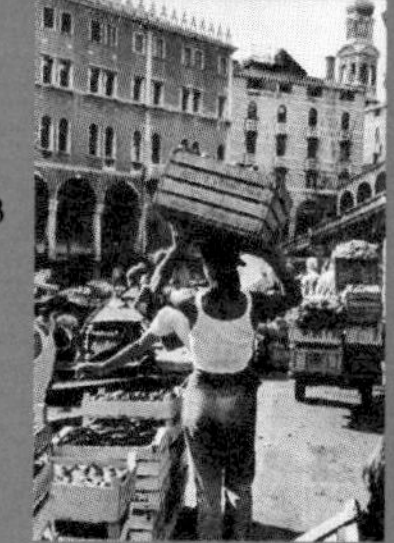
Il Mercato di Rialto
Market at Ponte di Rialto
Italia, 1955

79
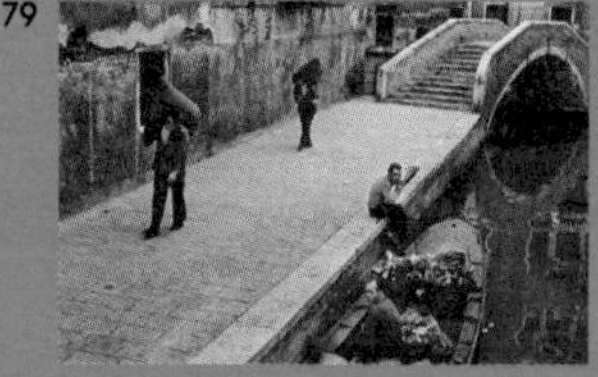
Trasporto di legno da ardere
Transport of firewood
Italia, 1955

80
81
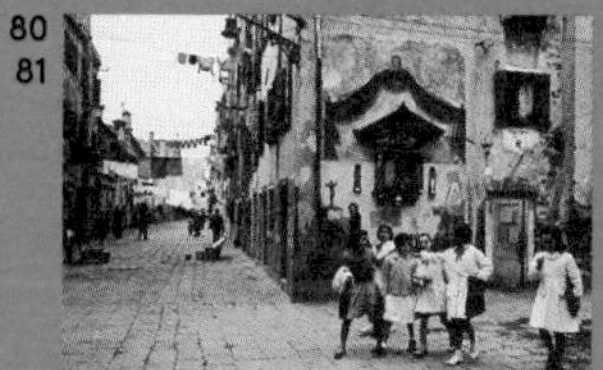
Vicino alle Fondamenta Nuove, Cannaregio
Near the Fondamenta Nuove, Cannaregio
Italia, 1955

83
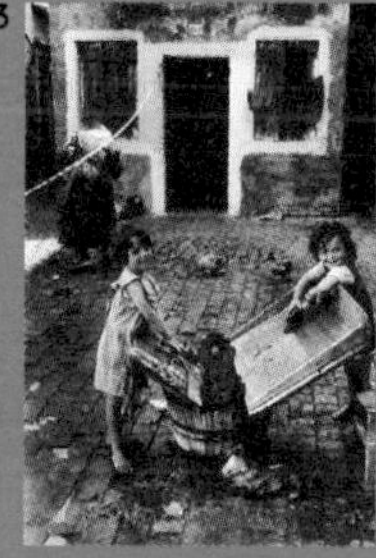
Scena in un cortile
Scene in a yard
Italia, 1955

Spagna Spain

85
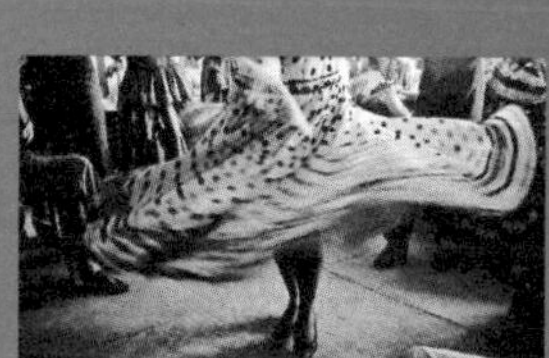
Ballerina, Fiera di Siviglia
Dancer, Feria in Seville
Spagna, 1987

86
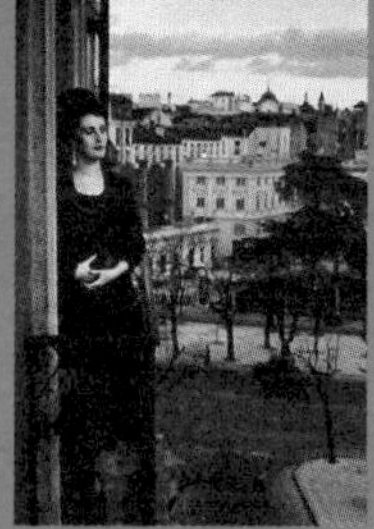
Donna Mercedes Formica al balcone, Calle De Recoletos
Doña Mercedes Formica on her balcony, Calle de Recoletos
Madrid, 1955

89
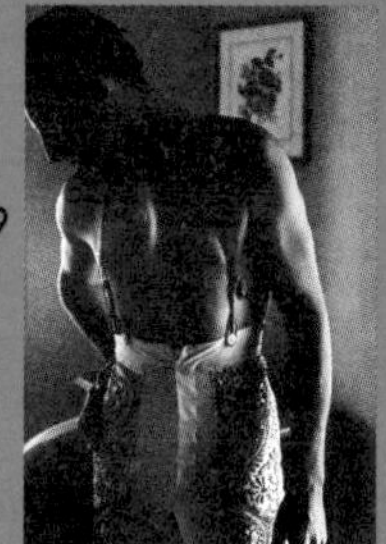
Antonio Ordonez
Pamplona, 1954

90
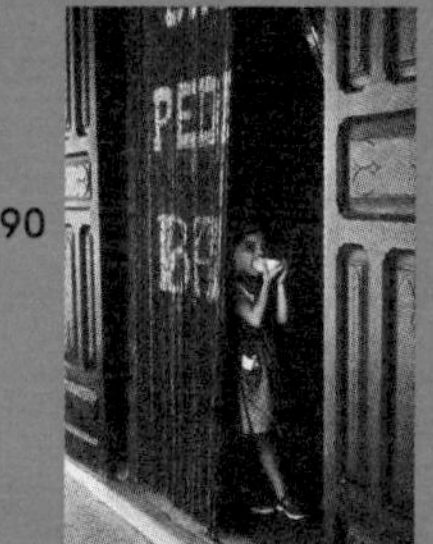
La figlia del proprietario del "Cafe Bar" di Chinchon
The daughter of the owner of the "Cafe Bar" in Chinchon
Castiglia, 1955

91
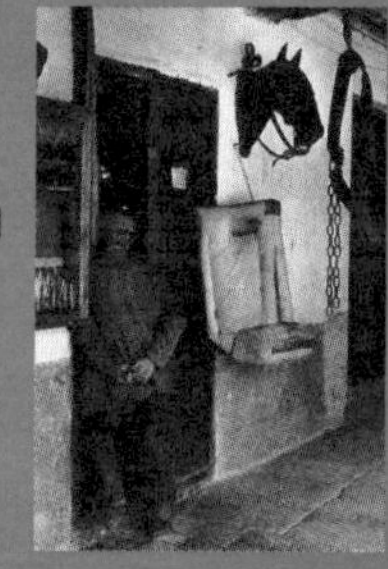
Entrata della bottega del carrettiere di Tordesillas
Entrance to the wheelwright's shop of Tordesillas
Castiglia, 1955

93
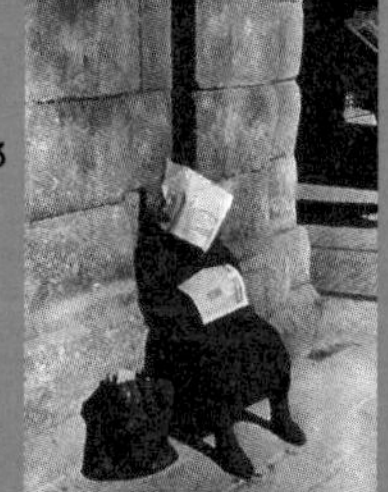
La siesta della venditrice della lotteria, Plaza Mayor
Siesta of the lottery vendor, Plaza Mayor
Madrid, 1955

94
95
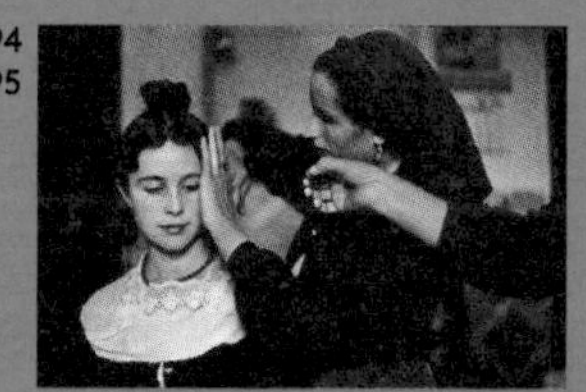
L'acconciatura da sposa
The Bridesmaid's hairdo
Castiglia, 1955

Iran

97
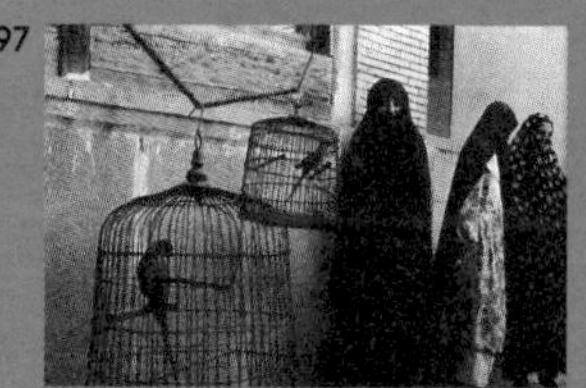
Tre mogli con i loro pappagalli
Three wives with their parrots
Shiraz, 1956

98
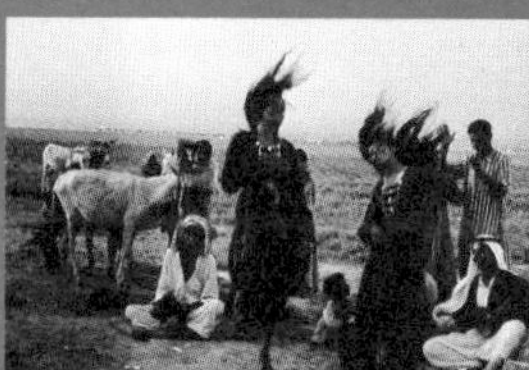
Beduini che danzano
Bedouins at the dance
Baghdad, 1956

99 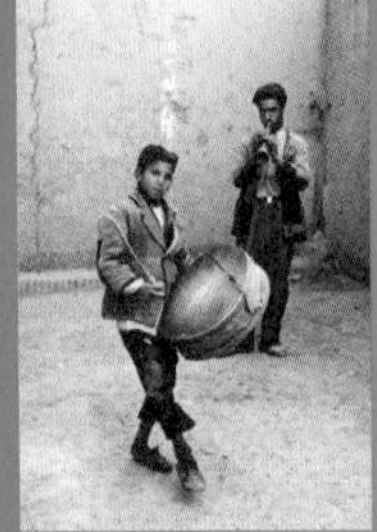

Musicista di strada
Street musician
Isfahan, 1956

100
101 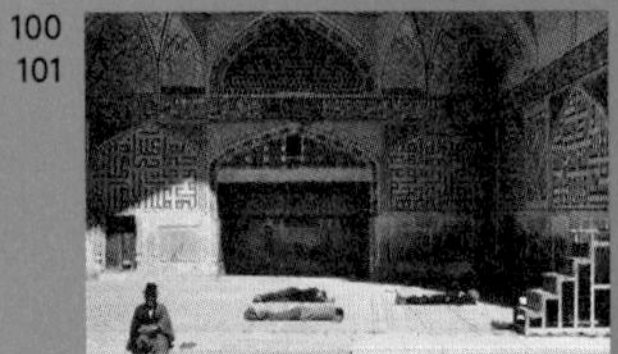

Uomini a digiuno alla Moschea del Venerdì durante il Ramadan
Fasting men in the Friday Mosque during Ramadan
Isfahan, 1956

102 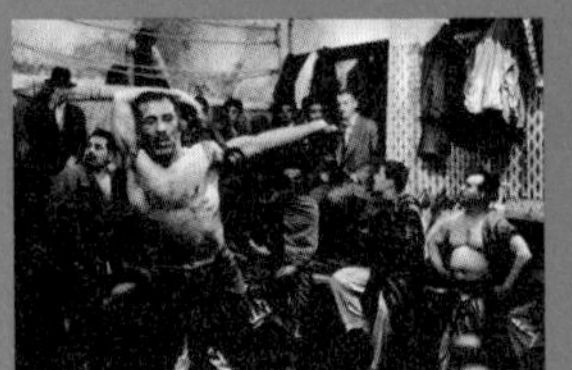

"Zou-Khane" pratiche rituali
"Zou-Khane" ritual exercises
Tehran, 1956

103 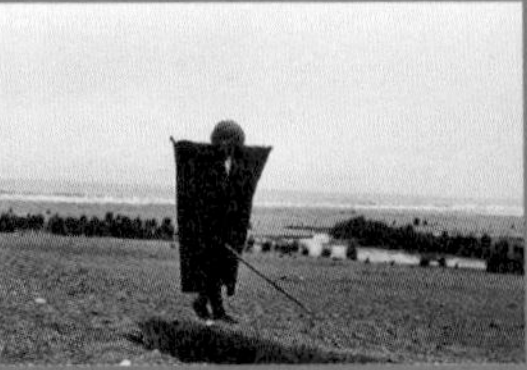

Pastore con un mantello che funge anche da tenda
Shepherd in his coat which also doubles as a tent
Mar Caspio, 1956

Stati Uniti d'America
United States of America

105 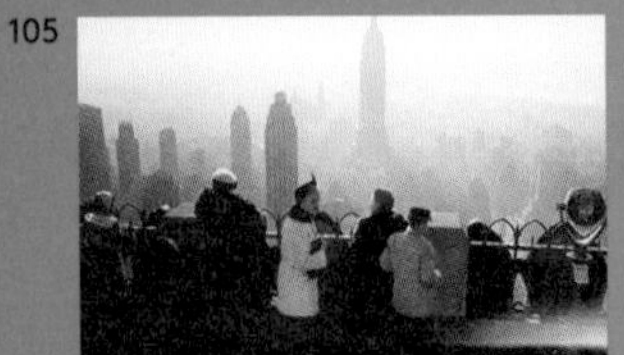

Veduta dall'alto del Rockefeller Center
View from Top of Rockefeller Center
New York, 1958

106 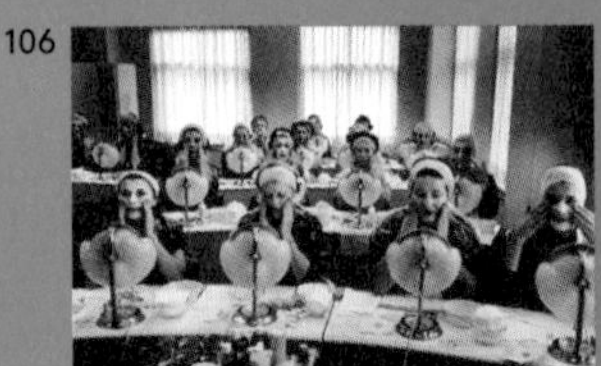

Corso di bellezza sulla Fifth Avenue
Beauty class on Fifth Avenue
New York, 1958

107 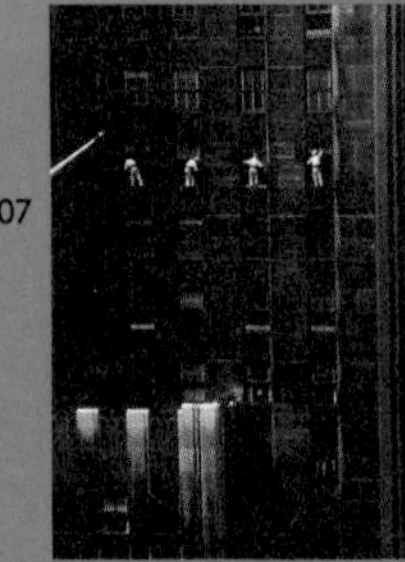

Lavavetri al Rockefeller Center
Window washers at the Rockefeller Center
New York, 1958

108 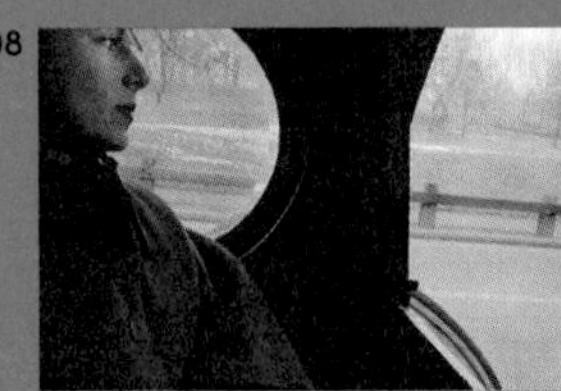

La ballerina Vera Zorina in carrozza a Central Park
The ballerina Vera Zorina in a carriage in Central Park
New York, 1958

109 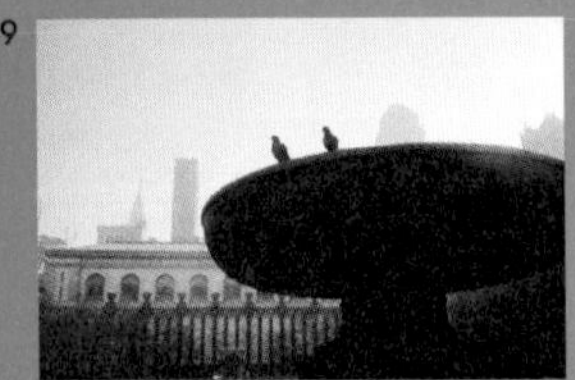

Fontana a Bryant Park
Fountain in Bryant Park
New York, 1962

110
111 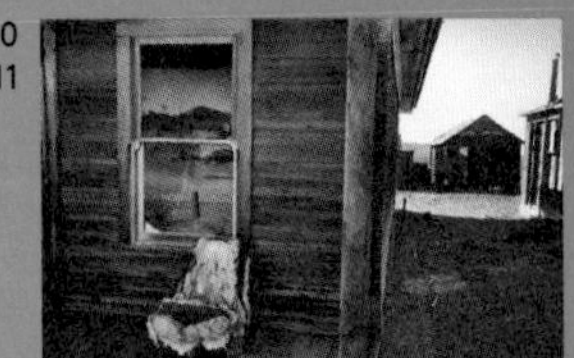

Case abbandonate a Tonopah
Ghost town in Tonopah
Nevada, 1960

113 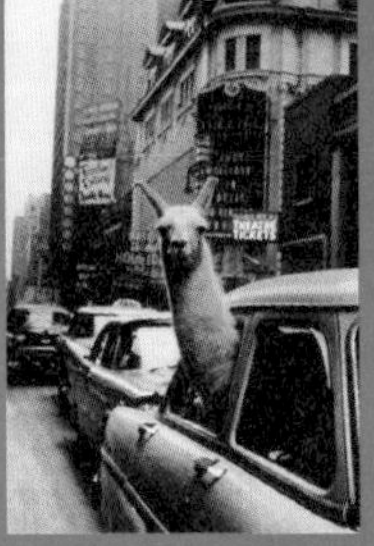

Lama vicino a Times Square
Lama near Times Square
New York, 1957

114 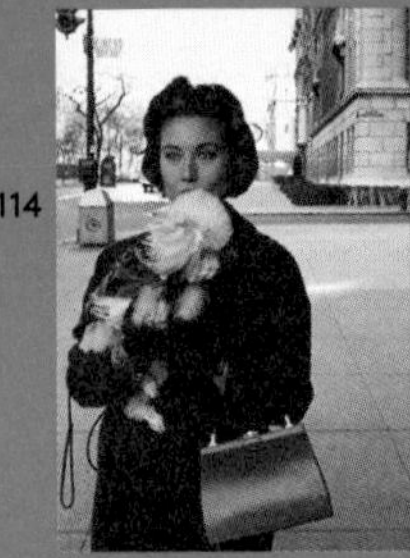

Donna con barboncino
Woman with Toy Poodle
New York, 1958

115 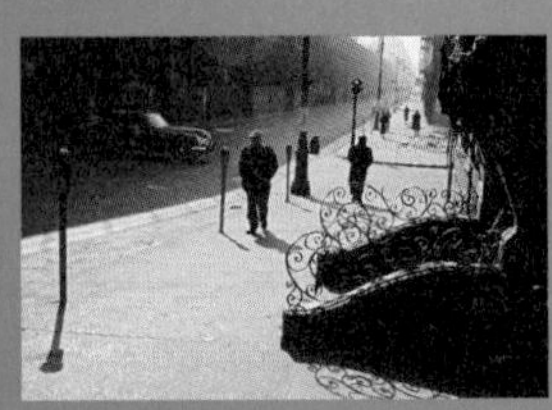

Una strada ad Harlem vicino a Fort Tyron Park
Street in Harlem near Fort Tyron Park
New York, 1958

Francia France

117 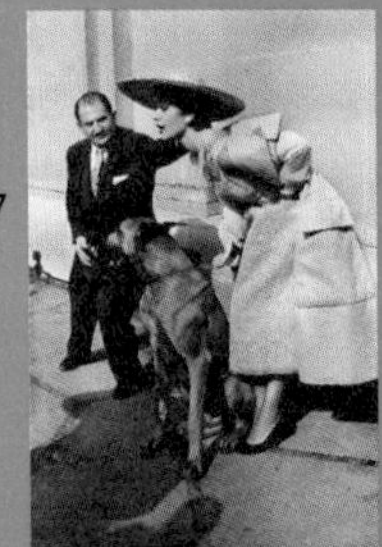

Sfilata di moda "La bella e la bestia"
Fashion show "Beauty and the Beast"
Parigi, 1954

118 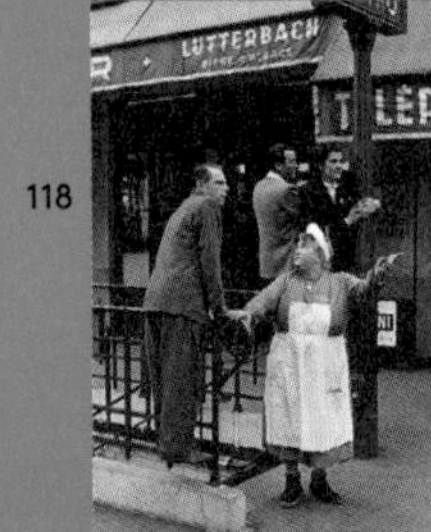

Spettatori aspettano la parata del 14 Luglio
Spectators waiting for the parade for July 14
Parigi, 1953

119 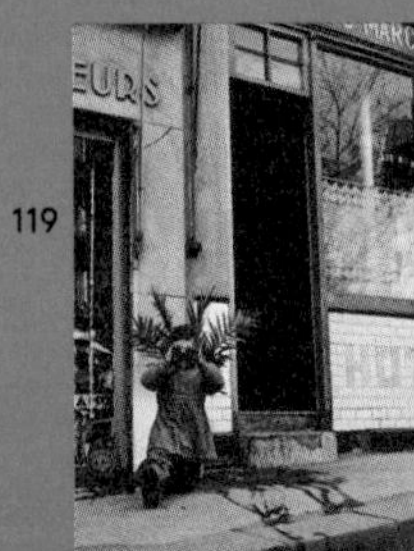

Rue des Rosiers, Parigi
Francia, 1954

Romania

120
121
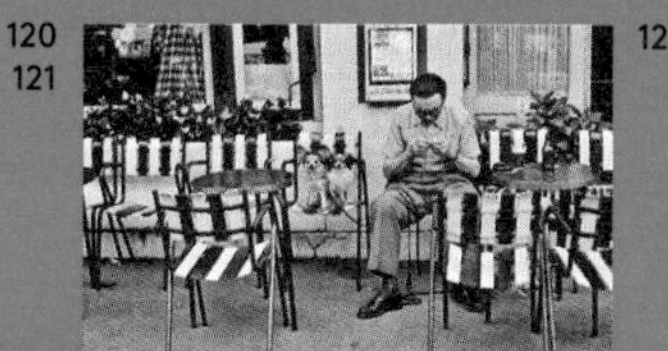

Caffè a Enghien
Café at Enghien
Francia, 1954

123
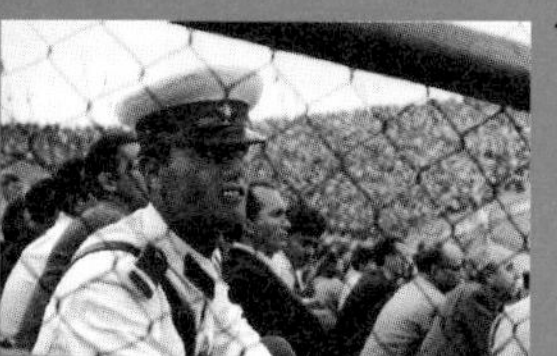

Partita di calcio del 23 agosto allo stadio
Football game of August 23 in the stadium
Bucarest, 1958

126
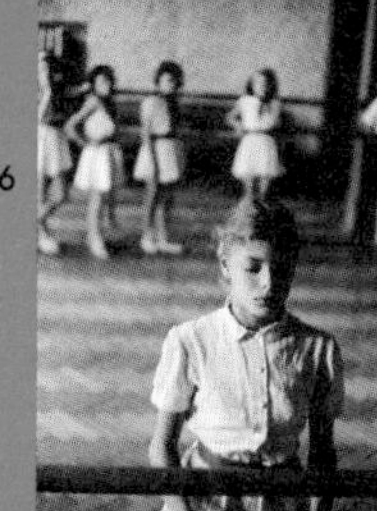

Lezioni di danza al Palazzo dei Pionieri
Ballet training in the Pioneers Palace
Bucarest, 1958

128
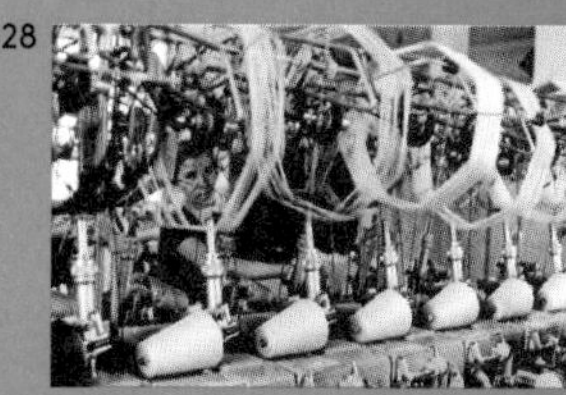

Fabbrica di tessuti e abbigliamento Gheorghiu-Dej
Gheorghiu-Dej textile and clothing factory
Bucarest, 1958

127
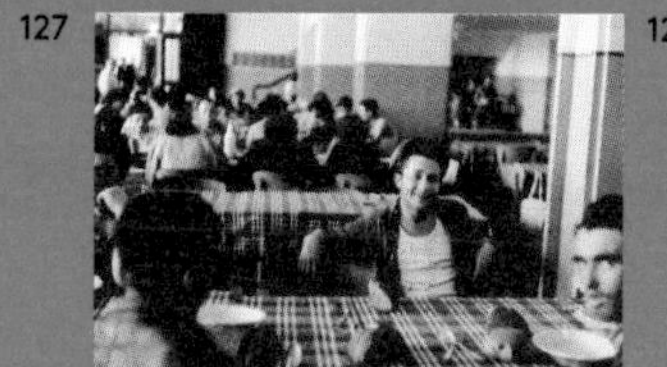

Fabbrica di tessuti e abbigliamento Gheorghiu-Dej
Gheorghiu-Dej textile and clothing factory
Bucarest, 1958

Austria

129
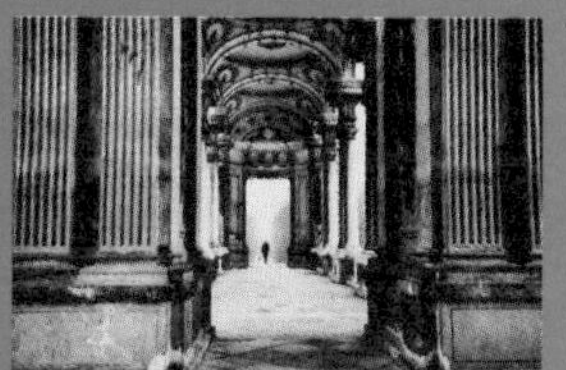

Gloriette, Schönbrunn
Vienna, 1974

130
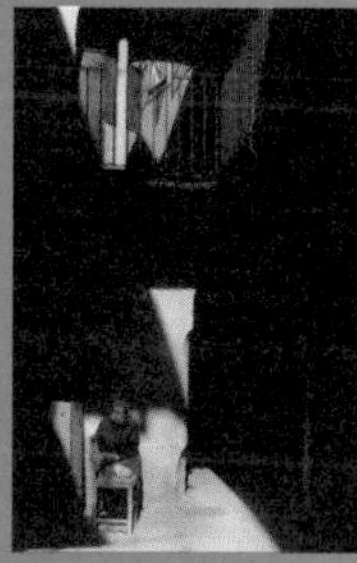

Blutgasse
Vienna, 1957

131
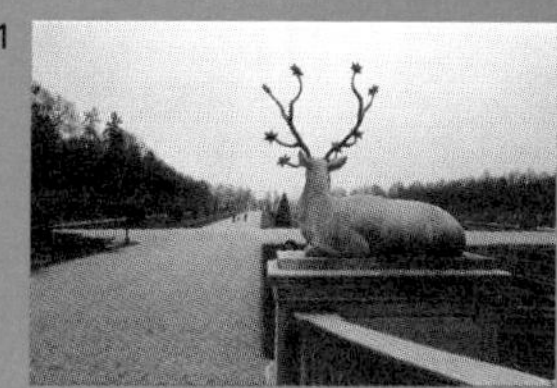

Vista nel parco del Castello di Klessheim
Klessheim Castle, view into the park
Salisburgo, 1991

132
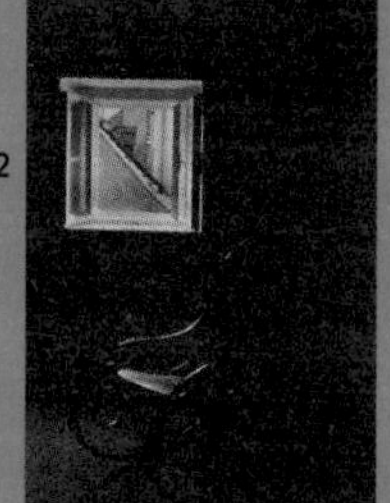

Stanza all'ultimo piano della Basiliskenhauses
Room on the last floor of the Basiliskenhauses
Vienna, 1980

133
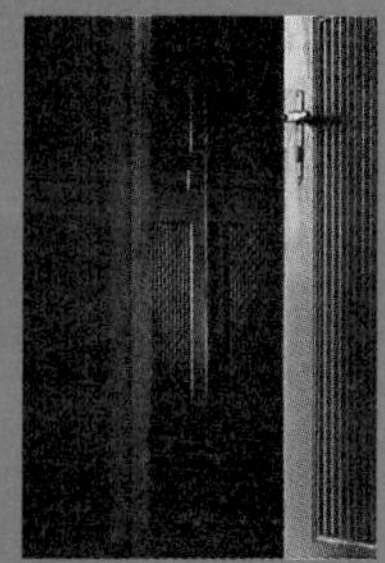

Casa Böckl
Böckl house
Vienna, 1980

Regno Unito / Irlanda
United Kingdom / Ireland

135
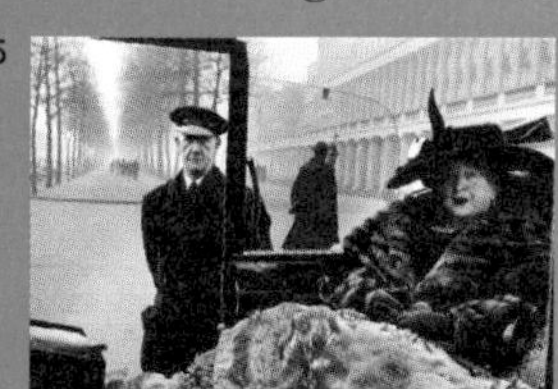

Mrs. Eveleigh Nash
Londra, 1953

136
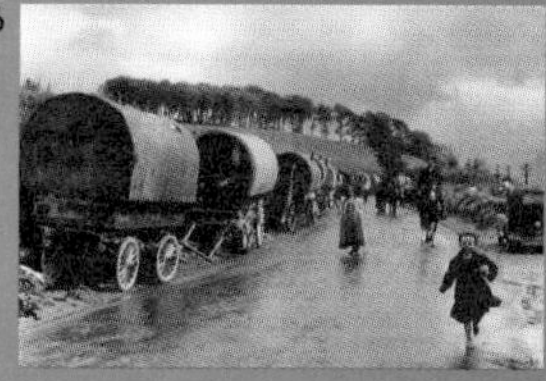

Arrivo dei gitani irlandesi
Arrival of the Irish gypsies
Killorglin, 1954

137
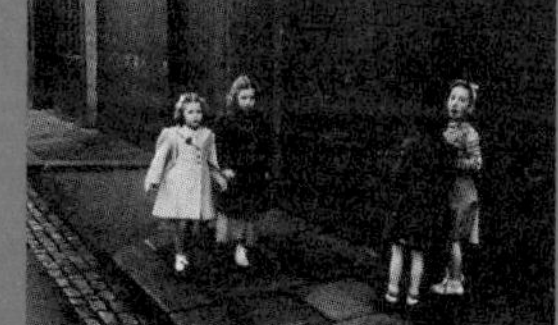

Battersea
London, 1953

138
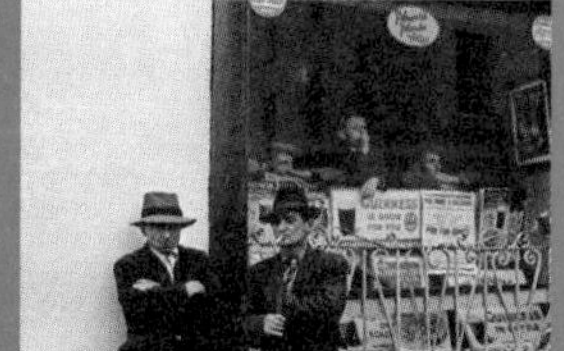

Pub irlandese
Irish Pub
Killorglin, 1954

139

Macellai a Smithfield Market
Butchers at Smithfield Market
Londra, 1955

Russia

141
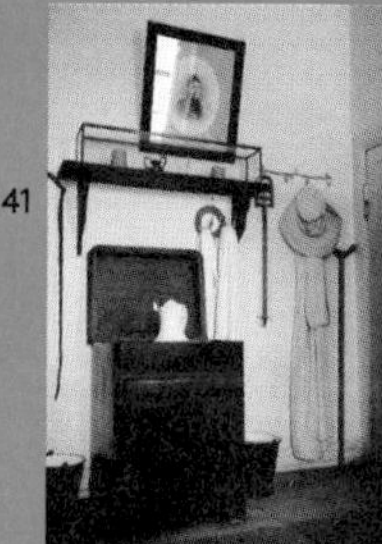

Camera da letto di Leone Tolstoy
Bedroom of Lev Tolstoy
Yasnaya Polyana, 1965

142
143
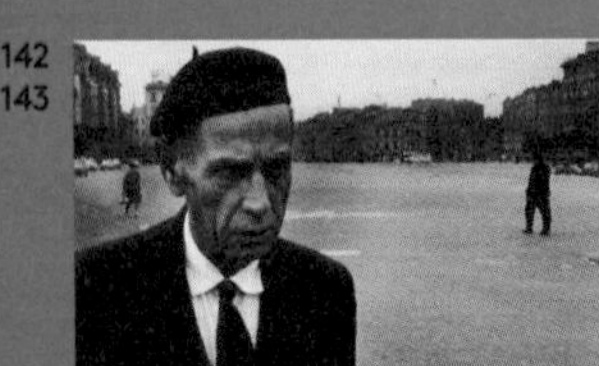
Il nipote di Dostoevskij, Andrej
Fyodor Dostoyevsky's grandson, Andrei
Leningrado, 1967

145
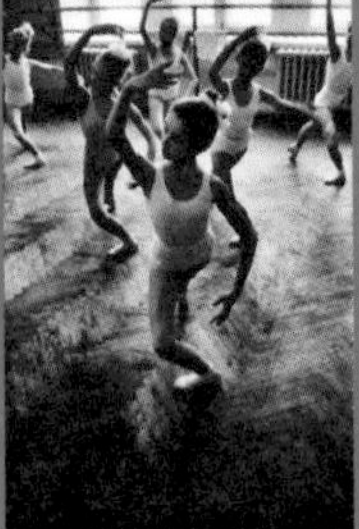
Lezione alla Scuola Nazionale di Danza
Dance class at the State Ballet School
Leningrado, 1965

146
147
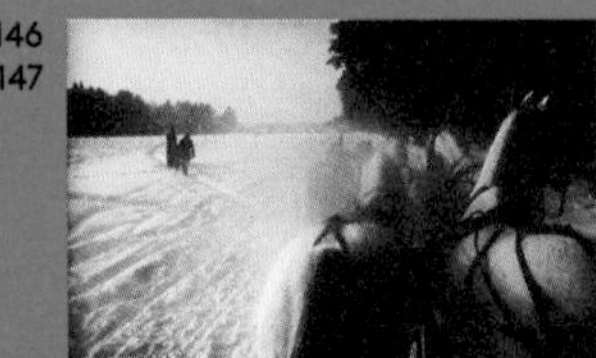
"Piatniza", una slitta trainata da cinque cavalli
"Piatniza", a sleight drawn by five horses
Mosca, 1965

Cina China

149
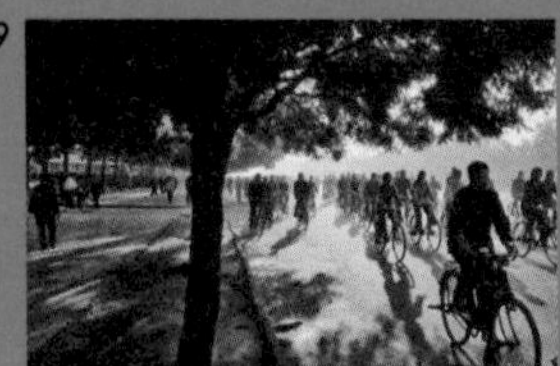
Viale Chang An al mattino
Chang An Avenue in the morning
Pechino, 1978

150
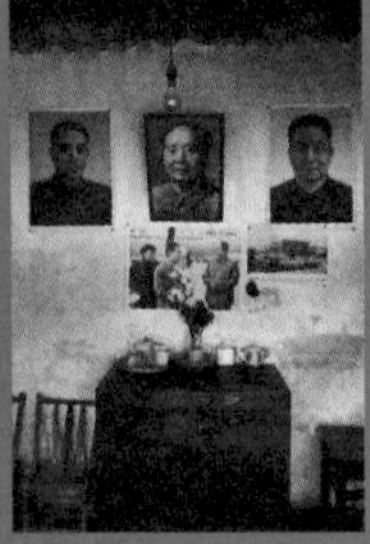
Trittico con Zhou Enlai, Mao Zedong and Hua Guofeng
Triptych with Chu Enlai, Mao Tsetung and Hua Guofeng
Pechino, 1978

151
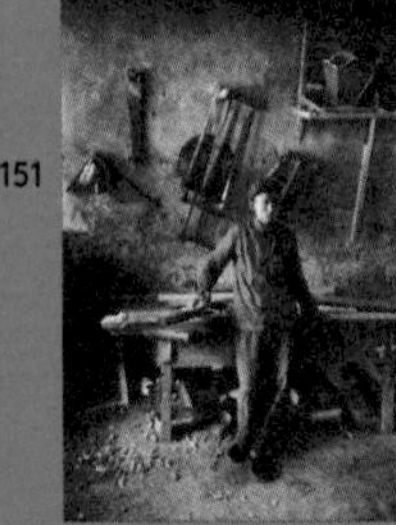
Falegnameria
Carpentershop
Yenan, 1978

152
153
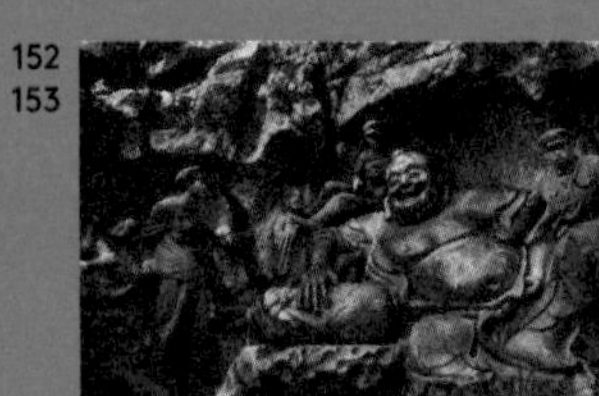
Scultura dellaDinastia Yuan
Sculpture from the Yuan Dynasty
Hangzhou, 1978

Ritratti Portraits

155
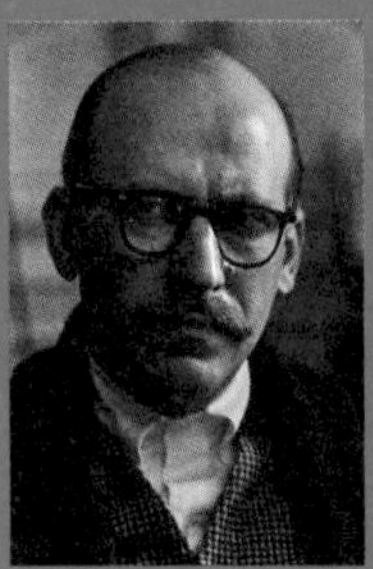
Saul Steinberg
New York, 1959

156
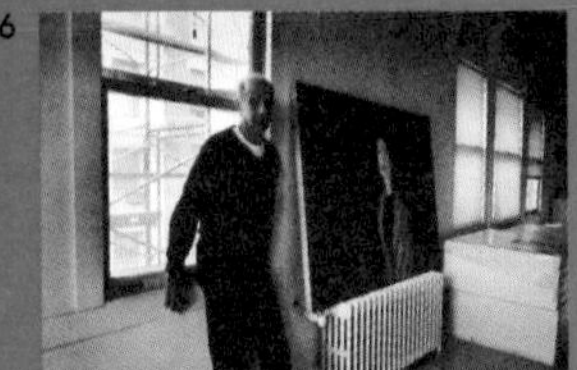
Alex Katz
New York, 1995

157
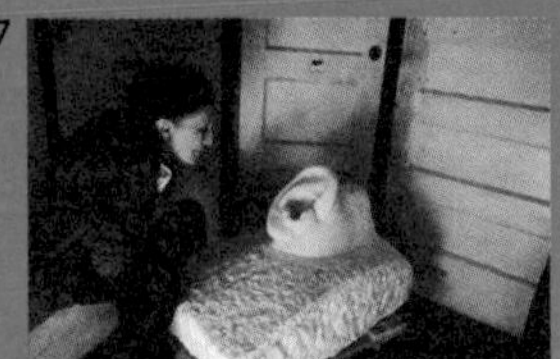
Louise Bourgeois
New York, 1991

159
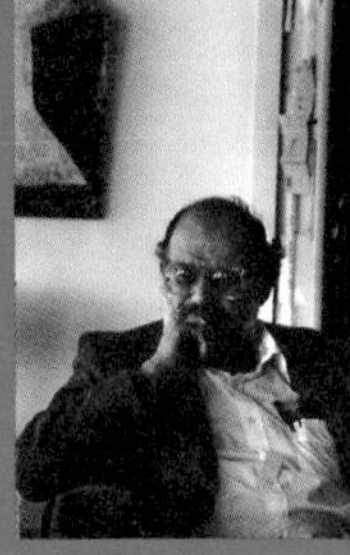
Allen Ginsberg
Roxbury, 1986

160
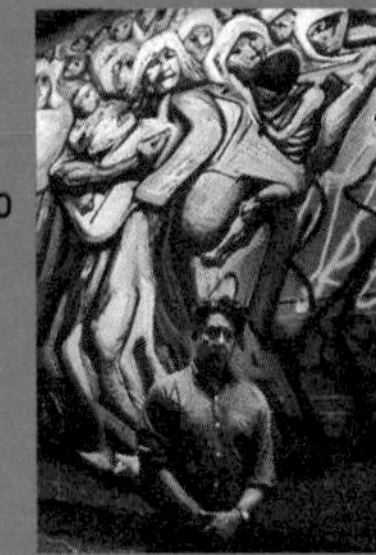
Alvaro Siqueiros
Cuernavaca, 1959

161
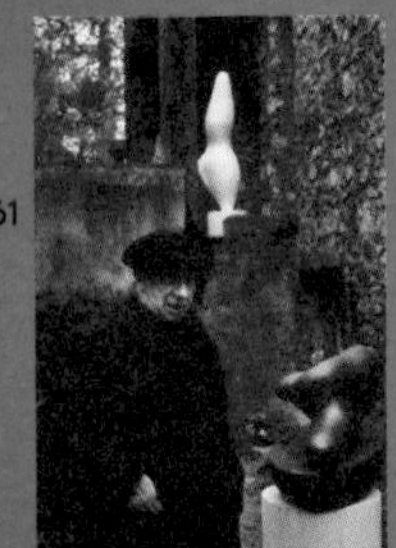
Jean Arp
Parigi, 1956

162
163
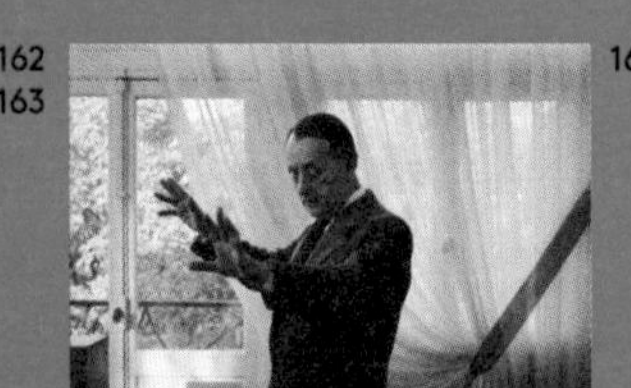
André Malraux
Parigi, 1956

164
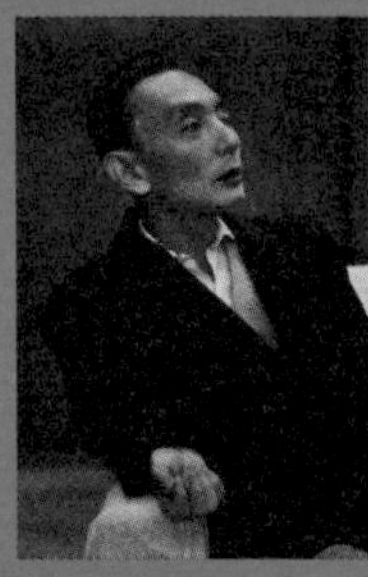
Chojun Otani
Kyoto, 1970

165
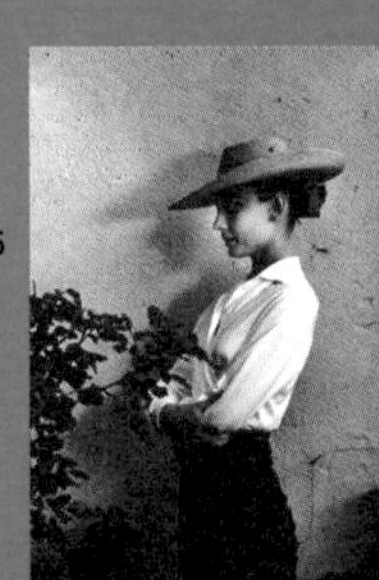
Audrey Hepburn
Messico, 1958

166
167
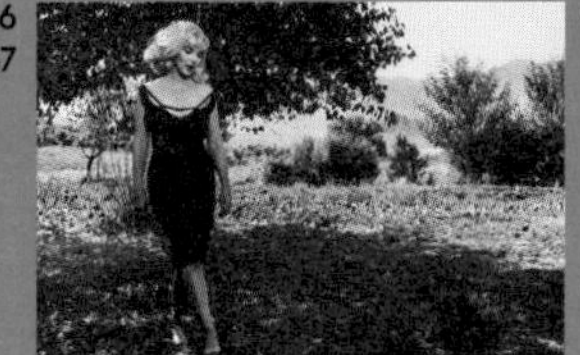

Marilyn Monroe durante del riprese de *Gli spostati*
Marilyn Monroe during the filming of *The Misfits*
Nevada, 1960

168
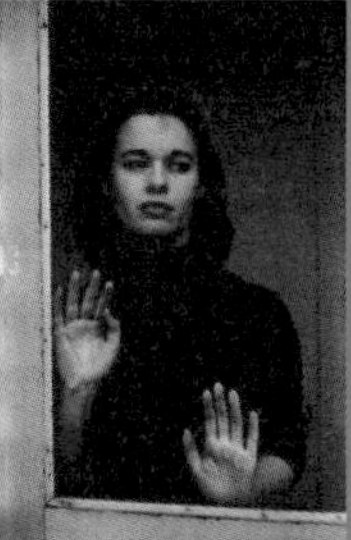

Gloria Vanderbilt
New York, 1956

169
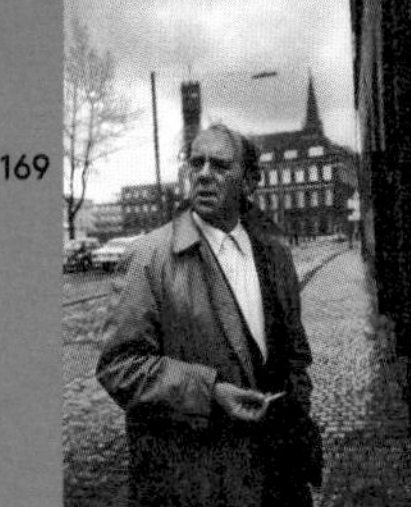

Heinrich Böll
Colonia, 1972

170
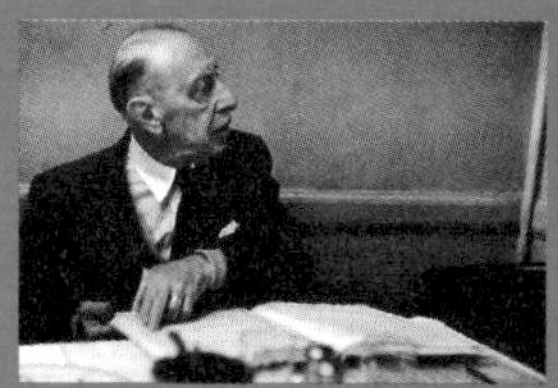

Igor Stravinsky
New York, 1959

171
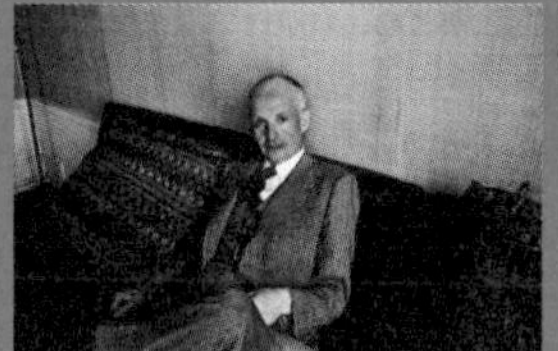

Henri Cartier-Bresson
Parigi, 1961

172
173
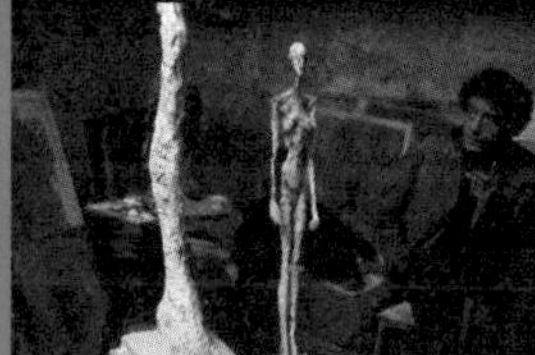

Alberto Giacometti
Parigi, 1958

174

Philip Roth
New York, 1965

175

Harold Pinter
Londra, 1986

177

Pablo Picasso
Vallauris, 1958

178
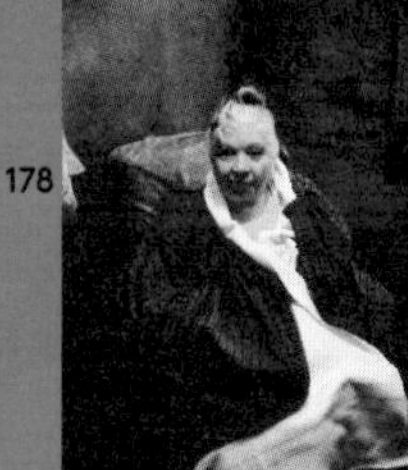

Lola Ruiz Vilato
Barcellona, 1954

179
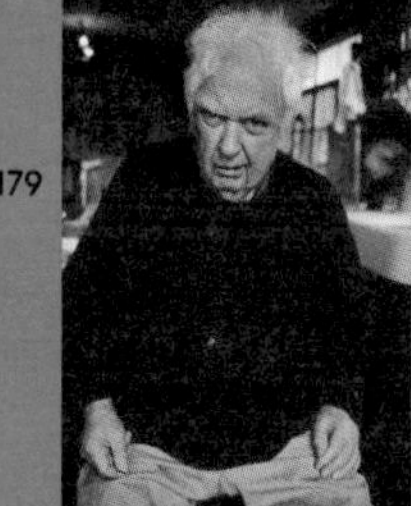

Alexander Calder
Roxbury, 1976

189
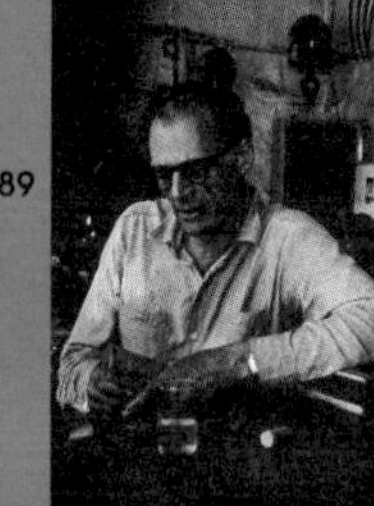

Arthur Miller
Roxbury, 1963

Inge Morath
La vita. La fotografia.
Her Life. Her Photography.

Catalogo a cura di
Catalogue edited by
Marco Minuz

Coordinamento editoriale
Editorial Coordinator
Kurt Kaindl
Brigitte Blüml Kaindl

Testi
Texts
Kurt Kaindl
Marco Minuz
Inge Morath

Redazione
Copy Editor
Giada Centazzo

In collaborazione con
In partnership with
Fotohof
Inge Morath Estate
Magnum Photos
Silvana Editoriale

Progetto grafico
Graphic design
Patrizio De Mattio
DM+B&Associati

Traduzioni
Translations
Stephen B. Grynwasser MA

Ringraziamenti
Thanks to
Roberta Barbaro
Luigino Bardellotto
Gabriele Bomben
Paolo Cagnan
Sergio Campagnolo
Irma Casula
Lavinia Colonna Preti
Giulio Davanzo
Loris De Mattio
Sergio Di Stefano
Gianfranco Favaro
Naima Kaddour
Simone Minuz
Silvia Perfetti
Franco Rosi
Carlo Sartor
Herman Seidl
Lucia Toffoli
Italo Zannier

Banca Generali private, Treviso
Casa dei Carraresi, Treviso
Cinemazero, Pordenone
Fondazione Cassamarca, Treviso
FujiFilm, Milano
Assicurazioni Generali, Treviso
La Tribuna di Treviso

Un particolare ringraziamento
Special thanks to
Julia Bolus
Dario Cimorelli
Andrea Holzherr
Sana Manzoor
Rebecca Miller

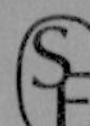

Silvana Editoriale

Direzione editoriale
Direction
Dario Cimorelli

Art Director
Giacomo Merli

Coordinamento editoriale
Editorial Coordinator
Sergio Di Stefano

Redazione
Copy Editor
Noa Strada

Coordinamento di produzione
Production Coordinator
Antonio Micelli

Segreteria di redazione
Editorial Assistant
Ondina Granato

Ufficio iconografico
Photo Editor
Alessandra Olivari
Silvia Sala

Ufficio stampa
Press Office
Lidia Masolini
press@silvanaeditoriale.it

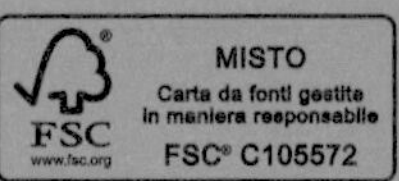

FOTOHOF

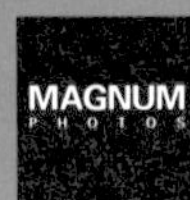

SUAZES

Diritti di riproduzione e traduzione riservati per tutti i paesi
All reproduction and translation rights reserved for all countries
© 2019 Silvana Editoriale SpA, Cinisello Balsamo, Milano
© 2019 Fotohof / Inge Morath Estate / Magnum Photos
© 2019 Gli autori per i testi / The authors for the texts
© 2019 Suazes Srl

Available through ARTBOOK | D.A.P.
155 Sixth Avenue, 2nd Floor, New York, N.Y. 10013
Tel: (212) 627-1999 Fax: (212) 627-9484

Silvana Editoriale S.p.A.
via dei Lavoratori, 78
20092 Cinisello Balsamo, Milano
tel. 02 453 951 01
www.silvanaeditoriale.it

Le riproduzioni, la stampa e la rilegatura sono state eseguite in Italia
Reproductions, printing and binding in Italy
Stampato da / Printed by Tipo Stampa, Moncalieri (To)
Finito di stampare nel mese di luglio 2019 / Printed July 2019

A norma della legge sul diritto d'autore e del codice civile, è vietata la riproduzione, totale o parziale, di questo volume in qualsiasi forma, originale o derivata, e con qualsiasi mezzo a stampa, elettronico, digitale, meccanico per mezzo di fotocopie, microfilm, film o altro, senza il permesso scritto dell'editore.

Under copyright and civil law this volume cannot be reproduced, wholly or in part, in any form, original or derived, or by any means: print, electronic, digital, mechanical, including photocopy, microfilm, film or any other medium, without permission in writing from the publisher.